WUNDERSCHÖNES
SÜDAFRIKA

WUNDERSCHÖNES
SÜDAFRIKA

Inhaltsverzeichnis

Halbe Titelseite: *Der herrliche Rundbau des Palace Hotel, Lost City.*
Titelseite: Meer und Himmel. *Die Küste Südafrikas erstreckt sich vom öden Oranjemund im Westen bis zur Grenze nach Mosambik im Osten.*
Umseitig: Großartige Berge, *schneebedeckt im Winter, säumen das fruchtbare Ceresbecken am westlichen Kap.*

VORWORT

Das Jahr 1994 wird immer als Wendepunkt in der Geschichte Südafrikas angese-

hen werden. In dem Jahr wurde die Verfassung umgeschrieben, und Südafrika trat

wieder in den Kreis der Völkergemeinschaft ein. Damit wuchsen die Erwartungen,

aber das Land blieb sich treu – wunderschön und vielseitig wie immer.

OBEN: DIE WUNDERBAREN *Lisbon Falls im Osttransvaal.*
RECHTS UNTEN: EIN *Zitronenfalter.*
UMSEITIG: ABSCHIED VON *der Isolation – Fußballfans jubeln beim Spiel der Kaiser Chiefs gegen den Kairo Zamalek Klub.*

An der südlichen Spitze Afrikas präsentiert sich die unbegrenzte Vielfalt des Subkontinents in einem Potpourri der kleinen und großen Wunder. Von der Kaphalbinsel, zu Füßen des Tafelbergs, bis zu den Affenbrotbäumen im Buschfeld des Transvaals beeindruckt dieses Land durch seine Mannigfaltigkeit. Die internationalen Türen öffnen sich für Südafrika, und jetzt muß dieser Reichtum an Vielfältigkeit weise verwaltet werden, und gleichzeitig müssen vertretbare Lebensumstände für seine Einwohner geschaffen werden.

Die neue Regierung muß den Umweltschutz mit der Lebensqualität der südafrikanischen Bevölkerung in Einklang bringen, so daß die Planung des Bauwesens, der Energie, Wasser- und Abfallversorgung auch die Umwelt miteinschließt.

Die bestehenden Ansätze zum Erhalt des Wildbestandes und damit des Ausbaus des Ökotourismus müssen weitergeführt werden. Das Land muß der Versuchung widerstehen, die Natur auszubeuten und das natürliche Umfeld dem Fortschritt zu opfern.

Auch sollten wir uns vor Augen halten, daß die außergewöhnliche Vielfalt der Natur in Südafrika nicht nur uns alleine gehört. Nicht nur teilen wir viele Wandertierarten mit unseren Nachbarländern, sondern wir halten auch unsere Savannen und Ozeane und die Kenntnisse unserer Wissenschaftler in Treuhand für die ganze Welt. Grund genug dafür, daß wir uns im globalen Austausch mit internationalen Umwelproblemen auseinandersetzen wie beispielsweise dem Ozonloch, der globale Erwärmung und Armut.

Südafrika geht einer Zukunft entgegen, die viele Anforderungen stellen wird. Durch die Einhaltung internationaler Abkommen und die Beibehaltung der ausgezeichneten Fortschritte auf dem Umweltsektor, die Südafrika bereits erreicht hat, kann das Land nicht nur weiterhin ein führender Staat in Afrika bleiben, sondern es vielleicht auch einmal über den afrikanischen Kontinent hinaus werden. Es ist lebenswichtig, daß wir, ohne zu ermüden, danach streben, jene Elemente zu bewahren, die aus Südafrika dieses wunderschöne Land machen.

DR DAWIE DE VILLIERS
MINISTER FOR ENVIRONMENTAL AFFAIRS AND TOURISM

Südafrika:
Die Regenbogennation

Südafrika hat große Männer und

Frauen in seinem politischen,

kulturellen, religiösen und wirt-

schaftlichen Leben. Diese Menschen

werden beweisen, daß es ein Land

der Hoffnung ist. CHESTER CROCKER, 1988

Die Republik von Südafrika erstreckt sich über 2 000 Kilometer nach Süden, vom Limpopo bis zum windverwehten Kap Agulhas, der südlichsten Spitze des afrikanischen Kontinents und 1 500 Kilometer nach Osten, von der rauhen Atlantikküste bis zu der subtropischen Küste des Indischen Ozeans von Kwazulu-Natal. Ein großes Land, weitläufig und abwechslungsreich; seine 1 220 430 Quadratkilometer enthalten ein zentrales Hochplateau und wildreiches Buschfeld, bewaldetes Bergland, trockene Halbwüsten, karge und fruchtbare Küstengebiete. Hier haben sich unterschiedliche Völkergruppen, Kulturen und Sprachen entwickelt.

Diese menschliche Vielfalt ist das Resultat einer turbulenten Geschich-

te, die Jahrtausende zurückgeht bis ins Steinzeitalter, als die Sammler und Jäger auf den sonnendurchfluteten Ebenen lebten und von bantusprechenden Migranten aus dem Norden vertrieben wurden. Die jüngere Geschichte handelte von europäischen Eroberungen und Kolonisierung und schließlich von dem zunehmend effektiven Widerstand unterdrückter Völker gegen ein maßlos ungerechtes politisches System.

Aber Anfang der neunziger Jahre, in einer außergewöhnlichen (manche meinen sogar wundersamen) Trendwende, kam die Führung der verschiedenen gegnerischen Gruppierungen zusammen, um die tiefe Kluft, die sie voneinander trennte, zu überwinden. Sie leiteten im Mai 1994 eine neue Ära ein. Heute ist Südafrika zum erstenmal seit Jahrhunderten mit sich selbst im reinen und präsentiert sich der Welt – wie es diese Seiten zeigen – nicht als ein Schlachtfeld, sondern als Hoffnungsträger.

LINKS: STRAHLENDE FARBEN *und geometrische Muster zieren ein Ndebele Haus.*
RECHTS: TRADITIONELLE *Töpferei in einem Tsongadorf.*

9

Das Land

OBEN: DIE EINDRUCKSVOLLE *und ergreifende Schönheit der zerklüfteten Gebirgsketten im Süden des Landes.* RECHTS: DIE ANMUTIGE *Georgelilie gedeiht im Regen, der zur Winterzeit fällt.*

Man muß schon sehr weit in die Nebel der Urzeiten zurückgehen, um die geophysikalischen Ursprünge Südafrikas zu verstehen – man muß in die Zeit zurückwandern, als der afrikanische Kontinent in eine Landmasse eingeschlossen war, die Pangaea hieß und ein Drittel der Oberfläche des Planeten ausmachte.

Vor etwa 200 Millionen Jahren brach Pangaea auseinander und ein riesiges Landgebilde, aus dem das heutige Afrika, Australien, Südamerika, die Antarktis und Indien entstanden, wurde abgetrieben und bildete eine neue südliche Kontinentenmasse, Gondwanaland genannt. Etwa 40 Millionen Jahre später spaltete sich Afrika von dem Superkontinent ab und wurde ein eigenständiger Erdteil.

Das Abspalten des afrikanischen Kontinents von Gondwana und seine anschließende Verschiebung über die Oberfläche der Erdkugel hatte gewaltige Spannungen innerhalb dieser Landmasse zur Folge. Diese Spannungen trugen zu der Entstehung von Südafrikas Great Escarpment (Großem Randgebirge) bei – einem riesigen Halbkreis von Bergketten, der das Hochplateau im Inland von den Küstenebenen abgrenzt.

Dieses große Randgebirge in Südafrika hat einen gravierenden Einfluß auf die klimatischen Bedingungen des Landes, denn es schneidet den größten Teil der ausgedehnten Hochebene im Inland vom Regen ab, der, vom Meer kommend, sich nur über den südlichen und östlichen Küstengebieten niederschlägt. Das Great Escarpment ist die Ursache dafür, daß Südafrika überwiegend ein trockenes Land ist, wo nur 10 Prozent der Oberfläche mehr als 750 Millimeter Regen im Jahr erhält.

Die geographische und klimatische Aufteilung Südafrikas ist jedoch wesentlich komplexer als eine bloße Unterteilung in feuchtes Küstengebiet und trockenes Inland. Es gibt Wüstengebiete, subtropische Wälder, fruchtbares Ackerland und Gegenden, die Sommer- und Winterregen haben; verheerende Überschwemmungen kommen genauso vor wie vernichtende Dürrezeiten; es gibt Schnee und sengende Sommerhitze. Die Verbindung unterschiedlicher geographischer und klimatischer Bedingungen ließen sieben Vegetationstypen entstehen.

Wüste

In Südafrika kann, streng gesprochen, nur die nordwestliche Ecke, die Kalahari, als Wüste bezeichnet werden. Pflanzenwuchs ist hier minimal und verkümmert. Dennoch gibt es in den trockenen Flußläufen Bäume mit tiefen Wurzeln, und auf den Ebenen wachsen Flechten auf Steinen und vereinzelte Sukkulenten auf dem Sandboden. Nach einem Regenguß erscheint oft vorübergehend eine Grasnarbe.

Sukkulenten-Karoo

Die Halbwüste zieht sich nördlich von Lambert's Bay an der Westküste entlang und im Inland bis Springbok und Calvinia. Hier fallen zwischen 50 und 200 Millimeter Regen im Jahr, und die Flora ist von einer Vielzahl zäher Sukkulenten und Hartlaubsträuchern geprägt. Wiederkehrende Dürren, verbunden mit zu vielen Schaf- und Ziegenherden, haben in den letzten Jahren das Ökosystems stark beeinträchtigt.

Nama-Karoo

Die riesige Halbwüste des zentralen Hochplateaus erstreckt sich über den größten Teil der Kapprovinz und nordwestlich bis hinauf nach Mariental und Rehoboth in Namibia. Der Niederschlag ist unzuverlässig und liegt zwischen 125 und 375 Millimeter im Jahr. Die Vegetation besteht aus Sukkulenten und niedrigen Büschen mit kleinen, dürreresistenten Blättern und einem weit gefächertem Wurzelsystem. Früher gehörten auch Gräser zur Vegetation der Nama-Karoo, aber eine Vielzahl Schafe haben diese abgeweidet, und jetzt herrscht die zähe Strauchvegetation vor.

Grasland

Das Hochland im Inneren und die Hügellandschaften im Transvaal, in Lesotho, am Ostkap und im Binnenland von Natal liegen 1 200 bis 2 100 Meter hoch und bestehen aus Grasland. Diese Hochlandgräser sind kurzwüchsig, und es gibt wenig Baumbestand unter anderem als Folge von Frost, Dürre und Bränden während der Wintermonate. In den tieferliegenden Gebieten steht das Gras höher. Fehlerhafte Landwirtschaft hat dazu geführt, daß die Nama-Karoo Vegetation bis in die südwestlichen Gebiete der Graslandschaft vorgedrungen ist.

Fynbos

Das Mittelmeerklima der südwestlichen Ecke der Kapprovinz, mit vorwiegend Winterregen (400 bis 2000 Millimeter) und heißem trockenen Sommer hat eine einmalige Pflanzenpalette (Fynbos) hervorgebracht. Obgleich in den feuchteren Schluchten noch etwas Waldbestand vorkommt, handelt es sich hauptsächlich um feuerbeständige Heidepflanzen von bemerkenswerter Vielfalt und Charakteristik wie Proteen oder Eriken.

Waldgebiet

Südafrika ist mit natürlichen Wäldern nicht reich gesegnet, obwohl man viel aufforstet. Viele ursprüngliche Waldgebiete fielen Axt und Säge zum Opfer, als sich die europäischen Niederlassungen im 18. und 19. Jahrhundert ausdehnten. Dennoch gibt es vereinzelte Wälder in den Küstengebieten mit ganzjährigem Regenfall und in den feuchteren Teilen des Osttransvaal. Der größte verbliebene natürliche Wald ist zwischen George und Humansdorp. In dem schwülen Küstenklima von Natal, wo es in den sumpfartigen Lagunen und Flußmündungen auch Mangroven gibt, wachsen subtropischen Baumarten und Palmen.

Savanne

Diese Vegetation, die auch Buschfeld genannt wird, ist charakteristisch für die nördlichen Regionen des Landes, obgleich diese Pflanzenart auch an der Ostküste bis Port Elisabeth vorkommt. Der Pflanzenwuchs verändert sich vom trockenen und dichten Buschfeld des Transvaal Lowveld bis zu der offenen Savannenlandschaft des Nordtransvaal, die mit Schirmakazien, Marula-, Mopane- und Baobabbäumen durchsetzt ist.

GANZ OBEN: KOSMOS *schmückt die baumarme Landschaft auf dem Hochfeld.*

OBEN: DIE REGENREICHEN *Ausläufer der Drakensberge sind mit einheimischen Bäumen bewaldet. Dort stößt man auf viele, klare Quellen.*

Küste der Kontraste

GANZ OBEN: DIE BRANDUNG *des Indischen Ozeans donnert an die Küste bei der Storms River Mündung.* OBEN: AN DER *Natalküste lebt der Clownfisch.*

Die Küste Südafrikas bildet einen Halbkreis von etwa 3 000 Kilometern und wird von zwei großen Ozeanen umspült: Der Atlantik fließt an der Westküste und um die südwestliche Spitze herum, der Indischen Ozean entlang der Süd- und Ostküste. Es ist eine Küste der Kontraste, von ausgehnten weißen Sandstränden bis hin zu steil abfallenden Felsenhängen. Seeleute waren sich der Gefahren dieser Küste immer bewußt. Die starken Winde und Strömungen verursachen oft hohen Wellengang. 3 000 Schiffsunglücke hat es an dieser Küste schon gegeben – jeder Kilometer Küste steht für einen Bootsunfall.

Das Küstengebiet wird deutlich abgegrenzt von einer nahezu durchgehenden Gebirgskette, bekannt als das Great Escarpment (Große Randgebirge). Es besteht aus drei Klimazonen: Die trockene Westküste, die gemäßigte Südostküste und die subtropische Ostküste. Eine jede zeichnet sich durch eine eigene Pflanzen- und Tierwelt aus. Die Westküste Südafrikas grenzt an den Atlantik, und die nördlich fließende Benguellastr, verleiht diesem Küstenstreifen ozeanografische und klimatische Bedingungen, die es zum wichtigsten Fischgebiet machen. Die Westküstenlanguste (*Jasus lalandii*) gedeiht hier in den dichten Kelpwäldern.

Vereinzelte, abgelegene Häfen und Fischerdörfer findet man hier, auch geschützte Lagunen, Robben- und Seevögelkolonien, und hin und wieder trifft man auf gebleichte Skelette von Walfischen und Seehunden. Es ist eine karge Umgebung und ein hartes Klima. Viele Menschen können sich für die herben Reize dieser Küste nicht begeistern. Anderen Besuchern wiederum dienen die Landschaftsskulpturen, oft in ektoplasmische Nebel gehüllt, als fortwährende dichterische und künstlerische Inspiration.

Treffpunkt der Ozeane

Der Atlantische und der Indische Ozean begegnen sich, laut Kartographen, am Kap Agulhas; aber es gibt hier keinen direkten Übergang vom warmen zum kalten Meerwasser. Statt dessen zieht sich eine Übergangszone mit gemäßigten Wassertemperaturen von dem Erholungsort Hermanus über 1 000 Kilometer ostwärts bis Port St. Johns. Auf ein wirklich subtropisches Klima stößt man erst später – von Port St. Johns bis Maputaland und darüber hinaus. Hier begegnet einem eine Meereswelt von kritallklaren Gewässern und Korallenriffen.

An dieser Küste am Indischen Ozean spielen sich die vielfältigen Aktivitäten von Südafrikas Badeleben und Wassersport ab. Sie lockt auch die Angler an, die von den vielen subtropischen Fischarten begeistert sind, die von der warmen Mosambikströmung in die südafrikanischen

Küstengewässer gebracht werden. Entlang der 745 Kilometer von Kap Padrone, östlich von Port Elisabeth, bis Mtunzini, südlich von St. Lucia, gibt es nicht

weniger als 225 Flußmündungen, die zusammen eine außergewöhnliche Skala an Habitaten für eine Vielfalt von Seetieren bieten.

Zum Wohle der Natur

Naturschutz ist an Südafrikas Küsten zur höchsten Priorität erhoben worden, und um seine unzähligen Lebewesen effektiv zu schützen, gibt es 12 Küstenschutzgebiete. Die Meeresgrenzen eines solchen Reservates liegen mindestens 12 Seemeilen vor der Küste. Vor dem De Hoop Reservat wurde sogar ein noch größerer Radius einbezogen, um einen Teil der ökologisch und kommerziell wichtigen Agulhasbank mit einzubeziehen.

Zum Erhalt der äußerst wichtigen Ökosysteme zu Lande und zu Wasser gibt es Schutzgebiete unterschiedlicher Größe – von dem halben Kilometer des Great Fish River Mouth Bird Sanctuary bis zum ausgedehnten 65 Kilometer Küstenstrich des Tsitsikamma National Parks.

Die Wale

Alljährlich kommen Südliche Glattwale und Buckelwale in die lokalen Gewässer, und auch diese sind streng geschützt. Unlängst wurde eine Gesetzgebung verabschiedet, worin das 'Stören oder Belästigen' der Wale unter Strafe gestellt wird, und man darf sich den Tieren nicht näher als bis auf 300 Meter nähern. Walbeobachten ist ein Zeitvertreib, der sich in den südlichen und westlichen Küstenorten wachsender Popularität erfreut.

Im Winter findet man viele geduldige Besucher am Meer stehen, in der Hoffnung, zumindest einen Wal zu sehen. Unter den vielen Beobachtungsstellen, die es von der St.Helena Bucht bis zur Plettenberg Bucht gibt, ist die die beste Aussichtsstelle zweifellos bei dem Städtchen Hermanus. Der Ort gilt weltweit als eine der besten Walbeobachtungsplätze. Hier kann man von den Felsen am Stadtrand aus auf nur hundert Meter Entfernung die Wale mit ihren Jungen herumalbern sehen. Ist man der glückliche Besitzer einer Villa an der Küste, kann man diese großen Säugetiere des Meeres manchmal sogar vom Wohnzimmer aus sehen.

OBEN: ETWAS MITGENOMMEN *von Wind und Wetter dümpeln diese Fischerboote in Kalk Bay bei Kapstadt.*
LINKS: HOFFNUNGSVOLLE *Angeler an der Küste von Kwazulu-Natal.*

Majestätische Berge

Die Geografie Südafrikas wird durch die Bergketten grundlegend beeinflußt, denn sie ziehen sich von den Soutpansbergen im Nordosten hin bis zu den Drakensbergen in Natal. Südwestlich reichen die Bergketten über die Faltgebirge am Kap bis zu den Cedarbergen und Bokkeveldbergen im Namaqualand.

Ein großer Teil der Berge Südafrikas bildet eine riesige Trennwand aus Fels, die das Hochplateau im Inland von der Küstenebene abgrenzt. Diese Wand ist gemeinhin als Great Escarpment (Großes Randgebierge) bekannt.

Der Teil, der als Great Drakensberg Escarpment bekannt ist, erstreckt sich von der fernen nordöstlichen Ecke des Transvaal über Hunderte von Kilometern entlang der Ostküste. Die gewaltigen Felsbastionen und aufragenden Gipfel sind in Jahrmillionen durch Erosion entstanden, besonders in den vergangenen 150 Millionen Jahren, als sich die östliche Landmasse des Kontinentes Gondwana von Afrika abspaltete. Die Gipfel der Drakensbergkette, die Natal von Lesotho trennt, sind Überreste von Lavaergüssen jüngerer Zeit, die stellenweise bis zu 1,5 Kilometer dick sind. Hier besteht das Escarpment aus einer Bergseite, die fast wie eine Stützwand die saftigen, grünen Hügel von Kwazulu-Natal von der Hochebene im Binnenland abtrennt.

Das große Randgebirge

Einsame Höhen sind das Merkmal der Drakensberge. Tiefe Stille herrscht hier, nur durchdrungen von dem Schrei der Raubvögel und dem Hufschlag vereinzelter Antilopen. Bergschildkröten und winzige Eisratten leben dort. Aber in den unteren Ausläufern der Berge gibt es beliebte Erholungsgebiete, die einen Strom von Urlaubern an den Wochenenden anlocken und in den Ferien zu herrlichen Wanderungen, Klettertouren, Ausritten und zum Forellenfischen einladen.

Im Süden geht das Drakensberg Escarpment in verschiedene Bergketten über, die sich über die gesamte Länge der östlichen und südlichen Kapprovinz erstrecken. Geologisch gesehen, gibt es hier die interessantesten südafrikanischen Berge – das Faltgebirge, das vor 250 bis 270 Millionen Jahren aus der Erde durch die Verschmelzung zweier Kontinentalplatten herausgestanzt wurde. In diesem Prozeß wurden sie gefaltet und in abgeplattete Formen gedrückt. Das Phänomen dieser gefalteten Felsen wird besonders bildhaft in den Formationen von Meiringspoort, einer schmalen Flußschlucht, die sich an der Schwelle zur Großen Karoo durch die Swartbergkette windet.

Ein weiterer geologisch interessanter Berg in dieser Gegend ist der Kompaßberg. Auf einem Sandsteinfundament türmt sich ein abgewinkeltes Dolerit auf und ragt 2 504 Meter hoch über dem kleinen Karoodörfchen Nieu-Bethesda auf. Seine Nachbarn – Spandaukop und Valley Mountain – bewachen das öde 'Tal der Trostlosigkeit', ein Panorama von Halbwüstenebenen in der Karoo, das

UNTEN: DAS BEEINDRUCKENDE *Amphitheater in den Drakensbergen bei Mont-aux-Sources, hier ein Blick vom Tugela River aus.*

von zackigen Doleritfelsen umrahmt wird. Etwas weiter südwestlich recken dann der Nuweveldberg und der Komsberg ihre stoppeligen Doleritköpfe aus der riesigen flachen Ebene der Karoo.

Sie wirken ein wenig verkümmert und sind dazu verdammt, nie 'richtige' Berge zu sein, da ihnen der Blick zum Meer durch ihre älteren Geschwister versperrt wird, die sich in zwei parallelen Reihen von Ost nach West dazwischenschieben. Dadurch wird die Kleine und Große Karoo von der Küste getrennt. Die Geschwister sind die Bergketten Witteberg, Swartberg, Langeberg und Outeniqua.

Der Tafelberg

Alle sind Faltberge aus dem Sandstein des Tafelberges. Am östlichen Ende dieser Faltgebirge liegt das Massiv des Tafelberges selbst – unbestritten das berühmteste Wahrzeichen

von Südafrika. Früher bedeckte eine ausgedehnte Schicht aus Quarzsandstein große Teile der südlichen Kapregion, von denen nach vielen Jahrmillionen der Erosion der Tafelberg das letzte Fragment ist. Während andere Teile dieses Gürtels sich unter dem Druck tektonischer Kräfte falteten und wölbten, blieb der Tafelberg standhaft auf seinem Granitsockel. Man kann es sich kaum vorstellen, aber der Tafelberg ist ein erodierter Schatten seiner ursprünglichen Größe.

Nördlich von Kapstadt liegen die schönen Zederberge. Nach ihren einst üppigen Zedernwäldern benannt, sind die Berge auch die Heimat vieler seltener einheimischer Fynbosarten, wie sie auch dem Bergleoparden Schutz gewähren, der ein weitläufiges Gebiet braucht. Dieses Gelände erfreut sich auch großer Beliebtheit bei Wanderern und Bergsteigern. Es liegt in der Nähe von Kapstadt, und ist daher ein schöner Tagesausflug.

Blumen im Sand

Obgleich Südafrika ein überwiegend trockenes Land ist, gedeihen Pflanzen an den unerwartetsten Stellen. Dies trifft besonders für die Halbwüste an der Westküste zu, wo die einheimischen Pflanzen faszinierende Strategien zum Überleben entwickelt haben.

Schon 50 Kilometer nördlich von Kapstadt verändern sich die klimatischen Bedingungen unter dem Einfluß des kalten Benguellastromes. Im Hochdrucksystem des Südatlantik verhindern starke, abfallende Winde das Aufsteigen der feuchten Luftschichten von dem Meer und vereiteln damit den Niederschlag. Dieses Zusammenstoßen der Elemente verursacht 'Dampf' – ein dichter Nebel, der lateral vom Meer landwärts drängt. Das Ergebnis ist ein langer Wüstenstrich entlang der Küste, wo viele Pflanzen außer der eigenen Anpassung es nur dem Nebel verdanken, daß sie Überleben können.

Einige erwehren sich der Extreme von Hitze und Trockenheit durch Feuchtigkeit speichernde Stämme und Blätter (Sukkulenten), andere durch Zwiebeln oder Knollen unter der Erdoberfläche (Geophyten). Dann

gibt es die kurzlebigen Pflanzen, die der Dürre ausweichen, indem die Samen erst keimen, wenn der Regen fällt und sich dann schnell bis zur Blüte entwickeln, um die nächste Trockenheit wieder als Samen zu überleben zu können.

Während ihres kurzen Lebens bringen sie über Nacht farbenfrohe Blumenteppiche hervor, die sich von direkt vor Kapstadt über Hunderte von Kilometern bis in das Namaqualand hinauf erstrecken.

Die Zeit der Frühlingsblumen dauert von Mitte August bis Ende September oder Oktober, und in dieser Zeit hat sich die Gegend in ein knietiefes Meer von Blumen verwandelt. Busladungen erwartungsfreudiger Besucher kommen, um dieses vielfarbige Wunder zu bestaunen. Die Blütezeit beginnt im Süden und wandert dann nordwärts in einer farbenfreudigen Prozession, die schließlich die 'Wüste' an

OBEN: DER FELSBOGEN *am Wolfberg in den Zederbergen.*
UNTEN: HÜBSCH UND *trotzdem widerstandsfähig präsentieren sich die Babianapflanzen im Namaqualand.*

der Küste und im Inland in einen bezaubernden Garten verwandelt. Allerorts werden Ausstellungen abgehalten, und Landgasthöfe, Pensionen und Restaurants machen gute Geschäfte. Während dieser Frühlingsmonate gibt es einen 'Heißen Draht für Blumen', wo sich Touristen Ratschläge holen können, an welchem Ort genau man die schönsten Blumen bewundern kann.

Wenn der Sommer kommt und die Blumen alle vertrocknet sind, zeigt sich die Landschaft wieder mit ihren niedrigen Sträuchern und gedrungenen Sukkulenten. Hierzu zählt die große Familie der Mesembryanthemacae (Mittagsblumen), von denen schon mehr als 2 000 Arten gezählt wurden, sowie fleischige Crassula und Lithops, oder 'lebende Steine'. Auch diese Pflanzen haben eine kurze, starke Blütezeit nach dem Regen als Ausgleich für die Monate der trostlosen Tarnung.

Kaleidoskop der Blumen

Wenn sie nicht mit einem vielfarbigen Blumenteppich bedeckt sind, haben die wichtigsten geografischen Gebiete im Namaqualand ihre eigene Regionalflora. Die Knersvlakte, beispielsweise, mit ihrem weißen Quarzkies und extrem salzigem Boden, hat eine verwirrende Vielfalt an Mesembrianthenum. Weiter nördlich, im Sandveld, gibt es niedrige Küstenvegetation – *Zygophyllum cordifolium*, *Drosanthemum*, *Euphorbia karroensis* und *Othanna sedifolia* im weißen Sand an der Küste und buschartige Vygies (*Othanna cylindrica*, *Lampranthus suavissimus* und *Caphalophyllum spongiosum*) im rötlichen Sand weiter im Inland.

Die felsigen Hügel, oder Namaqua-'Klipkoppe', noch weiter nördlich gelegen, gelten als das 'echte' Namaqualand. Hier, an dem niedrigen Randgebierge, ist der Niederschlag zwischen 100 und 200 Millimeter im Jahr und unterhält verschiedene kleinwüchsige Sträucher, wie *Eriocephalus ericoides*, *Didelta spinosa*, *Zygophyllum meyeri* und *Mesembianthemum*.

Das Richtersfeld, die geheimnisvolle nördliche Wildnis des Namaqualand, beheimatet eine ungewöhnliche Anzahl an Sukkulentenarten. Der Regenfall liegt hier gewöhnlich unter 50 Millimeter im Jahr und die Vegetation ist im allgemeinen niedriger als 50 Zentimeter.

Im Inland, wo die Vegetation der Karoo Sukkulenten in die Nama-Karoo übergeht, bringen verschiedene *Euphorbien* eine plastische Dimension ins Landschaftsbild. Darunter ist die eigentümliche 'Halbmensch' Pflanze, *Pachypodium namaquanum*, die aus dem steinigen Boden aufragt und ihren Kopf immer zur Sonne dreht. Aloen recken ihre spitzen Blättern die Luft, während der Köcherbaum (*Aloe dichotoma*) – der bis zu 12 Meter hoch werden kann – von den steinigen Abhängen aus die Landschaft beherrscht. Die Umrisse dieser Bäume sind oftmals nicht mehr auszumachen wegen der riesigen Gemeinschaftsvogelnester, die sich mit Vorliebe auf diesen Bäumen niederlassen. Mitunter bekommen die Pflanzen Übergewicht als Folge dieser Vogelbesiedlung, und sie stürzen um.

Vom öden Norden ist es nur ein Sprung bis zu den roten Sanddünen der Kalahari im äußersten Nordwesten. Hier wachsen die süßen Grasarten (*Stipagrostis* und *Aristida*), die ihr Überleben durch eine riesige Samenproduktion sichern – die nach dem Regen rasch keimt – und ein ausgedehntes Wurzelsystem unter der Oberfläche haben. Verschiedene Akazienarten trifft man auch hier an, darunter die bekannten Kameldornbäume, die kostbaren Schatten spenden und deren Blätter, Samenhülsen und Harz nahrhaft sind.

Schätze unter der Erde

Naramelonen (*Acanthisicyos horrida*) – die sogenannten 'Wasserflaschen der Wüste' – liegen halbverdeckt im Sand und werden sowohl von den Nama als auch von den Oryxantilopen begierig gesucht. Die Hottentotten vergraben die gefundenen Melonen wieder für Notzeiten. Die Naramelonen haben sich ihrer Umgebung angepaßt, indem die Natur ihre Blätter durch dünne Stacheln ersetzt hat.

Hin und wieder findet man in der Kalahari auch silbrige Buschweide (*Combretum psidioides*) und den lebensspendenden Schäferbaum (*Boscia albitrunca*), der Nahrung und Heilmittel für Mensch und Tier spendet und von den Eingeborenen geradezu verehrt wird, da ihm Zauberwirkungen zugeschrieben werden. Pflanzen werden noch heute als Heilmittel verwendet.

UNTEN: FRÜHLINGSPRACHT *im Namaqualand – der Augenschmaus hält knapp einen Monat an.*
GANZ UNTEN: DIE *rosafarbene Brunsvigia – in der Nähe von Nieuwoudtville.*

Das Wildreich

Es gibt wenig, das dem Adrenalinstoß gleichkommt, Tiere in freier Wildbahn zu beobachten, und zweifellos ist Afrika der beste Ort hierfür. Obgleich der Wildbestand durch die ersten weißen Siedler und Jäger stark dezimiert wurde, haben strenge Umweltschutzgesetze die Vernichtung aufgehalten und zu der Erhaltung und Vermehrung des Wildreichtums beigetragen.

Die Bedeutung dieses Naturerbes wird von der Tatsache unterstrichen, daß Südafrika nur ein Prozent der Erdoberfläche ausmacht, aber nicht weniger als sechs Prozent (227 Arten) der Säugetiere beheimatet – abgesehen von der riesigen Vielfalt an Vögeln, Fischen, Reptilien und Pflanzen. Die meisten der 17 nationalen Wildschutzparks und viele der gutversorgten Privatreservate können sich rühmen, eines oder mehrere der 'Großen Fünf'- Büffel, Leopard, Löwe, Nashorn und Elefant – zu beherbergen; dennoch bleibt es der Kruger National Park, wo Besucher mit Sicherheit die größte Anzahl Großwild beobachten können.

Der Wildreichtum in der Kalahari

Der Kalahari Gemsbok National Park in der nordwestlichen Kapprovinz besitzt viele Oryxantilopen sowie Löwen, Geparden, rote Kuhantilopen, Blaugnus, kleinere Antilopen, Leoparden, Hyänen und etwa 200 Vogelarten.

Der Karoo National Park in der Nähe von Beaufort West hat wiederum einheimische

OBEN: WILDE HUNDE, *auch als Hyänenhunde bekannt, zählen zu den bedrohtesten Säugetieren. Früher galten sie als Plage, jetzt sind sie streng geschützt.*

OBEN: DER KÖNIG *der Steppe – einer der 1 500 Löwen im Kruger National Park.*
UNTEN: EIN SPRINGBOK; *früher bevölkerten diese Antilopen die Hochplateaus zu Millionen, aber heute gibt es sie eigentlich nur noch in Wildreservaten.*

im Schatten der Lebomboberge, beheimatet das Mkuzireservat eine beachtliche Anzahl Vogelarten und eine große Auswahl an Fauna, wie Antilopen, Raubtiere, Giraffen und die afrikanischen Python.

Faszinierend und völlig unterschiedlich vom Kruger Park ist der ausgedehnte St. Lucia Komplex, der mit seinen Wäldern, Seen, Flußmündungen und Küstenschutzgebieten eine große Auswahl Habitate bietet, für das Krokodile ebenso wie für den Pelikan.

Besuche in den Wildschutzgebieten

In Südafrika ist Wildbeobachten im allgemeinen besser in den kühleren Wintermonaten (Juni bis August), wenn das Gras kürzer und Wasser noch ausreichend ist. Manche Besucher ziehen den Frühsommer (November und Dezember) vor, wenn Gnus, Schwarzfersenantilopen und andere Arten ihre Jungen bekommen und riesige Schwärme von Zugvögeln dort sind.

Es gibt ganz klare Verhaltensregeln für Besucher der südafrikanischen Wildparks. Diese Verhaltensregeln schließen Sicherheitsmaßnahmen ein: Es ist verboten, auf offenem Feld zu nächtigen, man sollte das Fahrzeug nicht in ungeschützten Gebieten verlassen, nicht in abgegrenztes Gelände vordringen und nicht nach Dunkelheit ohne Begleitung herumwandern. Ein weiteres wichtiges Verbot ist das Füttern der Tiere: Paviane, selbst Hyänen und Elefanten, können sich schnell an menschliche Versorgung gewöhnen. Das kann dazu führen, daß sie Futter stehlen und Menschen angreifen, wenn diese ihnen kein Fressen geben.

Sehenswerte Tiere

Afrikas größtes Säugetier, der Elefant, ist wahrscheinlich das begehrteste Großwild. Diese sanften Riesen nehmen täglich bis zu 250 Kilo Gras und 200 Liter Wasser zu sich – das kostet viel Zeit und somit verbringen die Elefanten den größten Teil des Tages damit, ihr Gewicht von 3 000 bis 5 000 Kilogramm zu erhalten.

Ihre Freßgewohnheiten sind jedoch äußerst destruktiv – der graue Riese schält entweder die Rinde von einem Baobobbaum, oder er stößt einen Baum um, nur um an den saftigen Wurzelstock zu kommen.

Bergriedböcke, Grauböcke, Klipspringer, Wildkatzen und Berzebra, aber auch Schwarzgnus und Springböcke. Kuduantilopen und Schabrackenschakale sind spontan in den Park eingezogen, auch etwa 160 Vogelarten und viele Reptilien.

Kwazulu-Natals Hluhluwe und Umfolozi Wildparks bieten eine beachtliche Auswahl Großwild und eine außergewöhnliche Vogelwelt, einschließlich vieler Greifvögel. Einstmals als Jagdgebiet den Zulukönigen vorbehalten, ist Hluhluwe nun schon fast hundert Jahre ein Wildschutzgebiet. In Umfolozi gibt es die größte Anzahl Breitmaulnashörner der Welt – etwa 900 – und der Park ist bekannt für seine neuartige Anwendung von Betäubungspfeilen, die es ermöglicht, diese Tiere weltweit umzusiedeln.

Das Ndumureservat in Maputaland verschafft Brutplätze für eine riesige Schar Wasservögel in seinen Sumpfgebieten. Die Vogelbevölkerung – darunter viele tropische Arten – ist viel größer als im Kruger Park und die Artenvielfalt ist nahezu ebenbürtig.

Abgesehen von den Vögeln, Fischen und Insekten, die dort leben, gibt es auch Flußpferde, Krokodile, Impala, Nyala, Breitmaul- und Spitzmaulnashörner, Büffel, Giraffen und kleinere Kreaturen, wie Mungos, Sumpfratten, Fledermäuse und Waldmäuse. Weiter südlich,

Noch ein Schwergewichtler im afrikanischen Busch ist das Flußpferd mit etwa 1 500 Kilogramm. Es ist ebenfalls ein Vegetarier, und ein ausgewachsenes Flußpferd frißt etwa 180 Kilo Gras pro Tag. Die sehr dünne Oberhaut, über einer äußerst dicken Unterhaut, ist überaus sonnenempfindlich und rasch beschädigt. Aus diesem Grunde halten sich die Tiere den größten Teil ihres Lebens unter Wasser auf und verändern ihren Standort nur dann, wenn das Wasser austrocknet, wodurch für sie die lebensbedrohende Gefahr des Feuchtigkeitsverlustes besteht.

Flußpferde sind wichtige Glieder des Ökosystems, in dem sie leben; Fische fressen die Algen auf ihrer Haut, und ihre Exkremente liefern Nährstoffe für die Pflanzen und Organismen im Wasser.

Ein weiterer Wasserbewohner ist das Krokodil, das – auch wenn es Fisch bevorzugt – Wasserschildkröten, kleine Antilopen und andere Tiere verschlingt, die an das Ufer kommen. Das Krokodil ist eines der gefährlichsten Raubtiere der Welt und ist wahrscheinlich für mehr Todesfälle in Afrika verantwortlich als irgend ein anderes Tier.

Das Reich der Löwen

Osttransvaal ist unbestritten das Königreich der Löwen. Der Löwe ist ein mächtiges Raubtier, in der Lage Tiere, die doppelt so groß wie er selbst sind, zu erlegen und in sein Lager zu zerren, wo der männliche Löwe immer zuerst frißt. Löwen sind Gemeinschaftstiere und bis zu 30 leben in einer Gruppe. Obgleich er die meiste Zeit schlafend oder dösend verbringt, kann ein Löwe einen Gegner mit einem Schlag seiner mächtigen Tatze umlegen und kann im Laufen 100 Meter in nur vier Sekunden zurücklegen.

Von besonderem Interesse sind die legendären weißen Löwen von Timbavati. Von 1927 datiert die erste Aufzeichnung über einen weißen Löwen, aber erst 1976 – als ein völlig weißer Löwe in Tshokwane geboren wurde, und bald darauf drei weitere in Timbavati – wurde das Interesse der Welt auf sie gerichtet. Seitdem wurden noch viele weitere weiße Löwen gezählt (die weiße Farbe wird durch rezessive Gene verursacht), und sie sind begehrte Fotoobjekte. Wenn die Tiere ausgewachsen sind, dunkelt das Fell allerdings etwas nach.

Ein beliebtes Opfer des Löwen ist die Giraffe, besonders an der Wasserstelle, wo die Giraffe eine ungeschickte, breibeinige Haltung zum Trinken einnehmen muß. Es ist nicht ungewöhnlich, Giraffen abwechselnd trinken zu sehen, immer nur eine löscht ihren Durst, während die anderen Ausschau halten. Ein ausgewachsener Giraffenbulle ist fünf Meter hoch und enthält genug Nahrung für bis zu 20 Löwen für eine ganze Woche.

Visuell weniger beeindruckend als der Löwe, aber ein ebenso unermüdlicher Raubjäger, ist die gefleckte Hyäne. Besonders charakteristisch ist das langgezogene Heulen und hysterische Kichern dieser Tiere, das viele Besucher der Tierschutzgebiete nachts erschaudern läßt. Hyänen jagen in Meuten und entreißen oft anderen Katzen wie Löwen und Leoparden ihre Jagdbeute.

Noch ein beachtenswerter Jäger ist der Hyänenhund oder Wildhund – das am meisten bedrohte Raubtier im südlichen Afrika. Die Anzahl Wildhunde südlich der Sahara beläuft sich auf wenige 3 000 bis 5 000 Tiere. Der Kruger National Park, wo es bei der letzten Zählung 360 Wildhunde gab, ist eines von drei Schutzgebieten für diese Tiere.

GANZ OBEN: GIRAFFEN, *die längsten Säugetiere, sind ein bekannter Anblick in den Naturparks von Kwazulu-Natal.*
OBEN: ANMUTIG *trinkt die Kuduantilope mit ihrem Nachwuchs in Skukuza, Kruger Park.*

Die Vogelwelt in Südafrika

OBEN: DER *gelbschnabelige Storch ist ein Einzelgänger*.
UNTEN: IM *Schwebflug füttert der Wiedehopf sein Junges*.

Reich und vielfältig ist die Vogelwelt Südafrikas mit nahezu 900 Arten. Sie reicht vom Vogel Strauß, der zwei Meter groß werden kann und ein Durchschnittsgewicht von 70 Kilo hat, bis hin zur winzigen Beutelmeise, 10 Zentimeter lang und nur acht Gramm schwer. Beide Vögel haben sehr unterschiedliche und interessante Nistgewohnheiten: Der Strauß legt seine Eier in eine einfache Mulde im Sand, während die Beutelmeise ein komplexes Nest mit einem Schnabeleingang baut, der verschlossen werden kann. Zwischen diesen beiden Extremen gibt es eine verwirrende Anzahl unterschiedlicher Vögel, die Vogelbeobachter aus der ganzen Welt anzieht.

Das Wasser um die Küsten von Südafrika ist reich an Nährstoffen und lockt viele verschiedene Arten an, von den Albatrossen und Sturmvögeln, die auf vorgelagerten Inseln oder in der Antarktis selbst brüten, bis zum Brillenpinguin, der einzigen Pinguinart, die auf dem afrikanischen Kontinent brütet. Um die weiter draußen auf dem Meer lebenden Spezies zu sehen, müssen die begeisterten Vogelbeobachter ein Boot chartern und etwa 40 Kilometer aufs Meer hinausfahren.

Eine endemische Vogelart ist auf eine bestimmte Region begrenzt oder gar auf ein bestimmtes Habitat, und in Südafrika gibt es nahezu 100 endemische Vögel. Die meisten Gebiete im Landesinneren oder im Westen sind trocken, und dort kommen viele endemische Arten vor, besonders unter den Trappen und Lerchen, aber auch der gesellige Webervogel, der riesige Gemeinschaftsnester baut, sollte erwähnt werden. Das Blumenreich der Westkapregion ist durch Fynbos (Heide) charakterisiert, zu denen die herrlichen Eriken und Proteen gehören. Es ist die Heimat vieler endemischer Vögel wie der Nektarvogel, der Sonnenvogel, der Hottenttotengirlitz und der Rotbrustbuschsänger.

Es gibt nahezu 70 Arten von Tagesraubvögeln, om mächtigen und habgierigen Kronenadler bis zum kleinen Pygmäenfalken, der eine 'Kammer' im Gemeinschaftsnest der Webervögel bewohnt. Zusätzlich gibt es noch 12 Eulenarten. Die Fans der Greifvögel finden in Südafrika eine Schatzkammer, in der endemische Arten wie der Kapgeier und der schwarze Habicht eine besondere Attraktion darstellen. Es ist unmöglich in einem kurzen Überblick die vielen Vogelgruppen vorzustellen, die man in Südafrika antrifft, nur jene, die ob ihrer Farben oder Vielfältigkeit oder gar wegen beidem auffallen, werden erwähnt – wie die Eisvögel, Bienenfresser, Hornschnäbel, Bartvögel, Lerchen, Neuntöter, Stare, Sonnenvögel und Webervögel.

Ein Besucher, der eine große Anzahl Vögel beobachten möchte, sollte sich genügend Zeit nehmen, um recht viele unterschiedliche Habitate aufzusuchen. Ein Besuch im Buschfeld, etwa im Kruger National Park, führt einen zu Arten wie Hornschnäbel, Roller, Würger und Stare, aber man müßte schon nach Kapstadt kommen, um den Kapnektarvogel zu sehen, oder in die Karoo, um bestimmte Trappen- und Lerchenarten zu sehen, in die Kalahari, um Gemeinschaftsvögel und Pygmäenfalken zu bewundern.

OBEN: RIESENREIHER – *im Marschgebiet oder an Flußläufen anzutreffen*.

Wegweiser in die Vergangenheit

Menschliche Existenz geht auf dem afrikanischen Kontinent zurück bis in die Urzeit. Durch archäologische Ausgrabungen – besonders um die Olduvaischlucht in Tansanien und in den Höhlen im Transvaal und in der nördlichen Kapprovinz – konnte man feststellen, daß dieser Kontinent die Geburtsstätte der Menschheit war.

Millionen Jahre später war der südliche Subkontinent die Heimat der Vorfahren der heutigen San, oder Buschleuten, verstreute Gruppen steinzeitlicher Jäger und Sammler, die über die weiten, sonnenüberfluteten Ebenen streiften auf der Suche nach Nahrung und über die Jahrtausende eine einmalige und außergewöhnliche Kultur entwickelten. Diese friedsamen Leute, deren bildhafte Zeichenkunst tausende von Höhlen und Felswände schmückt, von den Drakensbergen im Osten bis zur abgelegenen Atlantikküste im Westen, hatten kaum Begriffe für Feindschaft und Gier: Sie glaubten an die Einheit der Natur und an die Notwendigkeit, deren Gaben mit allen Lebewesen zu teilen.

Die Evolution brachte aber schließlich aggressivere Menschen hervor – Leute, die sich Vieh hielten und Gebietsrechte beanspruchten.

Als erstes trafen die Khoikhoi (Hottentotten) ein, die den Ursprung der San teilten, aber in wohlorganisierten Stammesformationen lebten und Methoden der Kriegsführung entwickelt hatten. Sie ließen sich hauptsächlich im Westen, der westlichen Mitte und im Süden des Subkontinents nieder.

Später kamen die Bantu oder 'schwarzen' Menschen. Die ersten Stämme begannen etwa um 200 nach Chr. südlich über den Limpopo zu ziehen in einer langsamen Völkerwanderung, die über die Jahrhunderte zunahm. Mitte des 17. Jahrhunderts hatten sich die Sotho, Tsonga und andere Stämme über den größten Teil des Inlandplateaus verteilt, und die Nguni waren entlang der Küste des Indischen Ozeans weitergezogen. Die südlichste Gruppe, der Stamm der Xhosa oder Südnguni, siedelten sich in der Region des heutigen Ostkaplandes an.

OBEN LINKS: DER PLENARSAAL *der Nationalversammlung im Kapstadter Parlamentsgebäude. Das erste nationale Parlament, das von Weißen gewählt worden war, trat 1910 zusammen.*

OBEN: DER INNENHOF *der Festung, Kastell zur Guten Hoffnung, das älteste noch bewohnte Gebäude im Land. 1676 fertiggestellt, war es zugleich militärisches Hauptquartier sowie die Amtswohnung des kolonialen Gouverneurs.*

OBEN: BARTHOLOMÄUS *Diaz errichtet ein Kreuz, ein padrão, auf der Insel St. Croix in der Algoabucht. Um die Bucht erstreckt sich heute die Stadt Port Elisabeth.*

Zu dem Zeitpunkt hatten europäische Seefahrer den größten Teil der afrikanischen Küste erforscht. Nicht lange nachdem die Xhosa in ihr neues Gebiet eingezogen waren, segelte eine kleine Gruppe holländischer Pioniere vorsichtig die Atlantikküste herab. Ihr Ziel war eine mit Wasser gut versorgte Bucht, die unterhalb der launischen Pracht des Tafelberges lag .

Kundschafter und Siedler

Verschiedene Länder hatten Teil an den Entdeckungen, die dem südlichen Afrika die verspätete Aufmerksamkeit der wenigen europäischen Mächte eintrug – Staaten, die sich kollektiv als die zivilisierte Welt des 15., 16. und 17. Jahrhunderts betrachteten.

Obgleich es Elemente religiösen Eifers und persönlicher Ambitionen gab, waren Machthunger und Gewinnsucht die größten Antriebsfedern für das Entdecken und Erforschen. Profit wurde respektabel durch die Vergabe eines königlichen Freibriefs, und Machthunger wurde als Patriotismus ausgelegt. Und aus dem einst einfachen Handel erwuchsen erfolgreiche Weltreiche – fremde Länder, die mühelos und willkürlich den Kronen von Portugal, Spanien, der Niederlande und Großbritannien untertan wurden.

Portugiesische Seeleute und Händler, die einen Handelsweg zu Wasser nach Osten suchten, waren 1488 an der Küste des südlichen Kap an Land gegangen. Sie hatten kleine Gruppen von Khoikhoi Viehhaltern angetroffen. Von den Einwohnern der weiten Inlandgebiete wußten und ahnten sie nichts.

1510 wurde ein Angriff der Portugiesen auf einen Khoikhoi-Kral in der Tafelbucht zurückgeschlagen, wobei 58 Seefahrer ihr Leben lassen mußten, einschließlich des Vizekönigs von Portugiesisch Indien und einer Reihe von Adligen. Danach vermieden die Portugiesen diese abgelegenen und feindlichen Küsten im Süden und liefen statt dessen lieber Angola oder Mosambik an. Aber an ihrer Stelle kamen bald darauf die Holländer, die gerade dabei waren sich als internationale Händler zu etablieren. Um die Flotten ihrer Ostindischen-Handelsgesellschaft zu versorgen, entschlossen sie sich, eine Niederlassung am Kap der Guten Hoffnung zu errichten. Diese Idde setzten sie im Jahre 1652 in die Tat um.

Der Außenposten am Kap

Die Holländisch-Ostindische Handelsgesellschaft untersagte den Siedlern die einheimische Bevölkerung zu versklaven oder sonstwie zu mißhandeln. Der Vorstand in Amsterdam – Die Herren Siebzehn – hofften, daß ihre Vertreter Vieh und andere Lebensmittel im Tauschhandel erwerben würden, daher war es notwendig, eine freundliche Gesinnung zu demonstrieren. Die Neuankömmelinge hatten keinerlei Absicht, eine Kolonie zu gründen, und der erste Kommandant der Niederlassung, Jan van Riebeeck, machte sich Mühe, die Grenzen auszuweisen; er pflanzte sogar eine Hecke von Wilden Mandeln als Abgrenzung.

Nach wenigen Jahren wurde es den Bürgern jedoch gestattet, sich außerhalb dieser dürftigen Abgrenzung anzusiedeln, und ihnen wurde Farmland von der Gesellschaft 'verliehen', die sich damit uneingestanden die Rechte als oberster Landbesitzer zueignete. Angestellte der Handelsgesellschaft wurden Siedler, und die Samen für eine Kolonie waren gesät und wurden 1688 mit dem Eintreffen einer Gruppe französischer Hugenotten angereichert, die der religiösen Verfolgung in ihrem Lande entflohen waren.

Die Khoikhoi fanden mehr und mehr, daß sie in ihrem eigenen Lande als Eindringlinge behandelt wurden. Für die Sippen, die um die Tafelbucht herum lebten, bedeuteten die Auswirkungen der europäischen Siedlung die Vernichtung ihres gesellschaftlichen und wirtschaftlichen Gefüges. Obgleich diese Auswirkung nicht bewußt und nicht mit Waffengewalt erreicht wurde (agbesehen von zwei kleinen Scharmützeln), zogen sie immer weitere Kreise und verursachten Mißtrauen und Verunsicherung in einem immer größeren Gebiet. Sippen rivalisierten untereinander und kämpften schließlich miteinander, um sich die materiellen Vorteile des Handels mit den Holländern zu sichern.

Am Ende gab es kaum Vorteile zu verzeichnen, denn die Rivalität brachte wenig anderes als den eigenen Ruin und eine wachsende Abhängigkeit von den Holländern, die sich über die niedrigen Handelspreise freuten. Sippen und sogar Familien zerstritten sich, als einige Mitglieder sich mit den Holländern verbündeten und andere ins Inland abwanderten.

Nachdem die Khoikhoi in einem unaufhaltsamen Abstieg begriffen waren, breitete sich die Siedlung – wenn auch langsam – unter der holländischen Herrschaft aus. Die Holländisch-Ostindische Handelsgesellschaft war durch Verausgabung und Korruption zu diesem Zeitpunkt, nach 1790, selbst im Zusammenbruch begriffen, und so ergab es sich, daß England das Kap besetzte. Es war eine verhältnismäßig kurze Besetzung, aber 1806 kamen die Engländer wieder – und diesmal blieben sie. Wenige Jahre später wurde das Kap der Guten Hoffnung mit unklaren Inlandgrenzen formal eine britische Kolonie. In dem Maße wie die Vorhut der weißen Siedler sich immer weiter von dem Regierungssitz in Kapstadt entfernte, wurden die Grenzen der Kolonie – und damit die Gültigkeit der Gesetze – ausgedehnt, um diese Siedler wieder einzubeziehen. Auf diese Weise schoben sich die Grenzen immer weiter nach Osten und immer mehr Land kam in den Besitz der Englischen Krone, die es an Siedler verkaufte oder verpachtete, obgleich es oftmals anderen Völkern als Weideland diente. Ab 1820 wurden mehrere tausend englische – und später deutsche – Siedler auf Parzellen an der Ostgrenze angesiedelt. Dies geschah teilweise in der Hoffnung, daß sie rein zahlenmäßig den Widerstand der dortigen Xhosa brechen würden.

Afrikanische und europäische Begriffe über Besitzanspruch unterschieden sich voneinander. Wie viele Eingeborenenkulturen betrachteten auch die Xhosa Land als Eigentum des Volkes; die Häuptlinge hatten somit nur das Zuweisungsrecht, nicht aber das Verkaufsrecht. Konflikt über Landbesitz war somit praktisch unvermeidbar, und mehr oder weniger heftige Frontkriege wurden ausgetragen. 1878 gab es endlich einen unruhigen Frieden am Ostkap.

Die Ursprünge des Afrikanertums

Ab 1820, als die britischen Siedler sich an der Küste von Algoa Bay (heute Port Elisabeth) niederließen, war eine neue Macht im fernen Natal auf der Bildfläche erschienen – das militaristische und expansionistische Zulureich unter seinem großen Herrscher Shaka.

Shaka hatte einigen britischen Untertanen gestattet, sich in Port Natal (jetzt Durban) niederzulassen. Hätte er länger gelebt, wäre er aber gewiß gegen Niederlassungen im großen Stil der Kapholländer oder Buren gewesen, wie sie ab 1838 entstanden. Die Buren, auch Vortrekker genannt, zogen kurz nach der Emanzipation der Sklaven aus, mit ihren Habseligkeiten, die sie auf Ochsenwagen luden, an die sie ihr Vieh banden. Dieser Massenumzug wurde als der 'Großer Trek' bekannt und hatte verschiedene Ursachen. Die Farmen der Buren an der Ostgrenze der Kapkolonie hatten schwere Verluste erlitten in ihrem anhaltenden Kampf mit den Xhosa um Land. In diesem Kampf, so meinten die Buren, kam ihnen wenig Hilfe von der britischen Obrigkeit zuteil, im Gegenteil diese war oft hinderlich. Britische Missionare und Liberale, die sich der Rechte der Schwarzen annahmen, mischten sich wiederholt in die Angelegenheiten der Buren ein.

Als die britischen Gesetzgeber den Eindruck vermittelten, daß Schwarze die gleichen Rechte wie 'Christenmenschen' erhalten würden, reichte es den Grenzfarmern. Einige Voortrekker zogen nach Natal, wo sie mit Shakas Mörder und Nachfolger, Dingane, zusammenstießen. 1838 kämpften die Buren gegen die Zulus in der Schlacht am Blood River, wobei ihnen – so besagt der 'weiße Glaube' – Gott den Sieg verlieh.

Wenige Jahre später wurde Natal von Britanien annektiert, und die Buren beluden wieder ihre Wagen, diesmal um auf die Hochebene im Transvaal zu ziehen.

Unentschlossenes Verhalten der britischen Regierung ermöglichte es den Buren, eigene und unabhängige Republiken zu gründen: 1852 das Transvaal und zwei Jahre später den Oranje-Freistaat. Aber Britanien verhinderte, daß diese beiden Staaten einen Zugang zum Meer bekamen. Gleichzeitig führte England gegen das Zulureich einen Krieg, der – nach einem schmachvollen Beginn – 1879 zur Niederlage von König Cetshwayo in der Schlacht von Ulundi führte. Inzwischen erfuhr die Kapkolonie 1860 endlich Wohlstand durch die Entdeckung von Diamanten im Norden in der öden Umgebung von Kimberley.

Das Gold und die Vereinigung

Im ganzen Subkontinent, besonders in dem fieberverseuchten Lowveld des Osttransvaal, folgten Männern dem Gold und den Gerüchten über Goldfunde. Kurzfristig gab es bei Pilgrim's Rest und Barberton reiche Funde, aber die große, epochemachende Entdeckung wurde 1886 auf dem Hochland des Witwatersrand gemacht.

Das war eine Goldader, die tief unter die Erdoberfläche führte und zur erfolgreichen Ausbeutung Unsummen an Kapital benötigte. Kimberley lieferte ein Großteil der Finanzierung für die Goldminen, meist indirekt durch europäische Finanziers, die schon in Diamanten investiert hatten.

Gewisse Differenzen riefen schwerwiegende Spannungen zwischen Britanien und den Republiken hervor, und die anglo-burischen Beziehungen erreichten ein neues Tief, als ein Vorhaben, das dem Erzimperialisten und Finanzier Cecil Rhodes angelastet wurde, in aufsehenerregender Weise danebenging. Ein Einmarsch einer berittenen Truppe in das Transvaal unter der Führung von Rhodes Freund, Leander Starr Jameson,

UNTEN: Das imposante Voortrekkerdenkmal bei Pretoria. Es wurde 1838, zur Hundertjahrfeier des Großen Trek, in Angriff genommen und 1949 vollendet. Ein 40 Meter hoher Bau wird von 64 Oxenwagen aus Granit umlagert; im Heldensaal werden auf 27 Marmorbildern die wichtigsten Stationen des Treks dargestellt.

OBEN: FROHGEMUTE *Südafrikaner vor den ersten demokratischen Wahlen im April 1994.*
UNTEN: DIE NEUE *Landesflagge flattert am Eingangstor zu den Parlamentsgebäuden neben einer Reiterstatue von General Louis Botha, dem ersten Premierminister der Union von Südafrika.*

schlug fehl, und ein Krieg entbrannte im Oktober 1899. Es kostete das Britischen Empire fast drei Jahre, nämlich bis Mai 1902, ehe sie der Opposition der beiden kleinen abgeschnittenen Burenrepubliken Einhalt gebieten konnten.

1910 vereinigten sich die ehemaligen Republiken mit den Kolonien Kap der Guten Hoffnung und Natal zu der Union von Südafrika, der der Dominion-Status (Selbstregierung) innerhalb des Britischen Empire zugestanden wurde. Das Wahlrecht war allerdings nahezu ausschließlich weißen Männern vorbehalten.

Die Gründung der Union von Südafrika aus den Kolonien und Staaten, die vor weniger als einer Dekade noch miteinander in Krieg verwickelt waren, wurde als ein Wunder der Versöhnung gefeiert – und das war es auch.

Aber es war keine vollständige Versöhnung und keine vollständige Union. Der starrsinnige Bure, im Kampf geschlagen, war entschlossen, seine Unabhägigkeit zurückzugewinnen, während den Schwarzen praktisch überhaupt kein Mitspracherecht in Landesangelegenheiten eingeräumt wurde. Nur am Kap hatten einige Nicht-Weiße etwas politisches Gewicht.

1912 gründeten Schwarze den Südafrikanischen-Eingeborenen-National-Kongreß, der später der Afrikanische National Kongreß (ANC) wurde, eine Bewegung, die sich, zumindest in den folgenden fünfzig Jahren, der friedlichen Opposition gegen ein ungerechtes System widmete. 1913 wurde ungehindert ein Gesetz verabschiedet, daß 'weiße' und 'schwarze' Gebiete im Land schuf. Der Rahmen für die spätere Entwicklung der unbarmherzigen Trennlinien der Apartheid waren klar gezogen worden.

Dann kam 1914 der Krieg gegen das kaiserliche Deutschland und innerhalb Südafrikas ein kurzlebiger 'bewaffneter Aufstand' von antibritischen Buren; eine Rebellion, die rasch von der 'aufgeklärten' Führung des Louis Botha und Jan Smuts unterdrückt wurde. Beide waren jetzt Männer des Empire und hatten sich der Versöhnung der beiden weißen Völker verschrieben.

Südafrikanische Freiwillige kämpften in West- und Ostafrika, Palästina, Frankreich und Flandern. Deutsch-Südwestafrika (Namibia) wurde 1915 von südafrikanischen Truppen eingenommen, und die ehemalige deutsche Kolonie wurde ein Mandatsgebiet unter südafrikanischer Verwaltung. Mit Ausnahme des 'farbigen' Kapkorps, waren schwarze Südafrikaner nur in nicht-kämpfenden Einheiten zugelassen, etwa wie das South African Native Labour Contingent (Südafrikanisches Eingeborenenarbeiter Kontingent).

Schwarze Hoffnungen, daß Kriegsdienst politische Privilegien erwirken könnte, wurden 1923 durch ein Gesetz zunichte gemacht, daß 'Eingeborenensiedlungen' außerhalb der Stadtgrenzen vorsah. Schwarzen war der Zugang nur zur Arbeitzwecken in weiße Gebiete gestattet. Dies war nur eine der diskriminierenden Statuten, die von nachfolgenden Unionsregierungen in den Jahren zwischen den Weltkriegen verabschiedet wurden, und die ein bedrohliches Arsenal an Gesetzgebungen darstellte, um die afrikanische Bevölkerung gänzlich aus dem Hauptstrom des politischen, wirtschaftlichen und gesellschaftlichen Lebens auszugrenzen.

Südafrikanische Freiwillige aller Rassen dienten auch im Zweiten Weltkrieg an verschiedenen Kriegsschauplätzen.

Die Jahre im Abseits

1948 verlor Smuts die Wahlen an die Nationale Partei, deren ausdrückliches Vorhaben es war, Südafrika auf einer Welle des Afrikaner Nationalismus in eine Republik umzuwandeln. Apartheid (Trennung) sollte in fast allen Bereichen des privaten und öffentlichen Lebens eingeführt werden. Diese politische Richtlinie hatte die Gründung der 'Homelands' zur Folge, die von den Kritikern verächtlich als 'Bantustans' bezeichnet wurden. Als Argument wurde angeführt, daß alle Schwarzen einer bestimmten Volksgruppe zugeführt werden würden, und somit auch einem bestimmten Gebiet, das mit der Zeit eine Form der Unabhängigkeit von Südafrika erhalten würde. Im Laufe der Zeit würden alle Schwarzen zu Bürgern des einen oder anderen dieser Staatsgebilde, und daher gäbe es in Südafrika selbst keine Schwarzen mehr. Innerhalb des 'weißen' Südafrika wurde diese Politik – offiziell 'getrennte Entwicklung' genannt – rigoros erzwungen. Ganze Gemeinden, fast ausschließlich 'schwarze' oder 'farbige', wurden aus den neu proklamierten Gebieten für die 'weiße Volksgruppe' umgesiedelt.

Trotz der wachsenden Belastungen, die diese 'Große Apartheid' verursachte – das System wurde finanziell immer untragbarer und war letztendlich nicht durchführbar – schien Südafrika zu gedeihen, selbst nachdem es sich 1961 als unabhägige Republik aus dem Britischen Commonwealth zurückgezogen hatte. Aber der Schein trügte. 1960 hatte der Tod von mehreren Schwarzen bei einer Demonstration gegen die Paßgesetze vor der Polizeistation in Sharpeville schon die kritische Aufmerksamkeit der Weltöffentlichkeit erregt. Langsam trieb das Land immer tiefer in die Isolation, da die Verbindungen in den Bereichen Sport, Handel und diplomatische Beziehungen unter dem Druck internationaler Verurteilung gelöst wurden. Die erdrückende finanzielle Belastung durch militärische Aktivitäten in Angola und Namibia unterminierten die Reserven des Landes, und weiterer Schaden wurde durch die vernichtende Wirtschaftskrise verursacht, die auf President Bothas aggressive 'Rubikon'-Rede folgte – ein großangekündigte Ansprache, die dann nicht die erwartete Botschaft von Reformen und neuen Ansatzpunkten enthielt.

Der Druck wurde langsam offensichtlich. 1984 hatte eine neue Verfassung ein Drei-Kammer-Parlament erwirkt, in dem 'Farbigen' und Indern ein Mitspracherecht gewährt wurde, das aber bezeichnenderweise die Schwarzen ausschloß.

Die Reformen bewirkten nur, daß das Feuer der Unruhe und Gewalttätigkeit, das in den achtziger Jahren in den Townships aufflammte, weiter angefacht wurde. Der langwährende Befreiungskampf schien sich dem Höhepunkt zu nähern.

Die Saat des Protestes

Die Wurzeln des Widerstands gegen weiße Beherrschung können mehr als dreihundert Jahre zurückverfolgt werden: 1655 protestierten die Khoikhoi in der Tafelbucht gegen die holländische Besetzung ihres Landes. Andere Formen der Opposition waren Überfälle im Ostkap, die über hundert Jahre zu neun Grenzkriegen führten. Widerstand gegen die weiße Vorherrschaft war im 20. Jahrhundert meistenteils gewaltlos, besonders in den ersten Dekaden. Es fehlte den Befreiungorganisationen, angeführt vom Afrikanischen National Kongreß, an gemeinsamer Organisaton und Zusasmmenarbeit, und Mitglieder landeten im Gefängnis oder wurden zu Überläufern. In den sechziger Jahren ereigneten sich die aufsehenerregenden Inhaftierungen, Verfahren und Verurteilungen der schwarzen Führer, wobei auch Nelson Mandela – unter vielen anderen – zu einer langen Gefängnisstrafe verurteilt wurde. Der Rückzug der Kolonialmächte aus Afrika, der in den fünfziger Jahren seinen Anfang nahm, verstärkte die Erwartungen nach Demokratie und förderte indirekt viele billige, aber effektive moderne Waffen für den 'bewaffneten Kampf. Ziviler Ungehorsam wurde eine bekannte Erscheinung in Südafrika, der bedeutendste Ausbruch ereignete sich im Jahr 1976, als Hunderte von Schülern in Soweto dagegen rebellierten, daß der Staat einfach darauf bestand, Afrikaans als Unterrichtssprache einzuführen. Einen ähnlichen Aufruhr gab es 1984, als sich landesweite Opposition gegen die neue Verfassung formierte, die zu einer 'niederwalzenden Massenbewegung' ausartete.

Das Neue Südafrika

Der Höhepunkt der Aktivitäten innerhalb der Befreiungsbewegungen fiel mit dem Amtsantritt von President F.W. de Klerk zusammen, der dann im Februar 1990 sowohl Südafrika als auch die restliche Welt mit seiner dramatischen Ankündigung weitgehender Reformen überraschte, die zu einer vollen Demokratie führen würden.

Organisationen, die lange verboten waren, wurden zugelassen, und ein Großteil der Apardheidgesetzgebungen wurde aufgehoben. Besonders die Freilassung von Nelson Mandela nach 27 Jahren Haft versetzte das Land und die Welt in begeisterte Erregung.

Nach anstrengenden Verhandlungen über vier lange Jahre hin – eine Zeit der fortdauernden Unruhen, politischer Gewalttaten, Morde und gelegentliche auch Attentaten – gingen Südafrikaner aller Hautfarben Ende April 1994 zur Wahlurne, um eine Regierung der Nationalen Einheit unter einer Übergangsverfassung zu wählen. Ebenso wählten sie die Verwaltungen der neun neuen Provinzen. Zehn Tage später wurde Nelson Mandela als erster Präsident eines demokratischen Südafrikas eingeschworen.

UNTEN: DIE FRIEDENBRINGER. *President Nelson Mandela und sein Vorgänger, FW de Klerk, waren die Schlüsselfiguren in dem ausgedehnten Verhandlungsprozess, aus dem das neue Südafrika hervorging.*

Die Menschen

OBEN: MIT LEHM EINGERIEBEN *feiern diese Mädchen ihre Initiation als Frauen. Obgleich westliche Lebensart in den Städten viele alte Bräuche ersetzt hat, bleiben große Teile der Landbevölkerung den alten afrikanischen Traditionen verbunden.*
UNTEN: DAS GESICHT *der 'Townships'.*

Südafrika ist die Heimat von etwa 40 Millionen Menschen. Die Lebensgeschichten dieser Menschen und ihre Familien, ihr Hintergrund und ihre Ursprünge sind so unterschiedlich wie ihre Wohnungen, die von eleganten Villen bis zu Behausungen aus Brettern und Plastik variieren, und ihre Wurzeln ziehen sich über die ganze Welt hin.

Die Geschichte nimmt ihren Anfang mit den portugiesischen Seefahrern des späten 15. Jahrhunderts, denen es mehr darum ging, einen Seeweg nach Fernost zu finden, als eine Chronik über die Menschen des Subkontinents anzulegen. So wurde über die Bewohnern am Südkap bei Mossel Bay einfach geschrieben, daß sie jenen glichen, die man an der südwestlichen Küste angetroffen hatte. Diese waren zweifellos Khoikhoi, die früher als Hottentotten bezeichnet wurden. Sie fielen dem Druck, der durch die westliche Lebensart und den Kapitalismus auf sie ausgeübt wurde, genau so zum Opfer wie den Pocken und haben als Rasse nicht überlebt.

Die ihnen verwandten San haben dagegen überlebt wie auch die bildhaften Malereien ihrer Vorfahren, die auf zahllosen Felswänden in Höhlen und unter Felsvorsprüngen anzutreffen sind. Als der Druck der anderen Volksgruppen zu stark wurde, zogen sich die Männer und Frauen der San immer weiter in unwirtliche Gebiete zurück.

Eine Version der südafrikanischen Geschichte lautete, daß zu der Zeit, als die Holländer sich am Kap niederließen – Mitte des 17. Jahrhunderts – auch Bantuvölker im Nordtransvaal eintrafen, die irgendwo aus den äquatorianischen Regionen kamen. Beide Gruppen bewegten sich aufeinander zu, bis sie sich schließlich an einer nicht bekannten Stelle am Ostkap gegenüberstanden.

Schwarze Überlieferung – auch Archäologen und Anthropologen – erzählen eine andere Geschichte, teilweise bekräftigt durch die Berichte portugiesischer Schiffbrüchiger im 16. Jahrhundert an der südöstlichen Küste: Die Nguni waren am Ostkap seßhaft, lange bevor die Kolonisten in Erscheinung traten.

Die afrikanischen Völker des Subkontinents sind keine homogene Gruppe, sondern sind ethnisch unterteilt, mit eigenen Sprachen und Kulturen. Viele der südlichen Sprachen reflektieren eine frühe Begegnung mit den Khoikhoi und San – der Schnalzlaut in der Sprache der Xhosa, die den längsten und engsten Kontakt mit diesen Völkern hatten, macht dies besonders deutlich.

Obgleich die traditionellen Dorfgemeinschaften, die auf Familienzugehörigkeit aufgebaut sind, in den ländlichen Gebieten noch anzutreffen sind, bewirkt die beschleunigte Verstädterung ein zunehmendes Vewischen dieser ehemals klaren Abgrenzungen. Aber Traditionen überleben selbst in den Elendsvierteln der Städte. In vielen Fällen sondert sich auch hier der junge Mann für die Mannbarkeitsriten ab und lebt, getrennt von Familie und Freunden, in seiner eigenen kleinen Hütte, wie der Brauch es vorschreibt. Mag diese auch aus Plastikplanen gebaut sein und neben einer verkehrsreichen Straße liegen, so ist es doch Teil der Tradition und kann nicht einfach übergangen werden.

Die vier Hauptgruppen der afrikanischen Völker sind Nguni, zu denen die Zulu, Xhosa,

Swasi und Sindebele zählen. Trotz semantischer Unterschiede sind die Sprachen untereinander verständlich. Die Xhosa leben vorwiegend in den Gebieten Transkei und Ciskei. Zulu ist die Muttersprache des größten Teils der Bevölkerung Südafrikas, und die Zulus leben hauptsächlich in Kwazulu-Natal. Das Zulu Königshaus hat überlebt, und König Goodwill Zwelethini Bhekezulu stammt von einem bekannten Krieger-König des 19. Jahrhunderts ab.

Ein weiteres Königreich ist das unabhängige Swasiland. Swasisprechende Südafrikaner leben zumeist in KaNgwane, im Nordosten. Die Ndebele des Transvaal bestehen aus einer nördlichen und einer südlichen Gruppe und sind als ein Volk dem oberflächlichen Besucher hauptsächlich wegen der farbenfreudigen geometrischen Motive an ihren Häusern bekannt. Das als Gazankulu bekannte nordöstliche Gebiet des Transvaal ist hauptsächlich von Tsonga und Shangana bewohnt, von denen viele auch in Zimbabwe und Mosambik leben. Sie haben eine reiche Folklore und sind allgemein hochgeachtet als Anekdoten- und Geschichtenerzähler.

Die Sotho-Tswana (auch als West-Sotho bekannt) haben sich in den Gebieten um Mafikeng und Mmabatho etwa zur gleichen Zeit niedergelassen, in der England von den Normannen besetzt wurde, nämlich im 11. Jahrhundert. Die Süd-Sotho sind die Bevölkerung des Königreich von Lesotho und dem ehemaligen 'homeland' von Qwa-Qwa im östlichen Oranje Freistaat.

Das Volk der Venda (VhaVenda) lebt in der äußersten Nordostecke des Transvaal, entlang der Soutpansberge und zwischen diesen und dem Limpopo River, der die Grenze mit Zimbabwe bildet. Ein Großteil dieser Region ist bewaldet, und die grünen, schattigen Tiefen ergeben die Kulisse für die geheimnisvollen Legenden dieser Gegend.

Das Gebiet um Kapstadt, die südwestliche Kapregion, ist der Teil Südafrikas, der am längsten von Europäern besiedelt ist, und hierher kamen die vielen verschiedenen Völker, deren Nachfahren das bunte Kaleidoskop des Lebens am Kap ausmachen. Nur ein Teil dieser Vorfahren kamen freiwillig. Es gab auch Sklaven aus Angola und Madagskar, aus Indien und den fernöstlichen Inseln. Auch Exilanten, Heilige, Prinzen und Politiker verschlug es hierher, die den Holländern in ihren Gebieten in Fernost unbequem geworden waren, und die ins ferne Afrika geschickt wurden, um dort ihren Lebensabend zu beschließen. Einer davon, Scheich Yusuf, gilt als Begründer des Islam am Kap, und somit in Südafrika überhaupt. Minarette mit Stern und Sichelmond sieht man in vielen Orten in Südafrika, aber nirgendwo so häufig wie in Kapstadt. Hier sind viele Moscheen zwischen den bescheidenen Häuschen, die die steilen Kopfsteinpflasterstraßen des Bo-Kaap oder Malaienviertel, wie die Hänge des Signal Hill auch bezeichnet werden, säumen.

Der älteste Stammbaum

Das Übel des Sklavenhandels wurde 1807 von den Briten abgeschafft. Dies erfolgte kurz nachdem sie das Kap besetzt hatten, wenngleich der Besitz von Sklaven weiterhin gestattet war und viele Menschen für weitere drei Jahrzehnte versklavt blieben. Ihre Nachfahren zählen zu jenen Südafrikanern, die den längsten örtlichen Stammbaum besitzt, und eigenartigerweise haben klassische Namen, die vor Jahrhunderten an sie vergeben wurden, als es noch nicht als inhuman angesehen wurde, daß ein Mensch einen anderen 'besaß', als Familiennamen überlebt.

Nicht zu vergessen sind die Inder, die nach KwaZulu-Natal kamen. Nicht als Sklaven, aber als vertraglich gebundene Arbeiter für die Zuckerplantagen, trafen sie Mitte des 19. Jahrhunderts ein. Ihre Nachfahren haben wiederum einen eigenen farbenfreudigen und exotischen Beitrag zu der vielschichtigen südafrikanischen Persönlichkeit des Landes geleistet – besonders durch ihre Kochkunst.

Von den europäischen Völkern siedelten sich hier zuerst die Holländer an (seit 1652), gefolgt von den französischen Hugenotten. Später kamen die Engländer als militärische Besatzung und Siedler, und dann die Deutschen, die von den Engländern angeworben worden waren. Auch Portugiesen haben sich in Südafrika niedergelassen, die hauptsächlich aus Madeira und den ehemaligen portugiesischen Kolonien, Angola und Mosambik kamen. Die Portugiesen bilden die drittgrößte europäische Sprachgruppe. Die verschiedenen Völker pflegen weiterhin die Traditionen und Bräuche der 'alten Heimat' inmitten der Verwirrung und Aufregung bei der Entstehung eines neuen Südafrikas.

OBEN: DIE STRASSEN *von Johannesburg reflektieren die neue Freiheit – und Mode.*
UNTEN: MUSLIMFRAUEN *bei einem ihrer seltenen Besuche in der Moschee. Hier in Kapstadts District Six.*

Sport in Südafrika

OBEN RECHTS: DAS ENGLISCHE *Rugbyteam errang einen demütigenden Sieg in Pretoria über die südafrikanische Nationalmannschaft in dem ersten Spiel des Jahres 1994.*
OBEN: IM ZWEITEN *Spiel in Kapstadt gelang den Südafrikanern eine überzeugende Revanche.*
RECHTS: MITTELSTRECKENLÄUFER *bei den 'Afrika Spielen', die in Durban abgehalten wurden.*

Sport ist ein wichtiger und hoch-geschätzer Teil des südafrikanischen Zusammenlebens und zeichnet sich dadurch aus, daß es die erste wichtige Sphäre war, wo die künstlich errichteten Barrieren der Apartheid überwunden wurden.

Aber für Jahrzehnte war der Sport in Südafrika – gleich seinen Gemeinschaften – betrüblicherweise fragmentiert. Ab 1960 führte die Rassentrennung zu zunehmender sportlicher Isolation. Geplante Wettkämpfe wurden aufgegeben, das Land wurde von den Olympischen Spielen und fast jedem anderen internationalen Sportwettbewerb ausgeschlossen und von den verschiedenen Sportorganisationen der Welt gemieden.

1991 nahmen die 21 Jahre der sportlichen Verbannung Südafrikas ein Ende, als das Internationale Olympische Kommittee das

Lande wieder aufnahm. Die Teilnahme an den Spielen in Barcelona 1992 markierte die Rückkehr zum offiziellen Weltsport. Volle internationale Akzeptanz hing aber ab von dem Zusammenschluß der verschiedenen Kontrollorganisationen ab, die für viele Jahre auf beiden Seiten der Rassenschranke fungierten. Sportfreunde daheim und in Übersee waren begeistert, als die begehrte Einigung vollzogen war. In Südafrika gibt es eine einheimische, etwas urwüchsige Sportart – bekannt als 'Boeresport'. Seine Ausübung in einer Dorfplatzatmosphäre, wobei erwachsene Männer an Dreibein-Rennen, Kissenschlachten und exzentrischen Pferdespielen teilnehmen, mag dem Besucher albern und befremdlich erscheinen, ist aber geschichtsträchtig. Der Ursprung dieser Spiele geht auf die Zeit des Großen Treks mit seinen Ochsenwagen zurück, auf jene Zeit, als Familien von abgelegenen Farmen in den Ferien an der Küste oder zum 'Nagmal' (Abendmahlsfeier der reformierten Kirche) zusammentrafen.

Das Spiel 'Jukskei' erinnert an das amerikanische Hufeisenwerfen und hat, im Gegensatz zu anderen Boeresportarten, strenge Regeln. Aber die Zugpferde des Sports bleiben weiterhin Fußball, Rugby, Kricket und zunehmend die Leichtathletik. Erstaunlicherweise weist der Angelsport die größte Anzahl aktiver Teilnehmer unter allen Sportarten auf.

Die offenen Türen

Die Rückkehr in die internationale Sportarena im Jahre 1992 war durch eine fast frenetische Reihe von Wettkämpfen gekennzeichnet.

Rugbymannschaften aus Neuseeland und Australien unternahmen Tourneen durch das Land und ermöglichten Südafrika die ersten internationalen sportlichen Begegnungen seit nahezu einem Jahrzehnt. Auch spielte die südafrikanische Rugbymannschaft in Frankreich und England. In den Straßen von Kalkutta jubelte eine Menge von 200 000 Menschen der südafrikanischen Kricketmannschaft zu.

Während der Apardheidjahre hatte die indische Regierung jeglichen Kontakt mit Südafrika gemieden. Bei dem World Cup Kricketwettbewerb in Australien drang Südafrika zum Halbfinale durch, eine gute Leistung nach den Jahren im Abseits, der dem Team den Spitznamen 'Springbacks' einbrachte. Weitere, früher undenkbare Wettspiele, waren eine Tournee zu den Westindischen Inseln und ein Besuch der indischen Fußball in Südafrika. Besonders Soccer ist der Vorreiter des nicht-rassistischen Sportes: Das Land hat über 12 000 Fußballvereine und mehr als eine Million aktive Spieler. Die Wiedereingliederung Südafrikas brachte eine Wiederaufnahme in der interna-

tionalen Fußballföderation und eine Konföderation afrikanischer Fußballklubs mit sich. Nach ihrer ersten Saison war es der Nationalmannschaft klar, daß es noch viel zu lernen gab im Sportleben der Weltklasse.

Strafpunkte der Isolation

Wenn sich auch die errungenen Siege der neuen südafrikanischen Mannschaften in Grenzen hielten, so war der größte Triumph zweifellos, daß man wieder im Rennen war. Wegen des Mangels an internationalem Wettbewerb konnten viele Talente nicht ihr Potential erreichen. Für die Sportenthusiasten in Südafrika war es eine traurige und frustrierende Zeit gewesen und ihr Ende – der neue Anfang – wurde begeistert begrüßt.

Der Springbok, für lange Zeit das Emblem des südafrikanischen Sports (und der südafrikanischen Wehrmacht in Kriegszeiten), hatte sein Sportdebut in den neunziger Jahren des vorigen Jahrhunderts, als ein Fahrrad, in England hergestellt, für Radrennen in Kapstadt verädert und 'Der Springbock' genannt wurde. Bezeichnenderweise war der erste südafrikanische Weltmeister ein Radrennfahrer, Lourens Meintjies, der auf der Weltausstellung in Chigaco 1893 den Sieg errang. Es ist fraglich, ob der Springbok als nationales Sportemblem beibehalten wird, aber viele Südafrikaner aller Rassengruppen sind Meintjies nachgefolgt und wurden Weltmeister in so unterschiedlichen Sportarten wie Boxen, Grand Prix und Motorradrennen, Wellenreiten, Rasenkegeln, Leichtathletik und Schießen, und in vielen weiteren Sportarten haben Südafrikaner sich ebenso in der Weltklasse profiliert.

Schlummernde Talente

Obgleich die Isolation der Vergangenheit angehört und die Türen jetzt weit geöffnet sind, bleibt noch viel zu tun, um südafrikanischen Sportlern die Erfahrung für internationalen Wettkämpfen zu vermitteln. Den Sportlern muß Gelegenheiten gegeben werden, an Spitzenwettbewerben teilzunehmen. Dies bedeutet, daß große Investitionen vorgenommen werden müssen – sowohl was die Anlagen als auch was Erfahrung anbelangt – um auch in den 'Townships 'das beachtliche Talent zu fördern.

UNTEN: FUSSBALLHELD *'Doktor' Kumalo schlängelt sich in die Strafzone.*
GANZ UNTEN: SÜDAFRIKANISCHE *Cricketspieler können sich mit den besten der Welt messen. Der Sport wird immer beliebter bei den Jugendlichen der Townships, die sonst vom Fußball besessen sind.*

Die Wirtschaft

Südafrika wird als Entwicklungsland eingestuft, aber die Wirtschaft, die sich über Generationen der Apartheidspolitik herausgebildet hat, ist eine eigenartige Mischung aus Erster und Dritter Welt. Auf der einen Seite lebt ein großer Prozentsatz der 40 Millionen Einwohner unter der Armutgrenze, ohne Arbeitsplatz und angemessene Lebensumstände. Auf der anderen Seite hat das Land bedeutende Naturschätze, und seine dynamischen Industrie- und Handelssektoren arbeiten mit fortgeschrittlicher Technologien und unterhalten eine hochqualifizierte (und hochbezahlte) Führungsklasse.

Die Beseitigung dieser Unausgewogenheit hat sich die erste demokratisch gewählte Regierung des Landes zur Priorität gesetzt.

Wohlstand einer Nation

Unter der Erdoberfläche des Landes befinden sich große Mengen verschiedenartiger Mineralien. Die geologischen Urgesteine der swasischen und rondischen Fromationen des Hochfelds enthalten die größten Gold-

vorkommen der Welt, deren Entdeckung vor etwas mehr als hundert Jahren das Land in das Industriezeitalter katapultierte. Reiche Diamantvorkommen gibt es im Schwemmkies an der Küstenregion im Westen, in dem 'blauen Grund' in der Nordkapprovinz und bei Cullinan in der Nähe von Pretoria. In einem gigantischen Komplex (500 bei 240 Kilometer) des Buschfeld Eruptivgesteins, das vulkanischen Ursprungs ist und im nordwestlichen und nördlichen Transvaal angetroffen wird, sind die größten Ablagerungen von Mineralien der Platingruppe sowie enorme Vorräte von hochgradigem Chrom und Nickel eingeschlossen. Von Bedeutung unter den etwa 60 Mineralien, die abgebaut werden, sind Mangan, Asbest, Phosphat, Kohle (etwa 58 Milliarden Tonnen), Vanadium, Fluospar und Andalusit. Gas- und Ölvorkommen sind vor der südlichen Küste aufgezeichnet.

Die Grundlage des Wachstums

Die hochentwickelte Infrastruktur des Landes ist die beste in Afrika und eine wichtige Zugkraft für Investitionen aus dem Ausland.

Die verschiedenen Regionen, Städte und Vororte verbindet ein 240 000 Kilometer Straßennetz, von denen 100 000 Kilometer asphaltiert sind. Die Fernstraßen sind teilweise mit den Autobahnen in Deutschland vergleichbar. Das Eisenbahnnetz umfaßt 36 000 Kilometer Schienenstrang, ein Großteil davon elektrifiziert; effiziente Vorortbahnen pendeln zwischen Pretoria-Witwatersrand, Durban-Pinetown und auf der Kaphalbinsel. South African Airways, die nationale Luftfahrtgesellschaft, und etwa zwei Dutzend andere Fluglinien verbinden die drei internationalen Flughäfen mit der ganzen Welt. Der Flugdienst im Landesinneren ermöglicht den Anschluß an die kleineren Zentren.

Die wichtigsten Häfen sind Durban (einer der größten und beschäftigsten der südlichen Halbkugel), Kapstadt, Port Elisabeth, East London (der einzige Hafen an einer Flußmündung gelegen), Richards Bay (an der Nordküste von Kwazulu-Natal), Mossel Bay und Saldanha Bay.

UNTEN: EINES DER *modernen Kohlekraftwerke. Der nationale Stromerzeuger, Eskom, verzeichnet einen größeren Umsatz als das Bruttosozialprodukt der meisten Afrikastaaten.*

Südafrika exportiert Energie; Eskom, bei weitem der größte Stromlieferant, unterhält 19 riesige Kohlekraftwerke, sowie zwei hydroelekrische, ein Kernkraftwerk und drei Gas-Turbinenwerke. Dieser Versorgungsbetrieb erzeugt etwa 60 Prozent der auf dem afrikanischen Kontinent erzeugten Elektrizität.

Kohle und Petroleumgas werden in großem Maß verwandt in der Herstellung von synthetischem Kraftstoff: Sasol, in den fünfziger Jahren als Staatsunternehmen gegründet, aber jetzt an der Börse notiert, unterhält drei riesige Anlagen, die die größte Produktion der Welt für Öl-aus-Kohle-Gewinnung (allerdings subventioniert) aufweisen.

Telekommunikation und Rundfunk sind vergleichbar mit den Pendants in hochentwickelten Industrieländern.

Führende Produzenten

Den größten Beitrag zum Bruttosozialprodukt erbringen die verarbeitende Industrie (etwa 22 Prozent), der Finanzsektor (15 Prozent, die Johannesburger Börse ist die neuntgrößte der Welt; das Banken- und Versicherungswesen ist hochentwickelt), der Bergbau (13 Prozent), der Handel (11 Prozent), der informelle Sektor – die Schattenwirtschaft – (9,5 Prozent), Transport- und Telekommunikationswesen (9,1 Prozent), Landwirtschaft, Forst – und Fischereiwesen (5,8 Prozent) und Elektrizität sowie Gas und Wasserwesen (4 Prozent).

Die Zahlen veranschaulichen die radikale Veränderung von einer Agrarwirtschaft vor hundert Jahren, über eine auf Montanindustrie aufgebaute Wirtschaft, zu einer verarbeitenden Industrie in den letzten Jahren.

Landwirtschaft: Südafrika hat größtenteils einen armen Boden; nur 12 Prozent des Landes ist für Ackerbau geeignet; der Regen ist jahreszeitbedingt und unbeständig; Trockenperioden traten im 20. Jahrhundert erschreckend häufig auf. Dennoch hat sich die Landwirtschaftsproduktion seit 1960 verdoppelt, und in den meisten Jahren führt das Land Nahrungsmittel aus – außerwöhnliche Mengen im afrikanischen, ja selbst im Weltkontext, und ein Tribut an die einheimischen Farmer und Wasseringenieure.

Unterschiedliche klimatische Bedingungen ermöglichen eine riesige Auswahl an Erzeugnissen, von Tabak bis zu subtropischen Früchten. Großangelegte Besprühungsanlagen, besonders am Oranje und am Ostkap, haben vormals unzugängliche Landstriche für die Landwirtschaft nutzbar gemacht.

Die wichtigsten Erzeugnisse des Landes sind Mais, Zuckerrohr, Weizen, Luzerne, Sonneblumenkerne, Erdnüsse, Tabak, Hirse, Baumwolle, Wintergetreide, Früchte (Kern- und Steinobst, Zitrusfrüchte und subtropische Früchte), Wein und Gemüse. Es gibt etwa 12 Millionen Rinder und 28 Millionen Schafe – vorallem in der Karoo , dem Oranje Freistaat und in Teilen des Ostkaps – und Wolle ist ein wertvolles Ausfuhrprodukt. Die riesigen Kieferplantagen des östlichen Transvaals und die reichen Fischgründe der Süd- und Westküste des Kaps ermöglichen florierende Holz- und Fischindustrien.

Die größeren und ertragreicheren Farmen sind meistenteils im Besitz von Weißen; Landbesitz der afrikanischen Bevölkerung wurde für Jahrzehnte auf die überbevölkerten 'Homelands' beschränkt, und die schwierige Frage der Umverteilung von Landbesitz ist ein sehr problematisches Thema.

Bergbau und Minen

Die tiefen Minen östlich und westlich von Johannesburg und um Welkom im Oranje Freistaat fördern jährlich etwa 600 Tonnen Goldt. Aber die Produktionskosten sind in den letzten Jahren eskaliert, die Preise haben nicht Schritt gehalten und Gold genießt nicht mehr eine wirtschaftliche Vorrangstellung. Unter den anderen wichtigen Mineralexporten sind Kohle (100 Minen fördern fast 200 Millionen Tonnen pro Jahr), Diamanten, Kupfer, Mangan, Asbest, Uran, Vermikulit und Phosphate).

Industrie: Südafrika ist praktisch selbstversorgend an Industrieerzeugnissen, obgleich seine Fabriken, die lange Zeit an Schutzzölle, Quoten und Subventionierung gewöhnt waren, sich jetzt auf die Anforderungen des internationalen Wettbewerbs einstellen müssen. Für viele ist das eine schmerzhafte Umstellung. Die verarbeitende Industrie hat Exportpotential und ist in der Lage

OBEN: GOLDPRODUKTION *bei der West Driefontein Mine. Etwa ein Drittel der Weltproduktion dieses Edelmetalls kommt aus Südafrika.*
UNTEN: DIE GOLDENEN *Sonnenblumen werden besonders in den nördlichen Teilen des Landes angebaut.*

UNTEN: EINER DER *berühmten vier Strände von Clifton, der westlich des Zentrums von Kapstadt liegt. Der Tourismus wird wirtschaftlich eine bedeutende Stellung einnehmen.*
GANZ UNTEN: DER EINNEHMENDE *Hafen von Hout Bay, der an der westlichen Seite der Kaphalbinsel liegt. Durch zu hohe Fangmengen wurde die Fischindustrie geschädigt, doch trägt die Fischerei immer noch einen ansehnlichen Teil zum Landeseinkommen bei.*

mehr Arbeitnehmer einzustellen als jeder andere Sektor und ist deswegen der Schlüssel für die wirtschaftliche Zukunft des Landes.

Die größten Teilbereiche sind die metallverbeitende Industrie (Stahl und Aluminium sind besonders prominent); Transport und Zubehör (besonders Fahrzeugherstellung); chemische und pharmazeutische Produkte; frische und verarbeitete Lebensmittel (etwa 60 Prozent werden exportiert) und Kleidung und Textilien sowie Schuhwerk.

'Der informelle Sektor' (Schattenindustrie): Mehr als die Hälfte der wirtschaftliche aktiven Bürger in Südafrika gelten als arbeitslos oder unterbeschäftigt; Jahre der Rezession, eine drittweltartige Bevölkerungsexplosion und massive Abwanderung der Landbevölkerung in die Städte haben Heerscharen von arbeitslosen Menschen und sozialpolitische Probleme von kritischem Umfang verursacht.

Die Folge war in den vergangenen zehn Jahren eine Evolution der 'informellen Wirtschaft', die aufblühte – eine Umschreibung für unzählige Kleinunternehmen, von Hinterhofherstellern und Handwerkern, von Klein- und Markthändlern sowie Taxiunternehmen und Shebeens (Trinkstuben in den Townships). Abgesehen davon, daß sie Arbeitsplätze schaffen, schulen diese Kleinstunternehmen zugleich ihre Arbeiter. Bindende Finanzstatistiken stehen nicht zur Verfügung – aus einleuchtenden Gründen: Die Schattenwirtschaft wird weder reguliert noch besteuert – aber man schätzt, daß um die 30 Prozent des Einkommens im Lande in diesem Sektor entsteht.

Tourismus: Südafrika, lange Zeit vom internationalen Besucherstrom ausgeschlossen, ist auf dem Wege, ein sehr begehrtes Touristenziel zu werden. Das Land hat viel zu bieten; hochentwickelte Städte, eine atemberaubende landschaftliche Schönheit; Großwild Parks; und eine ausgezeichnete Infrastruktur an Hotels, Ferienorten, Reisebüros, Geschäften und Kommunikationswesen.

Wichtige Touristengebiete sind im Osttransvaal das Escarpment (Berge) und Lowveld (Wild); das nördliche Kwazulu-Natal (Seen, Wildschutzgebiete); die beeindruckenden Drakensberge; die subtropische Südküste von Natal; die entzückende Garten Route; Kapstadt, die Kaphalbinsel und umliegende Weinländer. Der Tourismus ist eine wichtige Komponente des Wirtschaftsspektrums: Jeder zehn Besucher schafft einen zusätzlichen Arbeitsplatz, und was die Touristen ausgeben, bedeutet sofortige und dringend notwendige Valuta.

Dieser Sektor könnte durchaus in naher Zukunft den Bergbau überflügeln und ebenso ein ernsthafter Konkurrent für die verarbeitende Industrie werden.

Prioritäten und Zielsetzungen: Nahezu ein halbes Jahrhundert institutioneller Apartheid hinterließ eine völlig verzerrte Wirtschaft, und es bedarf einer Umverteilung der nationalen Reichtümer, eine Reduktion der Kluft zwischen Reich und Arm. Die ambitiöse Planung für Entwicklung und Wiederaufbau des African National Congress sieht Milliardeninvestitionen vor, unter anderem in:

Bildungswesen – zehn Jahre unentgeldliche Schulpflicht für alle Kinder; Grundbildung für Erwachsene; Ausbildung für die 'verlorene Generation' Jugendlicher, die sich in den Jahren vor der Befreiung hauptsächlich auf den Straßen herumgetrieben hat sowie subventionierte Universitäts- und Fachhochschulausbildung.

Gesundheitswesen – freie ärztliche Versorgung für Kinder unter sechs Jahren; bedeutende Investitionen in die Gesundheitswesen der einzelnen Gebiete; Versorgung elementärer Ernährungsbedürfnisse sowie Geburtsvorsorge.

Bauwesen – Über eine Million neue Häuser innerhalb von fünf Jahren; Wasserversorgung; sanitäre Anlagen; Elektrizität und allgemeinerschwingliches Telefon.

Arbeitsplätze und Fürsorge – ein intensives Arbeitsbeschaffungsprogramm; ein Mindestlohn für alle Arbeiter; bezahlter Mutterschaftsurlaub von sechs Monaten; die Angleichung der Renten.

Lebenskosten – Verminderung der Einkommensteuer für alle, die weniger als R48 000 im Jahr verdienen; die Abschaffung von Mehrwertsteuer auf Grundnahrungsmitteln; kontrollierter Brotpreis.

Farmen und Minen – eine gerechte Umverteilung der Landresourcen und eine Neuverteilung der Schürfrechte.

Das Programm, das ständiger Ergänzung unterworfen ist, verschlingt Unsummen, und die Steuereinkommen halten sich in Grenzen. Eine Möglichkeit der Finanzierungin Anlehnung an den Sozialismus und die Planwirtschaft würde die Unternehmen und Wohlhabendenm stärker besteuern, Nationalisierung und Zwangsumverteilung zur Folge haben. Sie würden die 'Krise der Erwartungen' von Millionen Armen vielleicht etwas abwenden, aber sie würden auch das Land in den Konkurs stürzen. Statt dessen sollen Stabilität und Fortschritt erzielt werden durch die Förderung von Investitionen und Wachs-

tum. Der Ausbau der Wirtschaft muß auf Export ausgerichtet sein, und das bedeutet, weniger Staatsprotektion (dies wird ohnehin durch die Vereinbarungen der Welthandelsoraganisation – der ehemaligen GATT – gefordert) und einen effizienteren, konkurrenzfähigeren Privatsektor. Die festgelegte Mindestwachstumsrate, die eine positive Entwicklung gewährleistet, beträgt, beziehungsweise sollte, fünf Prozent im Jahr .

Zusammengefaßt bedeuted das, daß Südafrika das, was man gemeinhin als gemischte Wirtschaft bezeichnet, beibehalten sollte: Der Staat besitzt etwas mehr vom Reichtum des Landes und übt eine größere Kontrolle über die Wirtschaft aus, als dies in den industrialisierten Ländern der Fall ist, aber im allgemeinen sollen die Marktkräfte sich frei entfalten können und ein dynamisches Privatunternehmertum wird als wichtigstes Element für diesen Prozeß angesehen.

GANZ OBEN: EIN OBSTSTAND *in der Stadt. Südafrika exportiert jährlich über eine halbe Million Tonnen Kern- und Steinobst, hauptsächlich aus dem Westkap, und hat auch riesige Ernten von subtropischen und Zitrusfrüchten.*
OBEN: 'SCHWARZE TAXEN' *sind führend in der Schattenindustrie, in diesem 'Schattenreich' werden Millionen Rand erwirtschaftet.*

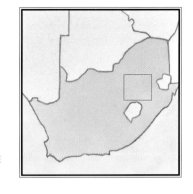

Die Entdeckung der sagenhaften Goldadern des Witwaters-rand vor etwa hundert Jahren ließ die Metropole Johannes-burg entstehen – und verwandelte das Transvaal Highveld vom abgelegenen Landgebiet zum Energiezentrum Afrikas.

Das goldene Herz

Johannesburg und Pretoria sowie das sogenannte "Vaal-Dreieck" erbringen zusammen ungefähr sechs Zehntel des südafrikanischen Wohlstands. Sie bilden auch das Herzstück Transvaals, die bevölkerungs-reichste und wohlhabenste der ehemaligen Provinzen. Sie wurde anläßlich der Unions-gründung im Jahre 1910 geschaffen und 84 Jahre später in kleinere Teilgebiete aufgespal-ten, um den regionalen Anforderungen der neuen demokratischen Ordnung gerecht zu werden. Das Transvaal bedeckt einen Großteil des Highveld (Hochfeld), ein etwas eintöniges Plateau mit wenig Baumbestand, aber dichtem Grasbewuchs, im allgemeinen fruchtbar, mit Weiden und Ackerland, gut geeignet für Rinderzucht und Milchwirtschaft sowie für Anbau von Mais, Weizen, Erd-nüssen, Sonnenblumen und Obst. Den Voortrekkern erschien diese Landschaft der unendlichen Horizonte als das gelobte Land: Entäuscht von den britischen Kolonialherren am Kap trafen die abgehärteten, holländisch sprechenden Siedler in großer Zahl Ende der dreißiger Jahre des vorigen Jahrhunderts dort ein, und innerhalb von 15 Jahren war es ihnen gelungen, den Territorien nördlich des Vaalflusses ihren Stempel aufzudrücken, so wie sie auch die Völkern der Ndebele, die dort lebten, beeinflußten. Pretoria, ihr kleines 'Kirchendorf' und Sitz der republikanischen Burenregierung, war dazu bestimmt, einmal die Hauptstadt Südafrikas zu werden.

Diese Region, bis vor einem Jahrhundert noch ein rein ländliches Gebiet, wurde durch die Entdeckung von Gold am Witwatersrand bei Pretoria im Jahre 1886 in die moderne Zeit geschleudert. Seit jenem Jahr sind noch viele andere Mineralien gefunden worden, die mit Gewinn abgebaut wurden und wer-den. Darunter fallen Uranablagerungen, Platin, Chrom, Nickel, Diamanten, Asbest, Kupfer, Eisenerz und Kohle. Heute ist Johan-nesburg eine dicht besiedelte, kultivierte Metropole mit einer Einwohnerzahl von zwei Millionen. Es ist das Epizentrum einer weitläufigen Verstädterung, die Soweto (eine eigene Stadt mit drei Millionen Einwohnern) unfaßt, die eleganten Vorstädte im Norden sowie die wuchernden Minen- und Industrie-städte des Ost- und West Rand.

UMSEITIG: DIE WUNDERBAREN *Türme und Erker des Palace Hotels, der Attraktion von Lost City, sind mit Tierschnitzereien verziert.*

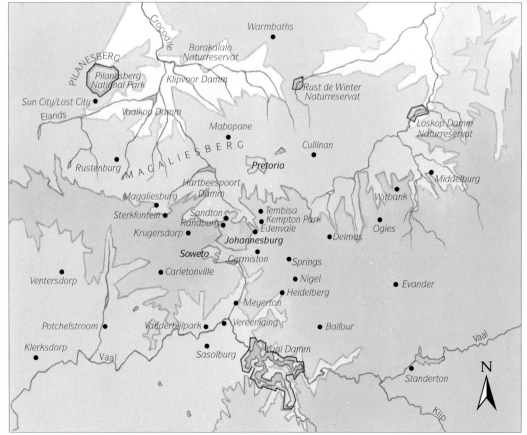

Die Alchemie einer Stadt

Johannesburg wurde 1886 in einem goldenen Schmelztiegel geboren, und diese

Alchemie dauert bis zum heutigen Tage an. In unglaublich kurzer Zeit ist es

Abenteurern immer wieder gelungen, ihr Glück zu machen. So verliehen die

afrikanischen Minenarbeiter der Stadt den Namen 'Egoli' (Stadt des Goldes).

Johannesburg liegt auf einem Rücken aus weißem Quarz, der Ursprung des Namens 'Witwatersrand'. Wasserläufe, die die nördlichen Abhänge hinabfließen, münden in den Indischen Ozean, die der Südseite in den Atlantik. Das in dieser Region gefundene Gold wurde vor ungefähr 2 800 Millionen Jahren durch Flüsse deponiert, die in jener Zeit in einen Binnensee mündeten. Nach seiner Entdeckung brannte sich das Metall in die Herzen und Sinne der Menschen ebenso unerbittlich ein, wie die Sonne das Land erwärmte, das die Geburtsstunde der Menschheit miterlebte.

Archäologische Fundstätten und die Überreste von Siedlungen aus dem Stein- und Eisenzeitalter sind der Beweis für die Anziehungskraft der Region seit Jahrhunderten. Jene frühen Gemeinschaften blickten zum Himmel auf, damit Regen und Sonne ihre Viehherden und ihre Feldfrüchte gedeihen lassen mögen, aber es waren die Schätze der Erde, die den Herzschlag des Landes für immer veränderten.

Goldrausch

Im März 1886 kam es dann dort zum größten Goldrausch in der Geschichte. Zelte und Blechhütten wurden mit einer derartigen Geschwindigkeit errichtet, daß Besitzer von Ochsenwagen, wenn sie nach der Tagesarbeit heimkehrten, diese gänzlich umstellt fanden und nicht imstande waren, ihre Wagen zu bewegen, es sei denn in ihren Einzelteilen.

Als der Minenmagnat Cecil Rhodes 1886 aus Kimberley ankam, war Unterkunft so knapp, daß er einen Raum mit drei anderen Männern teilen mußte. Vier Jahre später war aus Johannesburg eine blühende Stadt geworden, mit großen und ansehnlichen Gebäuden, Straßenlaternen, Droschken und Geschäften, die alle erdenklichen Waren anboten. Schon bald nach der Jahrhundertwende konnte sich die im Embryostadium befindliche Stadt mit 591 Hotels und Bars rühmen (und der gleichen Anzahl Bordelle), die einer damaligen Bevölkerung von über 100 000 Menschen gegenüberstanden.

Eine der ersten Attraktionen in Johannesburg – außer Gold natürlich – war eine Verkehrsampel an der Kreuzung von Rissik und President Street: Die Leute kamen mit Ochsenwagen in die Stadt, nur um zu sehen, wie die Ampel die Lichter wechselte. Zehn Jahre nach dem Erscheinen des ersten Automobils auf den staubigen Straßen wurde 1897 der Grundstein für das Postamt gelegt. Das Gebäude ist eines der wenigen im alten Stil erhaltenen Bauten, die der Modernisierung entkommen konnten.

Johannesburg hat sich über die Jahrzehnte rasant vergrößert und verändert, und seine heutigen Bewohner empfinden manchmal die gleiche Verwirrung wie früher die Fuhrleute: Ständig werden Häuser abgerissen, um für Wolkenkratzer Platz zu machen, und der Charakter eines ganzen Wohnviertels kann

OBEN: JOHANNESBURG *bei Nacht. Die Stadt ist das Epizentrum des größten Ballungsgebietes südlich der Sahara.*

DIE BERÜHMTE ADER

Die meisten der alten Minen auf dem Witwatersrand, die in und um Johannesburg liegen, sind schon lange stillgelegt, und nur ihre rostenden Fördertürme und ihre Minenhügel erinnern an die harte Pionierszeit. Bergbauunternehmen haben sich nach auswärts verlagert, zu den rußigen, äußerst produktiven Ost- und Westrandgebieten, die zu beiden Seiten der Stadt liegen.

Die Minen graben sich in eine riesige, goldhaltige 'Untertasse' vor, die sich bis tief unter die Oberfläche des Highveld neigt. Der 'Rand' der Untertasse beschreibt einen Bogen von 500 Kilometern, von Evander im Osten bis hinter die Stadt Welkom im Oranje Freistaat.

Die etwa 60 Minen von Südafrika, von denen viele außergewöhnlich tief unter die Erde gehen (bis zu vier Kilometer), produzieren c.a. 600 Tonen Feingold pro Jahr – etwa ein Drittel der Weltproduktion. Das Metall hat seine traditionelle Stellung als wichtigste Ausfuhr des Landes beibehalten, aber mit steigenden Produktionskosten (besonders der Löhne und Gehälter) und einem schwerfälligen Goldmarkt hat sich seine relative Wichtigkeit in den letzten Jahren verringert.

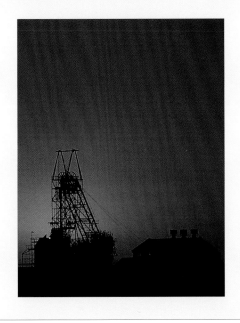

sich in wenigen Jahren bis zur Unkenntlichkeit verändern. Das oberste Stockwerk des 220 Meter hohen Carlton Centre bietet ein beeindruckendes Panorama über die Stadt, ihre Vororte, Minenhalden und Parks und ihr Straßennetz, das nach dem Vorbild von New York angelegt wurde. Überfüllte Minibusse rasen verstopfte Straßen auf und ab; behelfsmäßige Verkaufsstände bieten goldenen Orangenbergen an, und Zeitungsverkäufer hechten zwischen die Autos, um ihre Kunden zu bedienen. Zahlreiche Luxushotels und billigere Unterkünfte stehen einem ständig wachsenden Touristenstrom zur Verfügung. Restaurants spiegeln das Vielvölkergemisch im Kulinarischen wieder, ebenso wie die sogenannten 'Mutiläden', die traditionelle afrikanische Heilmittel anbieten und nur einen Katzensprung von ultramodernen Krankenhäusern entfernt sind.

Zwei Symbole der Verbindung von alter Vorstellung und Tradion mit moderner Geschäftigkeit und Fortschritt ist das Spiegelbild einer alten Moschee in den versilberten Glaswänden eines Wolkenkratzers.

OBEN: UNTERHALTUNGSKÜNSTLER *Mbongeni Nsema und die Besetzung von 'Township Fever'. Bis vor kurzem spiegelte das afrikanische Theater das entbehrungsreiche Leben unter der Apartheid wider, aber heute bewegen sich seine Themen von rassistischen bis zu universellen Fragestellungen.*
UNTEN: EIN FUTURISTISCHES *Segment der Johannesburger Skyline. Wenig ist vom Alten geblieben.*

Ein buntes Kaleidoskop

Als Johannesburg 1986 seine Jahrhundertfeier beging, erstreckte sich sein

historisch ältestes Wahrzeichen – die Abfallhalden der Minen – immer noch

in einem 110 km langen Gürtel bis zum südlichen Witwaterstrand.

Der von der Luft weitergetragene Goldstaub war der Grund dafür, daß sich die Stadt in nördlicher Richtung ausbreitete, wo der Höhenzug etwas Schutz bot. Aber trotz der säureverträglichen Gräser, die jetzt die Region zum Großteil überziehen, beherrschen diese enormen und unattraktiven Halden immer noch die Landschaft. Am 5. September 1928 wurde Johannesburg offiziell zur Stadt erklärt. Die Burenregierung hatte gehofft, daß die Minenarbeiter und Spekulanten verschwinden würden, sobald der Goldvorrat sich erschöpft hatte, aber dazu kam es nicht. So ist die Stadt heute ein großstädtisches Kaleidoskop verschiedener Rassen. Manche Nationalitäten haben die Neigung, sich in gewissen Gegenden anzusiedeln, wodurch einige Vororte einen ethnischen Charakter bekommen haben, der sich in Kirchen, Kultur und Cafes ausdrückt.

Ein Beispiel war Sophiatown, eine schwarze Enklave, weit entfernt von den riesigen South-Western Townships (besser bekannt als Soweto), der Heimat von einigen Millionen Menschen.

Sophiatown wurde 1960 dem Erdboden gleich gemacht, um für einen neuen, weißen Vorort Raum zu schaffen. Sie war für ihren individuellen Charakter bekannt gewesen, das freundliche Nebeneinanderleben auf engstem Raum, und sie erhielt sich durch ihre Jazzklubs und 'Shebeens' (zwanglose Bars) eine warme, farbenfrohe Atmosphäre. Soweto hingegen 'überlebte' und entwickelte sich in einer solchen Geschwindigkeit weiter, daß auf Lebensqualität kaum geachtet werden konnte. Heutzutage werden die 'Streichholzschachtelhäuschen' durch Bäume und kleine, gepflegte Gärten etwas verschönt, und einige Häuser sind ebenso eindrucksvoll wie ihre Pendants im Norden der Stadt. "The Good, the Bad and the Ugly" ist ein äußerst

LINKS: DAS NEUE *Südafrika: Die Menge bei dem Johannesburger Konzert 'Der menschliche Regenbogen'.* OBEN: DUFTIGE, *fliederfarbene Jakaranda bringen Frühlingsfarben in die nördlichen Vororte.*

des Rand Club in der Stadtmitte, seit frühesten Tagen eine Bastion der Wohlhabenden, die Geschäftsleute ihre gedämpften Gespräche aus tiefen Lehnstühlen auf dicken Teppichen führen. In einem auffälligen Gebäude aus blauem Glas befindet sich eine Abteilung von Anglo-American, und in der Diagonal Street findet man einige wenige originäre Bauten im viktorianischen Stil, die die Modernisierung überlebt haben.

Der alte indische Obst- und Gemüsemarkt ist eine weitere Sehenswürdigkeit, die glücklicherweise erhalten blieb: Er wurde ins einmalige Market Theater umgewandelt und entging so der Zerstörung. Alte Verbotsschilder (Spucken verboten!) hängen noch immer an den Wänden des Zuschauerraumes. Jeden Samstagmorgen bietet der benachbarte Flohmarkt eine wahre Schatztruhe von schönen Kunsthandwerken an. Eine prächtige Sammlung 'ernsthafter' Kunst kann in der Johannesburger Kunstgallerie im Joubert Park besichtigt werden sowie das frühe Südafrika im Africana Museum.

OBEN: DIE BÖRSE *in Johannesburgs Stadtmitte.*
UNTEN: MAISKOLBEN *werden am Straßenrand geröstet und zum Verkauf angeboten.*

passender Name für die täglichen 'Face to Face' Touren, die einen Einblick in das wahre Leben und die Kultur Sowetos geben.

Kontraste

Johannesburg ist voll davon. In einem anderen Vorort, Hillbrow, vereinigen sich Tag und Nacht diese Kontraste zu einem Gesang des Lebens, der an jeder Straßenecke einen anderen Rhythmus hat.

Zaires vibrierende afrikanische Kultur und seine energiegeladene Sprache dominieren im runden Appartmentturm 'Ponte', während in den eleganten Räumen

GOLD REEF CITY

Die Minenarbeiter, Prostituierten, Rechtsanwälte, Händler, Bardamen, Doktoren, Unternehmer, Minenmagnaten und Hausierer, Bestandteil der rapide wachsenden Bevölkerung von Johannesburg, arbeiteten hart, vergnügten sich aber ebenso. Südlich von Johannesburg, versteckt zwischen Minenhalden, befindet sich eine reizvolle Nachbildung eines Minendorfes der Jahrhundertwende. Gezeigt werden Häuser von Arbeitern und Managern aus der Zeit zwischen 1900 und 1920; eine Rekonstruktion der Stadt, wie sie zwischen 1888 und 1890 ausgesehen haben mag, wird stolz vorgezeigt.

Besucher können auch einen Schacht hinunterfahren, um beim Goldabau zuzusehen, und wie das geschmolzene Metall dann gegossen wird. Die Gäste werden ermutigt, den schweren Barren zu heben. "Wenn Sie ihn heben können, dürfen Sie ihn behalten", scherzt der Vorarbeiter. Ein kleiner Dampfzug schnauft ums Gelände dieses lebenden Museums, das 17 ständige Ausstellungen aufweist, 31 Geschäfte, 21 Bars und Restaurants, drei Hotels, einen Bauernhof und einen Vergnügungpark.

besonders eindrucksvolles Beispiel, aber der extravagante Stil der Jahrhundertwende – den man zum Beispiel in seinem kuppelförmigen Turm zu erkennen kann – blickt heute nicht mehr über eine sanft gewellte Landschaft, sondern über eine sechsspurige Straße mit entsprechender Verkehrsdichte. Ein weiteres Beispiel dieser Ära ist Northward. Sir Herbert Baker ließ über seine riesige Eingangshalle eine Sängergalerie bauen.

Der Parktown und Westcliff Heritage Trust bietet Führungen an, während derer man an vielen dieser Häuser vorbeikommt. Sonntags werden die 'Topless Tours' angeboten, die besonders gefragt sind. Sie heißen deshalb 'Topless', weil man in einem offenen, doppelstöckigen Bus sitzt, der sehr langsam durch die Straßen fährt. Reiseleiter in zeitgenössischen Kostümen plaudern über die Geschichte der Umgebung und die Persönlichkeiten, die damals eine wichtige Rolle bei der Entwicklung Johannesburgs gespielt haben. Die Tour endet mit Tee und Gebäck in 'The Wilds', eine der vielen lieblichen Hügel- und Parklandschaften der Stadt, die in weiser Voraussicht 1886 zu Erholungsgebieten erklärt wurden. Die Einwohner Johannesburgs nutzen diese Möglichkeit für Familien- und Wochenendausflüge.

Löwen und Limousinen

Man kann sich kaum vorstellen, daß in den dreißiger Jahre noch Entenjagden

abgehalten wurden in einer Gegend, wo heute Vororte von Johannesburg sind.

Im Jahre 1885 gab es in einer Gegend, die heute als Johannesburg bekannt ist, eine Familie auf neun Quadratkilometern. Drei Jahre später war die Bevölkerung derart angewachsen, daß die Kirche in Jeppestown aus allen Nähten platzte. Um 1904 wurden pro Monat an die 2 000 Häuser gebaut, und heute hat die wachsende Verstädterung die wogenden Graslandschaften zwischen Johannesburg und Pretoria, 60 Kilometer weiter nördlich, mit Wohngebieten, Hotels, Einkaufszentren und Leichtindustrie übersät.

Die prunkvollen Herrenhäuser von Parktown, wohin sich die Minenmagnaten oder Randlords, wie sie genannt wurden, zurück-

zogen, um dem Lärm und Staub zu entkommen, boten einst einen Ausblick auf eine Landschaft, die Felsformationen aufwies, weitläufige Grasebenen und hier und da einen Akazienbaum. Am Horizont schimmerten die weichen, purpurnen Konturen der Magaliesberge, wo vor sechs Jahrzehnten der berühmte Jäger William Cornwallis-Harris als erster weißer Mann die prachtvolle Säbelantilope erblickte. Einige Villen in Parktown stehen unter Denkmalschutz. Dolobran ist ein

OBEN: DOLOBRAN – *eine Villa eines ehemaligen Goldminenmagnaten.*
UNTEN RECHTS: DAS *Ellis Park Stadium in Johannesburg, wo Fußball- und Rugbyspiele ausgetragen und Musikfeste abgehalten werden.*

Eine Oase der Ruhe

Der beliebteste dieser Parks ist der 80 Hektar große Zoo Lake. Er ist von künstlich angelegten Wasserflächen umgeben, die Trauerweiden zieren, und weitläufige Rasenanlagen sind ein friedlicher Picknickplatz am Wochenende und Schauplatz für eine monatliche Kunstausstellung, 'Artists under the Sun'. Zoo Lake wurde von dem Unternehmen des Magnaten Hermann Eckstein den Johannesburgern "zu treuen Händen auf alle Zeit" vermacht. Dieses Vermächtnis enthielt auch den Grundstock einer zoologischen Sammlung, die sich über die Jahre vergrößerte und heute den Johannesburger Zoo darstellt. Beliebte Attraktionen dort sind die Eisbären, die man durch Glasfenster gut in ihrem arktischen Tank betrachten kann, und abendliche Führungen, bei denen die Besucher die faszinierenden, nächtlichen Aktivitäten von Eulen, Nachtäffchen und Hyänen miterleben können. Zu einem späteren Zeitpunkt machte Ecksteins Corner House eine weitere Schenkung Land, das an den Zoo Lake angrenzte, und auf dem

dann das War Memorial (Kriegerdenkmal) und das National Museum of Military History (Museum für Militärgeschichte) errichtet wurden. Letzteres beherbergt faszinierende Erinnerungsstücke wie den einzigen erhaltenen Zweisitzer-Nacht-Düsenjäger von Messerschmidt, die Me 262.

Zoo Lake liegt in Saxonwold, einer Gegend die ursprünglich mit Bäumen bepflanzt wurde, um die Minenstollen abzustützen. Der Name kommt von 'Sachsenwald', dem deutschen Landgut von Fürst Bismarck, dessen Wälder der Johannesburger Forstverwalter einst betreut hatte. Mit den Aufforstungen von Saxonwold wurde in der Stadt ein neuer Trend geschaffen. Vorher hatte es nur hier und da einen einheimischen Baum gegeben, nun säumen exotische und heimische Arten die Straßen und schmücken jeden Garten.

Freilebende Enten ließen sich am Zoo Lake nieder, ebenso wie andere Vogelarten des Buschfeld. Sie bauten ihre Nester in Zufluchtsorten wie dem Melrose und Delta Park. Auch heute noch finden sich Eisvögel und Reiher ein, um sich aus den Zierteichen Nahrung zu holen, und der heisere Hagedaschibis, der

mit seinem gekrümmten Schnabel nach Grillen sucht, findet Leckerbissen auf den gepflegten Rasenflächen. Und der Fluch eines jeden Jägers, der Graulärmvogel (Kakaduart), der mit seinem wohlbekannten 'Kweh-h-h' oder 'go away' Ruf das Wild vor nahender Gefahr warnt, hockt jetzt dekorativ auf den Netzen privater Tennisplätze. In den Villenvierteln Johannesburgs gibt es mehr Tennisplätze und Swimmingpools als in jeder anderen Stadt Afrikas. Schon in der Anfangszeit waren die Pioniere fest entschlossen, ihrem Lebensstil ein elegantes Gepräge zu geben: Der erste Tennisplatz wurde im Jahre 1886 angelegt.

Heute hat Johannesburg ausgedehnte Sportanlagen wie den Wanderers Club und Ellis Park, wo auch internationale Wettspiele ausgetragen werden. Für Energiegeladene gibt es den 32 Kilometer langen Flußwanderweg, der am Braamfonteinbach entlangläuft und Johannesburg mit seinen nördlichsten Vororten verbindet. Sonntags geben prachtvolle Lippizaner beeindruckende Vorführungen – und die Könige des afrikanischen Busch können jeden Tag im Löwenpark bei Krugersdorp bewundert werden.

Hauptstadt im Wandel

Ein zarter Frühlingsschleier aus violetten Jakarandablüten; breite Straßen,

elegante Gebäude: Dies sind einige der auffälligen Merkmale Pretorias, der

administrativen Hauptstadt Südafrikas.

erwiderte den Gruß der Passanten; auch beantwortete er das erste Telefon, das in Pretoria installiert wurde.

Pretorias Bürger lieben Naturreservate, Vogelparks und Springbrunnen. Eine neuere Attraktion ist der Wanderpfad an dem Moreleta Bach entlang. Später einmal wird man auf einem Rundweg bis in die Magaliesberge gelangen, aber zur Zeit bietet der Weg Sonnenlicht und Vogelgesang über viele Kilometer durch offene Grasfläche, Marsch und dichtes Waldgebiet. Der ernsthaft veranlagte Besucher kann einen anderen Weg wählen: Die Pretoria Kultur-Route umfaßt insgesamt

P retoria ist eine moderne City; der Zukunftsglaube der Stadt wird durch das 150 Meter hohe Hauptquartier der Reserve Bank mit seinen Spiegelglaswänden symbolisiert. Eine ihrer vier Universitäten ist Unisa, die größte Fernuniversität der Welt. Sie wurde 1873 gegründet, und jährlich werden 122 000 Studenten zugelassen, Studenten jeder Nationalität und Sprache. Sie studieren zu Hause, sei es in Nord- oder Südamerika, Australien, Asien, Europa oder Afrika.

In Pretoria ist auch das Hauptquartier von ISCOR, der riesigen Eisen- und Stahlgesellschaft Südafrikas, und von CSIR, dem Zentralinstitut für wissenschaftlichen For-

schung in diesem Land; ebenso die größte Bierbrauanlage der südlichen Halbkugel.

Die Stadt wurde 1885 gegründet und ist seitdem ehrgeizig gewachsen: Eine der längsten Hauptverkehrsstraßen, die Church Street, führt durch ihr Zentrum. Auf ihrer ganzen Länge wechselt sich Altes mit Neuem ab. Ihr zentraler Platz ist der Church Square, wo einige Gebäude seit den Tagen der Zuid-Afrikaansche Republik, 1860, als Regierungsgebäude dienen. In dieser Straße befindet sich auch das schlicht möblierte Haus, wo President Paul Krüger von 1884 bis 1900 lebte. In der Abendkühle saß der Präsident oft auf seiner überdachten Veranda und

OBEN: DIE UNIONSGE-BÄUDE *in Pretoria, wo die Landesregierung untergebracht ist.* RECHTS: DIESER *Burensoldat ist Teil des Krugerdenkmals in Pretoria.*

48 historische Stätten, alle leicht zu Fuß zu erreichen. Dann gibt es noch das Pretoria Kunstmuseum, das eine Kollektion südafrikanischer und internationaler Werke besitzt.

Das Pierneef Museum zeigt viele Bilder aus dem 20. Jahrhundert, da der Künstler, nach dem es benannt ist, in unserer Zeit lebte. Er gibt auf einmalige Art die Farben und ständig wechselnden Schattierungen der südafrikanischen Landschaft wieder.

Die sanften Farben der Gebirgslandschaften Pierneefs, rosa, fuchsrot und violett, finden sich in den Jakarandabäumen der Stadt wieder, die die strahlenförmig auseinander-laufenden Straßen mit prächtigen, wogenden Blütenbaldachinen überziehen. Von den höher gelegenen Gärten der Unionsgebäude kann man diese Bäume während ihrer kurzen Blütezeit im Frühling am besten bewundern. Die Sandsteingebäude, ein eindrucksvoller Entwurf von Sir Herbert Baker, enthalten die Räumlichkeiten des Staatspräsidenten und des Außenministers.

Die aufragenden Granitmauern des Voortrekkermonuments, umgeben von 64 steinernen Planwagen in 'Lebensgröße', ein 'Laager' unbeugsamer Entschlossenheit, ist ein weiteres beeindruckendes Wahrzeichen

DER PRETORIA ZOO

Der Nationale Zoologische Garten von Südafrika, 1899 im Herzen von Pretoria errichtet, zählt zu den zehn besten der Welt.

Der Zoo ist mit seinen 60 Hektar der größte im Land, und in der Anfangszeit konnten Besucher die Attraktionen von der Höhe eines Kamelrückens aus betrachten. Heute genießt man von einer Sesselbahn, die diese Stadtseite mit einer Erhebung im Norden verbindet, einen Rundblick aus der Vogelperspektive, oder man tuckert mit einem Traktorzug langsam an den Gehegen vorbei, und am Wochenende können die Kinder Esel reiten.

Im Zuge eines weltweiten Trends kombiniert der Zoo jetzt Unterhaltung mit Naturschutz, Bildung und Forschungsarbeit. Große Erfolge erzielte man bei der Züchtung von gefährdeten lokalen Tierarten wie z.B. Gepard, Braune Hyäne, Wilder Hund und Flußkaninchen, Die Zusammenarbeit mit anerkannten Zuchtprogrammen in aller Welt brachte ähnliche Ergebnisse mit exotischen Tierarten wie dem Riesengnu und der arabischen Säbelantilope. Zu diesem Zweck unterhält der Zoo Wildzucht-stationen in Lichtenburg (Westtransvaal) und in Potgietersrus im Norden.

Der Pretoria Zoo beherbergt etwa 140 Säugetier- und 320 Vogelarten, die alle nach Familiengruppen in Gehegen untergebracht sind, welche möglichst ihrem natürlichen Habitat nachgebaut wurden.

Zu den rarsten Tieren zählt der rote Waldbüffel, das Prewalskipferd und der Waldrappibis. Im Aquarium und im Schlangenpark befinden sich 300 Fisch- und 90 Reptilienarten, Amphibien und wirbellose Tiere. Schulung spielt eine große Rolle in der Managementphilosophie des Zoos. So wird der Besucher vor Schaukästen dazu angeregt, sein Köpergewicht mit dem eines Tieres zu vergleichen oder seine Armlänge mit der Flügelspannweite eines Vogels; Kinder imitieren gern die schwingenden Armbewe-gungen der Gibbonaffen auf dem Kletter-gerüst. Führungen am Abend sind auch sehr beliebt. Überall auf dem Rasenund am Fluß kann man picknicken und grillen.

GANZ OBEN: STRAßEN, *Parkanlagen und Gärten in Pretoria sind mit nahezu 70 000 Jakarandabäumen geschmückt. Der Baum, der einst aus Südamerika eingeführt worden war, schlägt seine fliederfarbene Pracht im Frühling aus.*
OBEN: DIE FERNUNIVERSITÄT *von Südafrika, Unisa, die größte Fernuniversität der Welt.*

der Stadt. Das angrenzende Museum verherr-licht die Lebensweise und die Kultur der Voortrekker. Im Sammy Marks Museum wird die Leistung eines weiteren Pioniers vergan-gener Zeiten geehrt, dem aus Lithauen stam-menden Sammy Marks, der bei den Diamantfeldern mit einem Kasten Eßbesteck ankam, das er zu verkaufen gedachte – er wurde der erste Industrielle im Transvaal. Marks gab auch das Krugerdenkmal, das auf dem Church Square steht, in Auftrag.

Streifzüge durchs 'Reef'

Mehr als sechs Millionen Menschen leben nur eine Autostunde von den

Magaliesbergen entfernt, einer prachtvollen Hügelkette, die alle möglichen

Besucher anzieht, von Bergsteigern bis zu Seglern.

Vor 2 300 Millionen Jahren wurden das Gestein der Magaliesberge abgelagert; heute ragen zwei Hauptrücken aus Quarz stolz aus der Ebene auf. Einige Fels-oberflächen weisen Spuren von Welleneinwirkung auf, was den Geologen als Beweis dafür dient, daß es einmal eine Zeit gegeben hat, in der das Gestein das Ufer für einen Inlandsee bildete.

Dieses Gebiet war die Heimat der Urahnen der Menschheit. Der weltberühmte, drei Millionen Jahre alte Schädel eines Kleinkindes, (*Australopithecus africanus*) wurde 1924 in Taung ausgegraben; zwölf Jahre später fand man in den Dolomithöhlen von Sterkfontein die Knochen einer ausgewachsenen Frau. Der Mensch der Stein- und der Eisenzeit ließ sich hier nieder, inmitten der klaren Bäche, bewaldeten Schluchten, schäumenden Wasserfälle und dem mannigfaltigen Wild.

Im Jahre 1836 schrieb Captain William Cornwallis-Harris von einer "Landschaft, die von Elefanten starrt". Die Elefanten sind heute verschwunden, aber noch lauern Leo-parden auf den Steilhängen, und der majestätische schwarze Adler kreist mit den warmen Luftströmungen. In diesen Bergen findet man mehr als 300 Vogel-, 106 Säugetier-, 130 Baum- und 100 Grasarten, aber auch wunderschöne Schmetterlinge und eine Vielfalt von Reptilien und Insekten. Die Wanderpfade bieten ein ständig wechselndes Panorama an Naturschönheiten.

Die Kette der Magaliesberge krümmt sich in einem flachen 'S' von West nach Ost. In ihrer Mitte liegt der weitläufige Hartbeestspoort-Damm. Dort kann man fischen und Bootfahren, und es gibt eine Seilbahn, ein Aqua-rium und einen Schlangen- und Tierpark. Maler, Töpfer, Weber und Bild-hauer haben sich ihre Studios in den umliegenden Hügeln gebaut und heißen Besucher, die die Crocodile River Arts Crafts Ramble (Kunst- und Handwerksroute) entlang-wandern, an jedem ersten Wochende des Monats herzlich willkommen.

Eine ähnliche Kunstroute ist "Wag-'n-bietjie" (Wart-ein-bißchen) in der Gegend von Cullinan. Touristen können auch die be-rühmte Mine besuchen, die im Jahre 1905 den größten ungeschliffenen Diamanten – 3 106 Karat – hervorbrachte und Sir Thomas Cullinan wohlhabend machte. Der Diamant wurde von der Regierung des Transvaal gekauft und König Eduard VII zum Geschenk gemacht. Die daraus geschnittenen Steine sind heute Teil der britischen Kronjuwelen. Besucher, die etwas von der Spannung der ersten Diamantenschürfer nacherleben möchten, können einen Eimer voll mit Sand kaufen, in der Hoffnung, vielleicht selbst einen funkelnden Diamanten zu finden.

Gartenarchitektur

Im Kräuterzentrum Margaret Roberts in der Nähe von De Wildt, an den nördlichen Abhängen der Magaliesberge, sind die Gärten nach den Mustern der traditionellen Stilrichtungen angelegt worden: Miniatur-, Duft-, Kräuter- und Heilgärten und viele andere. Die Kleine Kräutergärtnerei bietet eine große Auswahl an Pflanzen und auch duftende Öle und Potpourris zum Verkauf an. Das Zwergendorf ist ausschließlich den 'Kleinen Leuten' oder Liliputanern vorbehalten, die die Kräuter pflegen.

In der Nähe liegt das De Wildt Captive Breeding Centre, eine Zuchtstation für in Gefangenschaft gehaltene, seltene und gefährdete Tierarten, wo Raubtiere wie die Braune Hyäne und der südamerikanische Mähnenwolf gezüchtet werden. Der Erfolg der Station mit Geparden, einschließlich des seltenen Königsgeparden (eine genetische Abart mit schweren, schwarzen Markierungen und größeren Flecken) ist hervorragend. Es gibt auch ein 'Restaurant' für die Geier, das diese vom Aussterben bedrohten Vögel versorgt: Manchmal fallen mehr als 100 Tiere zur selben Zeit ein; sie kommen aus Skeerport nahe den Gebirgen und lassen sich von warmen Luftströmungen tragen.

Verschiedene Fortbewegungsmittel

Andere Besucher reisen mit einer Dampflock in die Magaliesberge. An zahlreichen Wochenenden verläßt ein Dampfzug (liebevoll tituliert als Magaliesburg Express) den Johannesburger Bahnhof, um die gemächliche Fahrt nach Lovers Rock anzutreten. Die Passagiere steigen an einer stillgelegten und von Unkraut überwucherten Station aus und wandern zum picknicken zum Fluß hinunter. Am Nachmittag pfeit der Zug dann laut, um die bevorstehende Abfahrt zu signalisieren.

OBEN: RETIEF'S KLOOF, *eine der unzähligen bezaubernden Winkel der Magaliesberge, einer Hügelkette, die sich nur etwa 300 Meter über das umliegende, fruchtbare Flachland erhebt.*
LINKS: HARTEBEESTPOORT *Damm, der von den Magaliesbergen eingerahmt wird, ist nur eine Autostunde von Johannesburg entfernt.*

Die, die das Gebiet aus der Vogelperspektive betrachten möchten, können mit einem Heißluftballon oder Flugzeug (Junkers Ju 52) in die Lüfte steigen. Der Ballon gleitet ruhig über die Hügel, Teiche und Täler, bevor er für ein Sektfrühstück niedergeht. Die Junkers aus dem Jahre 1934 wird für einstündige, historische Rundflüge vom Wonderboom Flugplatz aus eingesetzt, von wo sie mit lautem Geknatter aufsteigt und dann zu einem faszinierenden Rundflug aufbricht.

An der Westseite der Magaliesberge liegt die Stadt Rustenburg, an die ein 5 000 Hektar großes Reservat grenzt. Dort befindet sich der erloschene Vulkankrater des Pilanesberges. Einen Einblick in die Geschichte kann man in Phumangena uMuzi genießen, einem authentischen Zulukral auf der Heia Safari Ranch, wo die Medizinmänner dem Besucher die Zukunft aus hingeworfenen Knochen weissagen, und junge Mädchen zum Rhythmus der Trommeln den 'mzumba' tanzen.

Ndebele Kunst

In keiner anderen dekorativen Kunst Südafrikas wird eine sich im Umbruch

befindliche Kultur derartig grafisch und ausdrucksstark dargestellt wie in den

farbenfrohen Wandmalereien und Perlenarbeiten der Ndebele.

Vor ungefähr 400 Jahren waren es die Frauenhände eines Ngunistammes, die zum ersten Mal monochrome Muster von geraden und welligen Linien in feuchten Lehm oder Kuhdung drückten. Unter ihrem Häuptling Muzi waren der Stamm aus der Gegend des heutigen Natal und Zululandes weggezogen, um im Transvaal eine neue Heimat zu finden. Dort nannte man sie die maTebele (was "die Verschwindenden" oder Flüchtlinge bedeutet).

Allmählich fügten die Ndebelefrauen ihrer Kunst Farben bei durch die Verwendung von Erdpigmenten und Oxyden. Zermahlene Steine ergaben Schattierungen, die von Rosa

OBEN: CHARAKTERISTISCHE *Wandmalereien der Ndebele.*
UNTEN: EINE *Ndebelefrau verziert ihr Haus.*

bis Violett reichten. Schwarz kam vom Flußschlamm oder der Holzkohle, und die Gelbtöne wurden durch zerriebene Steine und Sand erzielt. Die Spitze einer fasrigen Pflanze ('tudze') ergab einen feinen Pinsel, und man verwendete Hühnerfedern zum Nachziehen der feinen Linien. Die vorwiegend geometrische Kunst wurde sowohl als Ausdruck der Eigenständigkeit der Ndebele ausgelegt als auch als Weg, die ständige Hilfe und den Schutz der Ahnen zu gewinnen. Dieselbe Motivation trifft auf die Perlenkunst der Ndebele zu, welche auf subtile Weise Zustände, Empfindungen und Ereignisse mitteilt, die manchmal selbst den Dorfbewohnern unverständlich sind. Oft war es notwendig, den Gebrauch einer gewissen Farbe oder eines bestimmten Musters zu erklären, bevor die stumme Sprache der Perlen ihre Botschaften zwischen zwei Liebenden oder Gemeinschaften aussenden konnte.

Kulturaustausch

Zu Beginn des 20. Jahrhunderts wurde der Austausch mit westlicher Gesellschaft und Kultur, besonders mit dem Tourismus, zu einem gewaltigen Katalysator. Nur ein Beispiel: Das kleine Ndebeledorf in Botshabelo, acht Kilometer von Middelburg im Transvaal, ist eine beliebte Touristenattraktion. Aber seine föhlich bemalten Häuser und die von den Frauen getragenen, mit Perlen besetzten Kleidungsstücke ('zillas' und 'kowane') haben kaum mehr etwas mit der Einhaltung angestammter Traditionen zu tun. Vieles hat sich heute den Wünsche kamerabehangener Besucher angepaßt, die sich als Trost für die Seele in einer im hektischen Wandel begriffenen Welt nach Althergebrachtem sehnen. Anfänglich wurden die Perlen aus den Schalen von Straußeneiern

oder Samen gemacht, dann aber durch farbenfrohe Glasperlen ersetzt, die die ersten Händler ins Land mitbrachten.

Als schließlich die grellen Grundfarben des Plastikzeitalters Einzug fanden, gab es für die Fantasie kein Halten mehr. Eine ähnliche Auswirkung auf die Wandmalereien der Ndebele hatten die leicht erhältlichen Industriefarben. Heutige Künstler sind im allgemeinen der Ansicht, daß häufige Muster wie 'Reifenspuren' oder 'Rasierklingen' keine tiefere Bedeutung haben. Sie behaupten, in der kubistische Darstellungen von Häusern, Flugzeugen, Treppen, Lampenständern und Autos ein Abbild der sie umgebenden Welt darzustellen. Es ist dem Betrachter selbst überlassen, darin etwas Mystisches zu sehen. Und doch fasziniert die rätselhafte Schönheit dieser Kunst die westliche Welt vorläufig immer noch.

1991 transformierte Esther Mahlangu, eine bekannte Küstlerin im KwaNdebele-Dorf Weltevrede einen BMW in ein überwältigendes Beispiel der Ndebelkunst. Das Werk wurde für eine internationale Wanderausstellung in Auftrag gegeben, die jetzt schon 15 Autos umfaßt, und die unterschiedlichen Stilrichtungen aus aller Welt repräsentiert. Esther Mahlangu hat auch den eindrucksvollen Brandschutzvorhang im Civic Centre von Johannesburg bemalt. Fantasie und Realität: Die Ndebele verbinden sie meisterhaft.

OBEN: EINE NDEBELEFAMILIE *in traditioneller Tracht.*
LINKS: NDEBELE *Ornamente enthalten viel Metallarbeit.*
RECHTS: DIE *farbenfreudigen Wandmalereien dieser Häuser haben keine besondere oder tiefere Bedeutung – sie sind reine Zierde.*

MEDIZINMÄNNER – ÜBERLIEFERTE HEILKUNST

Medizinmänner werden seit Jahrhunderten respektiert, aber die moderne Medizin hat bis vor kurzem ihr Können und Wissen ignoriert. Neues Verständnis und Anerkennung dieser Heilmethoden hat zu informellem, aber zunehmendem Gedankenaustausch geführt, ein Trend, der von Organisationen wie der Dingaka Society und dem National Steering Committee for Traditional Healers (staatlicher Kontrollausschuß für Praktizierende der traditionellen Heilkunde) gefördert wird.

Für die Zukunft plant man die Schaffung einer gesetzgebenden Körperschaft, die sich für ein besseres Verständnis zwischen den Vertretern der Schulmedizin und den Heilpraktikern einsetzen soll. Einerseits wird der Wert der alten Heilmethoden anerkannt, aber andererseits soll elementare medizinische Vorsorge durch die konventionelle Medizin abgedeckt werden. Die Heilpraktiker fallen in drei Kategorien: Kräuterheilkundige, Wahrsager ('inyangas') und Zauberer ('sangomas'). Sie üben keine Hexerei oder Schwarze Magie im westlichen Sinn aus. Wie der Name schon sagt, arbeiten Kräuterheilkundige mit Kräutern, Pflanzen und Bäumen, die Heilkraft besitzen, aber richtig angewandt werden müssen, um ihre höchste Wirksamkeit zu entfalten. Inyangas sind Wahrsager und Seelentröster, die Probleme durch die

Verwendung von 42 Spezialknochen (dolos) interpretieren, welche sie während ihrer dreijährigen Lehrzeit allmählich zusammentragen, und die für den Inyanga von sehr persönlichem Wert sind. Erfahrene Inyangas werden schließlich hochqualifizierte Spezialisten, die man Mungomas nennt. Sangomas sind Heilende, die sich auf die Macht des Geistes konzentrieren. Sie werden von den Vorfahren des Stammes erwählt, und sie werden sich dessen dann bewußt, wenn sie grundlos erkranken. Konsultiert man einen 'sangoma', nehmen die Geister von ihm Besitz und helfen die Ursachen aufzudecken.

Luxus im Buschfeld

Die Oase des Vergnügens, Sun City, glitzert unter der Sonne Afrikas wie kein

anderer Unterhaltungskomplex der Welt. Glanz und Schick funkeln wie

Juwelen und laden den Besucher zum Verweilen ein.

Das einfache, ländliche Haus, das sich Paul Krüger im Jahre 1841 auf einer Farm nordwestlich von Rustenburg gebaut hatte, ist als Teil eines 32 Hektar umfassenden Museums erhalten. Nicht weit davon entfernt, geschützt durch einem lang erloschenen Vulkan, (einer von zwei alkalischen Kratern der Welt) liegt das fantastische Sun City, eine unübertroffene Oase des Vergnügens. Die Nähe dieser beiden Stätten unterstreicht auf dramatische Weise die rasche Erschließung des Transvaal, denn Luxus und Eleganz von Sun City übertreffen alles, was sich die Menschen vor 150 Jahren in den wildesten Träumen ausgemalt hatten. Mit der Eröffnung von Sun City 1979 wurden neue Maßstäbe für Hotellerie und Unterhaltung gesetzt.

Der Unterhaltungskomplex hat sich seitdem noch vergrößert und bietet eine erstaunliche Vielfalt an Attraktionen. 'Showtime' ist in Sun City eine glitzernde Abfolge von Liveshows mit internationalen Stars, die in dem Superbowl Entertainment Centre (6000 Sitze) auftreten. Ebenso einzigartig ist das Spielkasino mit seinen Automaten, unzählbaren Roulettettischen, Blackjack und Puntio Banco. Sun City ist eine Fantasiewelt aus Seen, Wasserfällen und Bächen, inmitten herrlicher Gärten und Waldungen gelegen, die im starken Kontrast zu den olivgrünen und ockerfarbenen Hängen der Pilanesberge stehen. Vier Hotels bieten vom bürgerlichen Komfort bis zur Luxusunterkunft alles an.

Die verlorene Stadt

Der faszinierenste Teil von Sun City ist 'The Lost City' mit ihrem einzigartigen Palace Hotel, das Ende 1992 eröffnet wurde. Laut Legende zog vor langer Zeit ein Volk aus dem Norden durch Afrika und brachte ein reiches Erbe an Kunst und Architektur mit. Es siedelte sich in einem Tal mit klaren Gebirgsbächen und reich an Früchten und wilden Tieren an. Dann zerstörte ein furchtbares Erdbeben ihre Stadt, Felder und ihre Wasserfurchen, und sie mußten flüchten. Über die Jahrhunderte wurde Lost City allmählich von Pflanzen überwuchert, und schließlich blieb nur noch die Legende.

OBEN: DER PALAST, *Blickfang des neuen, extravaganten 'Lost City' (Verlorene Stadt) Komplex.*

OBEN: SUN *City, eine der größten und opulentesten Erholungsanlagen der Welt, hat vier Hotels, ein glanzvolles Kasino und Unterhaltungszentrum sowie herrliche Anlagen um einen künstlichen See.*

GANZ OBEN: GLÜCKSPIELAUTOMATEN *können einen in Sekundenschnelle zum Millionär machen.*
OBEN: DER GOLFPLATZ *bei Lost City.*
UNTEN: DER ELEFANT *hält Wache am Palast.*

NATURSCHUTZ IN DEN PILANESBERGEN

Der an Sun City angrenzende Pilanesberg Nationalpark bedeckt 55 000 Hektar natürlicher Buschlandschaft, Heimat der 'Großen Fünf': Löwe, Elefant, Nashorn, Büffel und Leopard.

Gleich dem Unterhaltungskomplex liegt er in einer Mulde, die von 1 200 Millionen Jahre alten, vulkanischen Hügeln umringt ist. Die vielen naturgegebenen Amphitheater bieten ausgezeichnete Möglichkeiten zur Wildbeobachtung.

Mehr als 140 Kilometer Asphalt- und Sandstraßen winden sich durch das Gelände, über Hügel und durch tiefe Felsschluchten und gewähren Zugang zu einer außergewöhnlichen Vielfalt an Habitaten. In dem Park stoßen das Highveld und das Lowveld aufeinander, und es ist daher eines der wenigen Reservate, wo Springbok und Impala von Natur aus nebeneinander existieren. Die gemischte Vegetation und die große Vielfalt an Baumarten, durchsetzt mit zahlreichen Wasserlöchern, erhalten über 8 000 Wildtiere.

Ein großer See ist die Heimat der Flußpferde, Krokodile und Wasservögel, wie der langhalsige Kormoran und der flinke Eisvogel. Nachfahren der Säbelantilope, von Cornwallis-Harris in den dreißiger Jahren des vorigen Jahrhunderts zum ersten Mal in den Magaliesbergen erblickt, senken ihr eindrucksvolles Geweih, um an den Ufern des Sees zu trinken. Ein

reizbares Nashorn trottet erstaunlich leichtfüßig vorbei, und imposante Giraffen halten mit wachsamen Blicken Ausschau nach Eindringlingen.

Gästen aus den umliegenden Unterhaltungs- und Ferienzentren, Sun City, Kwa Maritane und Bakubung, werden am Abend Grillparties (Braivlais) am offenen Feuer geboten, und für diejenigen, die nicht selbst mit einem Fahrzeug unterwegs sein möchten, werden morgens und abends Pirschfahrten organisiert. Es gibt auch diverse Zeltplätze innerhalb des Parks.

Zu den Nationalparks in Bophuthaswana gehören zum einen Borakalalo, wo der 10 Kilometer lange Klipvoordam ausgezeichnete Stellen zum Angeln bietet, und zum anderen Botsalano in der Nähe von Mmabatho, ein Park mit 5 800 Hektar Baum- und Grasland, der zur Beobachtung der vielen Antilopenarten einlädt.

Die versunkene Metropole wurde dann bei Sun City 'wiederentdeckt' und in altem Glanz neu erbaut. Die zerstörten Wasserkanäle und Dämme hat man in ein Tal der Wellen verwandelt, wo perfekte, künstliche Surfbrecher über die 'Tosende Lagune' anrollen, ehe sie an einem weißen Sandstrand verebben. Wasserrutschen fallen steil vom 'Tempel des Mutes' ab, und eine Schlauchfahrt führt auf einem träge dahinfließenden Flüßchen durch eine

Gastronomieanlage. Der Palast dominiert den Horizont mit seinen majestätischen Türmen aus imitierten Elfenbein. Einst soll er die Residenz des Königs gewesen sein, und jetzt bietet er königliche Gastlichkeit für alle. So hervorragend ist die Handwerkskunst seiner verwitterten Architektur, der Fresken und Schnitzereien, daß die Legende völlig

glaubhaft erscheint, und Lost City mit Recht zu einer weltberühmten Attraktion wurde. Sie wird von 25 Hektar seltener und wunderschöner Hängegärten umgeben.

Die Gärten am Cascades Hotel sind mit ihren rauschenden Bächen und exotischen Fischteichen ebenfalls bemerkenswert. Sie öffnen sich zu weitläufigen Rasenflächen vor dem Sun City Hotel und erstrecken sich hinunter zu den Cabanas und dem tollen, 750 Meter langen See von Waterworld (Wasserwelt). Hier geht es hoch her: Jede Art von Sport, vom Parasegeln über Golf bis zum Ausritt und vieles mehr, ist möglich.

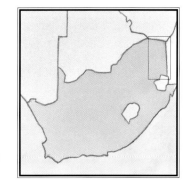

Ein Paradies für Abenteurer, Naturliebhaber und Schöngeister; eine quichoteske Vergangenheit erzählt von Goldfunden und Reichtum, die gewonnen und verloren wurden; ein atemberaubendes Wildleben ... dies ist das Osttransvaal.

Buschfeld und Berg

Osttransvaal ist etwa 400 km lang und 150 km breit und dehnt sich über die nordöstliche Ecke Südafrikas aus, es liegt zwischen Zimbabwe, Swaziland, Mozambik und dem Great Escarpment (Großen Randgebirge), ein Gebirgsmassiv, das vom Inlandplateau 1 500 Meter bis in das sonnengetränkte Küstenflachland abfällt.

Buschleute des Steinzeitalters lebten hier, bis sie langsam durch die Migration bantusprechender Völker aus dem Norden vertrieben wurden. Nach diesen kamen die Europäer, die vor fast fünf Jahrhunderten die hiesige Küste erreichten, aber durch die Hitze, Feindeseligkeit und Krankheit vom Hinterland abgehalten wurden.

Erst in den dreißiger Jahren des letzten Jahrhunderts trafen weiße Männer in größerer Zahl ein: Jäger, Händler und Trekker, die einen Weg zur Küste suchten. Diese Pioniere, bestrebt, möglichst weit von der britischen Obrigkeit zu leben, gründeten in den frühen vierziger Jahren des 19. Jahrhunderts eine Minnirepublik bei Ohrigstad. Doch die Gemeinschaft wurde bald von Fieber heimgesucht und zog mit Kind und Kegel in eine 50 Kilometer weiter nördlich gelegene, gesündere Gegend.

Die neue Siedlung wurde Lydenburg genannt, der Ort des Leidens, aber es stellte sich heraus, daß die Stadt florierte, und heute ist sie ein ansehnliches Zentrum, das inoffiziell als Hauptstadt der Escarpment Gegend gilt. Doch dann wurde 1871 Gold gefunden.

Der Ansturm der Goldgräber – sie kamen aus allen Ecken der Erde – bewirkte, daß die Region sich wie eine Blume entfaltete, und

fast zwanzig Jahre lang drehte sich ihr Leben um das glänzende, gelbe Metall. Die Lager Spitskop, Mac Mac und, das bekannteste, Pilgrim's Rest wuchsen rasch heran und bekamen einen Anschein des Dauerhaften, wenn auch nicht immer des Anständigen. Solide, wellblechgedeckte Häuser ersetzten die Zelte in Pilgrim's Rest; Händler eröffneten Läden und Gastwirte Schenken; eine Schule, eine Kirche wurden gebaut, eine Zeitung erschien, und das Royal Hotel öffnete seine gastfreien Türen für durstige Kunden. Dann versiegten die Oberflächenablagerungen, nur einige verstreute Minen blieben zurück.

Doch zu dem Zeitpunkt hatte der Goldrausch der Region Osttransvaal schon einen festen Platz auf der Landkarte gesichert. Das Gebiet ist vielfältig: Das heiße, wilde Buschfeld wechselt sich mit grünen, milden Bergausläufern ab. Diese werden von der kühlen, in Nebel gehüllten Welt der Echotäler abgelöst, von Flüssen und Wasserfällen, die in eine Schatzkammer von Wäldern, Blumen und Farnen übergehen. Wildnis ist das treffende Wort für diese Gegend. Es ist die Heimat des Kruger National Parks und mancher kleinerer Parks und anderer Zufluchtsorte, die einer großen Vielzahl wilder Lebewesen dieser Erde eine Heimat bieten.

Das Osttransvaal ist auch außerordentlich reich an unterschiedlichen Kulturen, die seine Einwohner im Alltag verkörpern. Es ist Südafrika in all seiner Schönheit und Vielfältigkeit.

UMSEITIG: EIN EINZELNER ELEFANTENBULLE *stöbert im Flußbett herum, das in der Nähe des Bateleur Lagers im Kruger Park liegt.*

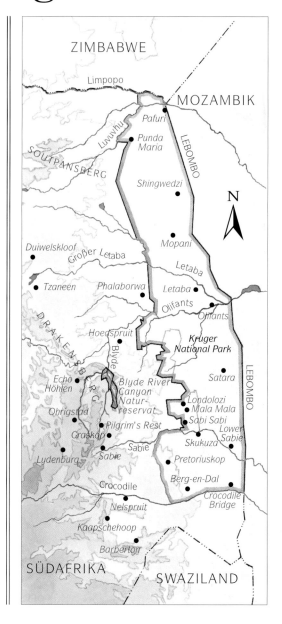

Safaris in Südafrika

Wilde Tiere sind heutzutage ein großes Geschäft, besonders für private

Safariunternehmen des Transvaal Lowveld, einer Region, die zahlenmäßig

und an Artenvielfalt jedes Gebiet vergleichbarer Größe in Afrika aussticht.

Bis vor wenigen Jahrzehnten wurde Wild, das sich aus dem Kruger National Park und anderen Schutzgebieten hervorwagte, als eine Last empfunden, als ein Vernichter von Ernte, Vieh und Weideland, doch gut genug, um gejagt und verzehrt zu werden. Dank der gewaltig angestiegenen Popularität des Kruger Parks und der Bemühungen der Umweltschützer, hat sich diese Ansicht im Laufe der Zeit erheblich verändert. Viehzüchter im Lowveld entdeckten, daß Wild gedieh wo herkömmliche Viehhaltung verkümmerte, und plötzlich wurde Wild ein vermarktbares Gut, eine Attraktion für Touristen und Trophäenjäger, gewinnbringender als Viehzucht. Landbesitzer waren begeistert von diesen Aussichten – und alarmiert über die schwindende Anzahl Wild auf ihren Farmen. So errichteten sie Zäune und begannen das Wild aufzustocken. Heute erstehen sie Breitmaulnashörner, Säbelantilopen und andere begehrte Wildsorten auf Wildauktionen, wo Millionenbeträge den Besitzer wechseln. Der Kruger National Park ist ein Hauptlieferant solcher Tiere geworden, besonders für Elefanten.

Private Reservate

Es gibt eine ganze Reihe verschiedener, kleinerer Reservate im Lowveld, die alle ihrer jeweiligen Umgebung entsprechen. Die größten und besten liegen entlang der Westgrenze des Kruger National Parks und werden so gut geführt, daß der Kruger Park seine Zäune abgebaut hat (ursprünglich errichtet,

OBEN: EIN LÖWENQUARTETT *sucht Schutz vor der Mittagshitze. Das Wild kann sich jetzt frei bewegen, da die Zäune entfernt wurden, die früher den Kruger National Park von den privaten Tierparks abgrenzten.*

GANZ OBEN: EIN G*emütliche Eßplatz in Londolozi.*
OBEN: JENSEITS-VON-AFRIKA *Dekor in Mala Mala.*

HEDONISMUS AUF RÄDERN

Der Schlüssel, der das Lowveld schließlich der Welt erschloß, war die Eisenbahn, 1894 vollendet, die Paul Krugers Transvaalrepublik Zugang zum Meer bei Delagoa Bay (heute Maputo, Hauptstadt von Mozambik) verschaffte. Heute ist die Linie mit Güterverkehr, der von und zur Küste geht, ausgelastet, aber das anfängliche Wunder des Schienenstrangs hat der Region unauslöschlich seinen Stempel aufgedrückt. Zum Beispiel wurden an den Berghängen in der Nähe von Kaapse Hoop und Hazyview alte Eisenbahnwaggons in malerische Unterkünfte für Wanderer umgewandelt. Zwischen Sabie und White River ist ein stillgelegter Eisenbahnzug mit 16 Waggons, noch immer bekannt als Shunter's Express, der sich in ein prächtiges Gasthaus mit Speisesaal, Buffet, Salon und Schlafwagen verwandelte.

Die alte Bahnlinie wird besonders fantasievoll durch zwei der opulentesten Züge der Welt genutzt: Der Blue Train und Rovos Rail. Der Blue Train, früher ausschließlich auf der Strecke Kapstadt-Pretoria eingesetzt, ist längst berühmt für seine luxu-

riöse Ausfertigung, einschließlich privater Wohn- und Schlafabteile, Klimaanlage und delikaten Mahlzeiten. Inzwischen fährt der Zug auch von Pretoria durch das Randgebirge und die tiefgrünen Täler bis Nelspruit, von wo aus die Passagiere den Kruger Park besuchen können.

Rovos Rail, ein Privatunternehmen, führt den Luxus noch um einige Schritte weiter. Sein 'Pride of Africa' (Stolz von Afrika) wird von alten Dampflokomotiven gezogen, und die liebevoll restaurierten, alten Eisenbahnwaggons – nur Teakholz, Leder, Messing und Silber – umgeben die 46 Passagiere mit einer gepolsterten, luxuriösen Umwelt. In Pretoria kann der Gast in dem Hotel des Unternehmens wohnen. Safari auf Rädern ist die höchste Form des Luxus.

OBEN: DAS LONDOLOZI *Wildreservat der Gebrüder Varty ist weltbekannt für seine Leoparden. Hier putzt ein Junges seine Mutter, ein Rollentausch.*

Sicht auf die vorüberziehenden Tiere; darunter kann sich die massive Form eines Breitmaulnashorns finden, ein gebieterischer, wachsamer Löwe oder ein verärgerter Leopard, der mit dem Schwanz schlägt.

Unternehmungslustige Gäste werden auf Fußwanderung mitgenommen, um die Tiere mit allen fünf Sinnen wahrnehmen und ihre Lebensgewohnheiten erfahren zu können. Sie entdecken auch die Wunder des Vogel- und Insektenlebens sowie der Pflanzenwelt.

Die großen Fünf

Die Besucher begegnen meist einigen, wenn nicht gar allen, der 'Großen Fünf', und manchmal treffen sie auch auf die scheuen Geparden und Hyänen, sie können Böcke herumhüpfen sehen und verschlafene Eulen aus wenigen Metern Entfernung beobachten.

Wenn die Sonne untergeht, gibt es einen Schlummertrunk am Campfeuer, das von den zeitlosen Geräuschen Afrikas untermalt wird – dem Brüllen einer Riesenkatze, dem Lachen der Hyäne und der unendliche Symphonie der Fröschen und Zikaden. Es ist ein einmaliges Erlebnis, eine elegante Verbindung der Zivilisation und des Ursprünglichen. Für die, die sich diesen Luxus nicht leisten können, gibt es eine Vielzahl Landgasthäuser und Gästefarmen, die alle in einer bezaubernden Umgebung liegen. Wo man auch im Lowveld ist, die Wildnis ist nie weit.

um die Verbreitung von Maul- und Klauenseuche zu verhindern), damit die Tiere sich über ein weiteres Gebiet frei bewegen können – ein Tribut an die Hingabe und und Sachkenntnis dieser Privateigentümer.

Einige der privaten Safariunternehmen sprechen die Jetsetkundschaft an, die es vorzieht, das Leben in der Wildnis in größtmöglichem Komfort zu genießen. Das älteste und wahrscheinlich beste Unternehmen ist Mala Mala, das drei Lager hat, wovon ein jedes ein individuelles Besuchserlebnis im Busch bietet. Andere luxuriöse Reiseziele sind Lon-

dolozi, Sabi Sabi, Inyati, Ulusaba, Motswari und M'Bali, wo Gäste von zahlreichem Personal aufmerksam bedient und mit exotischen Getränken und einer fantasievollen Küche verwöhnt werden. Der Service ist hervorragend, und die Unterkunft verdient mehrere Sterne. Das Tagesprogramm dieser Safaris ist faszinierend; der Großteil der Zeit wird mit Wildbeobachtung verbracht. Erfahrene Wildhüter führen zusammen mit Spurenlesern eine Handvoll Leute im offenen Geländewagen durch den Busch. Aus den Autos heraus hat man eine ungehinderte

OBEN LINKS: DIE *1500 Löwen sind über den ganzen Kruger Park verteilt, ziehen aber besonders auf der Savanne im südlichen Mittelland umher, wo die Herden leben, von denen sie sich ernähren.*
OBEN: DIE *Zwergmanguste, die kleinste der afrikanischen Spezies, die in Savannenregionen leben.*

Krugerpark– der Aristokrat

Südafrikas bedeutendstes Naturschutzgebiet dehnt sich über die hitzeflim-

mernde Fläche des Lowveld aus; ein Gebiet, so groß wie Wales, größer als

Israel und der Zufluchtsort für eine wunderbare Ansammlung wilder Tiere.

Anfang dieses Jahrhunderts war der größte Teil des Lowvelds noch ein wildes, ungezähmtes Land, mit abgelegenen Ansiedlung, die durch halsbrecherische Wege und dürftige Eisenbahnlinien verbunden waren. Kleine Gruppen afrikanischer Völker bewohnten das Flachland des Lowveld, aber Malaria, Bilharzia, die Tsetsefliege und die mörderische Hitze hatten es von der Welt abgeschottet. Europäische Ansiedlungen drangen spät in dieses Gebiet vor. Angelockt durch Gerüchte von Goldfunden, sandte die Holländisch-Ostindische-Handelsgesellschaft 1725 eine Expedition unter der Führung von Francois de Kuiper aus, um das Inland des Transvaal zu erforschen. Er war der erste Europäer, der das Lowveld betrat; er kam bis Gomondwane, nahe dem heutigen Crocodile Bridge, ehe feindselige Eingeborene ihn zu fluchtartigem Rückzug veranlaßten. Zwei separate Gruppen Voortrekker zogen 1836 aus, um einen Weg vom Inland zur Ostküste zu finden. Beide Expeditionen nahmen ein katastrophales Ende: Die Hans van Rensburg Gruppe wurde von Shangaankriegern umgebracht, während Louis Trichards Männer durch Malaria fast ausgelöscht wurden, und nur einigen wenigen Überlebenden gelang es, sich bis Delagoa Bay zu schleppen.

Als João Albasini die Ankunft der Trichardgruppe beobachtete, erkannte der bemerkenswerte Italiener das große Potential für Geschäfte zwischen Hinterland und Küste. In den späten dreißiger Jahren des neunzehnten Jahrhunderts eröffnete er eine Handelsstation bei Pretoriuskop und wurde der erste europäische Einwohner des Lowveld. Dann wurde 1870 im Hochland Gold gefunden, und zehntausende Glücksritter trafen in dem Gebiet ein. Da es keine Ortschaften, Geschäfte oder Farmen gab, holten sich die Schürfer ihre Nahrung auf der Jagd, und bald nahm das Abschlachten der Tiere unglaubliche Ausmaße an. Hinzu kamen die Transportfahrer, ein harter Männerschlag, die sich von der Natur ernährten, während sie Güter von und nach Delagoa Bay beförderten.

Erste Versuche des Naturschutz

Schließlich gewahrten durchreisende, burische Jäger, vernünftige Männer, die nur für ihren Bedarf jagten, das ausufernde Töten und berichteten es der Obrigkeit der Transvaalrepublik in Pretoria. Als 1889 der östliche Goldrausch abflaute, drängte Paul Krüger sein Parlament, eine Zufluchtsstätte zu schaffen, um das verbliebene Wild des Lowveld zu

erhalten. 1898 wurden dann etwa 4600 km² zwischen dem Sabie und Crocodile River als Sabie Game Reserve proklamiert.

Das war die Geburt des Kruger National Parks, einem Projekt, das glücklicherweise auch von den Briten gefördert wurde, als diese das Gebiet übernahmen. 1902 wurde wurde ein kleiner Schotte, James Stevenson-Hamilton, als erster Wildwart des Schutzgebiets angestellt. In den darauffolgenden vierzig Jahren hat er mehr als jeder andere dazu beigetragen, das wunderbare Naturerbe Südafrikas zu hegen. 1903 wurde ein zweites Reservat proklamiert, das Shingwedzi, welches das Land zwischen dem Letaba und dem Limpopo River beinhaltet.

1926 wurden beide Reservate und das dazwischenliegende Farmland durch das Parlament konsolidiert – in den Kruger National Park. Später wurde weiteres Land hinzugefügt, und das Schutzgebiet erreichte seinen heutigen Umfang von etwa 21 000 Quadratkilometer. Der Park ist weder der größte

EINE LEGENDE LEBT WEITER

Er kam als mickriger Mischlingswelpe im Mai 1885 auf die Welt, und niemand wußte, wer sein Vater war. Seine Mutter war Jess, eine Bullterrierhündin, deren andere fünf Welpen rasch Abnehmer fanden, denn in jenen wilden Tagen im Lowveld war ein guter Hund ein sehr begehrter Begleiter.

Percy Fitzpatrick, ein junger Transportfahrer, der in seinem Ochsenwagen zwischen den Goldfeldern herumzog, erbarmte sich des Kümmerlings, adoptierte ihn und nannte ihn Jock. Für Jahre reiste Jock mit seinem Herrchen durch den heißen Busch und

die wilden Berge. Sie jagten gemeinsam, und Jock erwies sich als ein instinktsicherer Meister dieses Metiers: Er verfügte über erstaunlichen Mut und Zähigkeit und wußte genau, wann er zuschlagen mußte, um einen verletzten Bock zu Fall zu bringen oder einen Löwen in Schach zu halten. Der kräftige, untersetzte, braunrote Terrier rettete Fitzpatrick viele Male das Leben, und schon zu Lebzeiten wob sich eine Legende um ihn. Reisende erzählten sich Jocks Heldentaten am Lagerfeuer.

Lange nach Jocks Tod schrieb Sir Percy (ob seiner Dienste für Südafrika in den Adelsstand erhoben) 'Jock of the Bushveld' für seine Enkelkinder. Das Buch wurde ein südafrikanischer Klassiker. Die Strecken, die Jock zurückgelegt hatte und viele Szenen seiner Abenteuer wurden zurückverfolgt. Über das ganze Lowveld verteilt, gibt es Stätten und Wegweiser sowie Plaketten mit seinem Namen, die seine Geschichte untrennbar in den örtlichen Geschichtsstoff eingewoben haben.

GANZ OBEN: LAGERFEUERROMATIK *auf der Wildnis-Wanderung am Olifantsfluß.*
OBEN: DER SCHEUE *Wasserbock lebt im Kruger. Park.*

noch der schönste in der Welt. Er ist größtenteils flach und ziemlich eintönig, mit nur wenigen, unbedeutenden Hügeln und gelegentlichen Felsformationen. Es kann auch erschöpfend heiß werden. Aber er ist führend in der Erforschung der afrikanischen Flora und Fauna sowie im Umweltmanagement.

Der Durchschnittsperson bietet er die einmalige Gelegenheit, eine unübertroffene Auswahl an Tieren auf freier Wildbahn aus nächster Nähe zu beobachten. Bis zu 700 000 Menschen strömen jedes Jahr in den Park, um der Hektik des modernen Lebens zu entgehen und die Wunder des Lebens in der Wildnis, im Busch zu erfahren.

Südlich des Elefanteflusses

Das südliche Gebiet des Kruger Parks war das erste, das modernisiert wurde,

und seine alten Rastlager, die jetzt durch einige ausgezeichnete, neue Anlagen

ergänzt wurden, locken den komfortbewußten Safarienthusiasten an.

Da es der älteste und am einfachsten zu erreichende Teil des Kruger Nationalparks ist, verfügt es über mehr Unterkünfte, Straßen etc. und, so wird behauptet, sogar über mehr Tiere als die nördliche Hälfte. Fünf Hauptrastlager, zwei Buschfeldlager, fünf Privatcamps, fünf Wildnispfad-Camps und das einzige Buschcamp des Parks gibt es dort.

Außerhalb dieser menschlichen Inseln liegt ungezähmte Wildnis. Jeder Parkeingang ist wie eine Wellsche Zeitmaschine: Die Außenseite verkörpert das Gedränge und die Verschmutzung durch Städte, Farmen, Fabriken und Verkehr; die Innenseite steht für jenes Afrika, das es schon vor Jahrtausenden gab. Der Kruger Park ist von Flüssen und kleinen Strömen durchzogen, deren Ufer mit vielerlei Bäumen bestanden sind. Leoparden kauern auf den massiven Ästen und lagern ihre Opfer in den Gabeln zwischen. Weidende Elefanten durchstöbern das Unterholz, und Buschböckchen erscheinen wie von Zauberhand, da ihr getupftes Fell sich in das Schattenspiel der Blätter einfügt, während farbenfrohe Vögel und Schmetterlinge in der reinen Luft herumflattern.

Entfernt man sich von den Flüssen, verändert sich das Land von Akazienhainen in Strauchgebiet und Grassteppe, die Heimat der Rappenantilopen, Nashörner, Riedböcke, Wasserböckchen, Ducker, Steinböckchen, Büffel, Impalas (Schwarzfersenantilope), Gnus und Zebras. Hier findet man auch das dazugehörige Raubwild, darunter Löwen, Geparden, Wildhunde, Hyänen und Schakale.

Wer die Wahl hat, hat die Qual

Die sieben Hauptcamps unterscheiden sich in ihrer Ausstattung gewaltig. Das älteste ist das sehr beliebte Skukuza am Sabie River. Zwischen Bäumen und auf Rasen gelegen, ist es das Zentrum der südlichen Region, und es ist fast eine Ortschaft: Seine strohgedeckten Chalets versorgen fast 700 Besucher pro Tag, und seine öffentlichen Einrichtungen beinhalten alles Nötige.

In Pretoriuskop, dem viertgrößte Lager im Kruger Park und aus dem Jahr 1927, machten schon die Wagen, die von und nach Delagoa Bay zogen, um Waren für die Goldgräber zu beschaffen, Station. Die alte Transportstrecke, wo Sir Percy Fitzpatrick und andere

OBEN: DAS OLIFANTS-LAGER *liegt auf den Felshängen oberhalb des Olifants River und seinem wildreichen Tal.*
RECHTS: EIN JUNGER *Chakmapavian, der zu einer der drei Affenarten gehört, die in Südafrika vorkommen.*

Gebäude sich völlig in die Buschumgebung einfügen. Wildnispfade im Umfeld führen den Besucher zu einer Fülle von Felsmalereien aus der Steinzeit.

Satara, erheblich weiter im Norden als Skukuza, ist ein kreisförmiges Lager in einem Busch, der von Wild wimmelt. Weiter nördlich schmiegt sich das Olifants Camp hoch oben an den Berghang mit einem großartigen Ausblick über den Olifant River und die folgende Savanne. Die zwei Buschveldcamps sind etwas besonderes, weil sie außer exzellenten Wildbeobachtungsposten zusammen nur 15 Chalets haben und keine öffentlichen Einrichtungen, die die Geruhsamkeit der umliegenden Wildbahn beeinträchtigen könnten. Fünf einfache, aber sehr beliebte Lager für Fußsafaries bringen die Natur dem Menschen noch näher. Wildhüter führen täglich kleine Gruppen auf einfachen Wanderungen in die Natur, wo man alles, vom Elefanten bis zur Ameise, beobachten kann.

GANZ OBEN: WOHLGENÄHRTE *Zebras*.
OBEN: SKUKUZA – *mehr ein Dorf als ein Lager.*

unerschrockene Männer in der Wildnis umherzogen, ist deutlich ausgeschildert. In der Nähe liegt Jock of the Bushveld, eines der fünf Privatcamps im Süden, nach Fitzpatricks berühmtem Hund benannt. Im Südosten sind die kleineren, gern besuchten Camps Lower Sabie und Crocodile Bridge, jedes an einem immerfließenden, dichtbewaldeten Fluß gelegen. Beide haben große Schattenbäume und sind für ihr Vogelleben bekannt. Im bergigen Südwesten ist Berg-en-Dal (Berg-und-Tal), ein Camp von außergewöhnlich moderner Einrichtung, wo die

DIE GROßEN FÜNF

Laut afrikanischer Legende sind die Großen Fünf der Elefant, das Nashorn, der Löwe, der Leopard und der Büffel. Sie sind die begehrtesten wilden Tiere und leben alle im Lowveld. Aber weshalb nur diese fünf? Wieso nicht auch das Flußpferd, das so groß ist wie das Nashorn, oder der Gepard, der schneller als der Leopard ist? Der Grund dafür ist, daß die Großen Fünf die gefährlichsten sind; andere Säugetiere sind nicht so bedrohlich, es sei denn, sie werden gestellt.

Der Elefant beispielsweise ist kraftvoll und gibt einen grauenerregenden Gegner ab, wenn er bedroht oder verwundet wird. Der Kruger Park hat etwa 7000 dieser Dickhäuter, viele von ihnen mit außergewöhnlich langen Stoßzähnen. Das Nashorn ist notorisch schlecht gelaunt, wenn es gestört wird, und ist nicht aufzuhalten, wenn es angestürmt kommt. Die Nachfrage im mittleren und fernen Osten nach seinem Horn hat in großen Teilen Afrikas zu seiner Ausrottung geführt, aber die Nashornbevölkerung im Kruger Park ist wohlbehütet

und zeigt gleichbleibenden Zuwachs. Löwen sind stark und schnell, ebenso Leoparden. Der Kapbüffel versucht, seine Gegner auf die Hörner zu nehmen.

Es gibt ein Tier, das das Große Sechste sein könnte: Die schwarze Mamba – bis zu vier Meter lang und unbedingt tödlich.

Krugerpark: Nördlich bis Pafuri

Der wilde, nördliche Teil des Kruger Parks spricht den passionierten Wild-

beobachter an, den Anhänger des unverdorbenen Afrika. Die Tiere und der

zauberhafte Wald des Luvuvhu River sind besonders betörend.

Für den Puristen gibt es wenig, was den Naturschätzen in der nördlichen Hälfte des Krugerparks gleichgestellt werden könnte. Vom Olifants River bis zur Grenze nach Zimbabwe erstrecken sich Mopanesträucher und Wald. So weit das Auge reicht, sieht man ein blaßgrünes Meer im Sommer, ein leuchtend rotes im Winter und und ein fahlgraues in Trockenzeiten. Aber besonders an den urwaldartigen Ausläufern des Luvuvhu erhascht das Auge Kostbarkeiten des Lebens. Blumen und Rankpflanzen bilden bezaubernde Formen, in denen Vögel sitzen, und seltene Rotböckchen galoppieren über das offene Feld, während scheue Buschböcke graziös durch den Wald schreiten. Elefanten tauchen aus dem Nichts auf, majestätische alte Bullen mit Kühen und Kälbern.

Es gibt vier Haupt-rastlager im nördli-chen Krugerpark, drei Busch-feldcamps, einen Pri-vatcamp und zwei Wild-nispfadlager. Die südlich-ste Anlaufstelle ist Letaba, eine kühle Oase, vogelreich und von subtropi-schen

Gewächs, die auf eine breite, sandige Win-dung des Letaba River hinausschaut. Umringt von endlosem Mopanegesträuch, liegen zwei Lager, die von vielen Stammgästen als Favoriten erwählt wurden: Die Camps Shing-wedzi und Punda Maria.

Shingwedzi liegt am gleichnamigen Fluß und ist um ein riesiges, strohgedecktes Patio errichtet. Es ist eine Ansammlung länglicher Hütten, die unter Bäumen in einer flachen Buschlandschaft verstreut liegen, und abends hängt der anregende Geruch von brenendem Hoz in der Luft. Shingwedzi ist beliebt, weil viele Tierarten ganz unbekümmert vorüberziehen. Paviane klettern in den großen, wilden Feigenbäumen umher, die an den Flußufern stehen, Wasserböckchen schlendern zum Trinken herab, und hin und wieder macht ein königlicher Löwe seine Aufwartung. Fans behaupten, daß sie mehr Wild auf der kurzen Lagerstraße sehen, die an einer tiefen Flußschlucht entlangläuft, als anderswo im Park.

Unterhalb des Lagers ist der Kanniedood Staudamm, wo man Flußpferde und Wasservögel von Hochsitzen aus beobachten kann. Die Straße ist mit dichtem Mopane-busch gesäumt, aus dem mitunter unerwartet Elefanten treten. Glücklicherweise scheinen sie gutmütig zu sein.

Punda Maria dehnt sich über die Flanke eines buschbestandenen Hügels aus und erhielt die eine Hälfte seines Namens von dem Swahiliwort für Zebra ('Punda milia') und die andere von der Frau des Wildhüters, der das Lager aufbaute, Maria Coetser. Der Campeingang führt über eine steile Straße,

OBEN: WEBERVOGELNESTER *schmücken die Äste eines großen Baobabbaumes bei Pafuri.*
LINKS: DER SCHILLERNDE, *fliederbrüstige Roller, den man oft auf den Bäumen am Wegrand antrifft.*

LINKS: BÜFFEL LÖSCHEN *ihren Durst. Diese Tiere sehen träge aus, sind aber gefährlich.*
OBEN: DAS HERRLICH *schattige Rastlager bei Letaba.*
UNTEN: EINE GEFLECKTE *Hyäne schleppt Knochen von einem Kadaver zu ihren Jungen.*

die einseitig von weißgekalkten, strohgedeckten Lehmhütten gesäumt wird, deren Verandadächer von gestutzten Eisenholzästen abgestützt werden.

Einer der nahegelegenen Hügel, Gumbandevu, wird von den einheimischen Stämmen als geheiligte Stätte betrachtet: Laut Legende übte eine Regenprinzessin dort ihren Zauber aus und brachte ihre Opfer dar. Ein anderer Hügel wird gefürchtet, weil ein wahnsinniger Häuptling seine Opfer über seinen Abhang den Krokodilen zuwarf.

Punda Maria ist das nächste Camp in jenem Teil des Parks, der von vielen Besuchern als der schönste angesehen wird: Pafuri. Die Straße dorthin führt durch Mopane und dicke Boababbäume in das flache Tal des Luvuvh River. Von der Brücke führen Seitenwege in eine atemberaubende Welt der Flußwälder, in eine Märchenwelt der riesigen Schakalbeeren-, Wurst-, Anabäume und der gespenstischen Fieberbäume, die ein kühles, schattiggrünes Dach hoch über die stille Oberfläche des Flusses breiten. Verschiedene Vogelarten wohnen in dem Geäst, unter ihnen Kappapageien, Rotkehlchen, Trompeterhornvögel, Haubenperlhühner, Bartvögel, Buschwürger und schwarzäugige Fischeulen. Große Krokodile aalen sich auf den schlammigen Flußbänken, während Büffelherden auf dem Weg ins flache Wasser Staubwolken aufwirbeln. Nyala, Kudu- und Schwarzfersenantilopen weiden zwischen mächtigen Bäumstämmen, und Elefanten schreiten majestätisch durch den Wald. Leoparden, die hoch oben in den Bäumen faulenzen, kann man nur wahrnehmen, wenn sie sich strekken oder mit den Ohren zucken. Der Luvuvh fließt östlich in den Limpopo.

An der Gabelung treffen die Grenzen von Südafrika, Mosambik und Simbabwe aufeinander. Der Punkt ist bekannt als Crooks Corner (Verbrecherecke), weil in früheren Jahren Schmuggler, Wilderer und andere unlautere Gestalten dort einen Stützpunkt hatten, wissend, daß sie sich bei Bedarf rasch über eine der Grenze retten konnten.

Das zauberhafte Escarpment

Was die reine Schönheit der Landschaftskulisse betrifft, so gibt es wenige Stellen

in Afrika, die sich mit den Transvaal Drakensbergen vergleichen lassen, ein

Wunderland massiver Felsskulpturen, abfallender Schluchten, nebelverhüllter

Täler, die eine Fülle von Feldblumen und dunklen Wäldern bedeckt.

Von Simbabwe bis Swasiland türmt sich ein Bergwall, der in gezackten Zinnen endet und bis zu 1 200 Meter über dem Lowvel aufragt – das ist das Great Escarpment (das Große Randgebirge), der nördliche Teil der Drakensberge (Drachenberge). Vor 700 Millionen Jahren geformt, bildet der Wall den südlichsten Teil von Afrikas Great Rift Valley, einer länderübergreifenden Tiefebene. In der Nähe von Simbabwe, wo das Randgebirge auf die Zoutpansberge trifft, leben die VhaVenda, ein Volk das vor fast 300 Jahren von Norden eingewandert ist. Ihr Land ist ein Land der Legenden, tropischer Pflanzen, versteckter Naturschutzgebiete,ein faszinierendes Land, dessen kaum bekannten Wunder in geheimen Tälern verborgen liegen. Da gibt es z.B. den geheiligten Fundudzisee, dessen Wasser nachgesagt wird, daß es Fremdkörper und andere Unreinheiten abstößt. Da sind die Zwidutwane, bösartige Halbkreaturen, die

angeblich in Flüssen leben. Die riesigen Hartholzwälder darf niemand betreten, da dort Stammeshäuptlinge begraben liegen, ebenso findet man dort einige heilige Ruinen.

Südlich von Venda, wo es auf Tzaneen zugeht, löst sich das Escarpment in Täler, Wälder und Schluchten auf. Atemberaubende Straßen winden sich durch Magoebas- und Duiwelskloof, an Teeplantagen, kalten Forellenbächen und tiefgrünen Wäldern vorbei, um sich in den tropischen Landstrich von Tzaneen zu öffnen, das sich brüstet, den größten einheimischen Waldbestands (Woodbush) zu haben. Verschiedne Wanderrouten und einige gute Gasthöfe sind in dieser Gegend zu finden. Im Modjadji Naturschutzgebiet herrscht die fabelartige Regenkönigin über ihren Wald geheiligter Riesenzykadezen (*Cephalartus transvenosus*).

Von Tzaneen schwingt das Escarpment nach Südosten in ein solides Massiv über, bis eine Spaltung Raum gibt für den Abel Erasmus Paß. Auf seinem Kamm gabelt sich die Straße und folgt dann dem Rand des 16 Kilometer langen Blyde River Canyon: Man kann nach unten auf das silberne, über 600 Meter tiefe Flußband und auf die gegenüberliegenden Berge blicken.

Schätze der Natur

Die Natur hat dieses Gebiet mit einer überraschenden Vielfalt an Mineralien gesegnet: Gold, Smaragde, Korund, Muskovit, Quecksilber und Kuriosi wie Chromititstreifen in Anorthosit. Zusätzlich gibt es reiches Ackerland und atemberaubende Wunder der Natur. Dazu zählen die Echohöhlen bei Ohrigstad und die Sudwalahöhlen unweit Nelspruits. Flußaufwärts auf dem Blyde River sind die Bourkes Luck Potholes, wo vom Wasser aufgewühlte Steine eine Fantasiewelt seltsam ausgehöhlter Felsen geformt haben. Lydenburg ist ein anziehendes Landwirtschafts- und Forellenzentrum, 1849 von den Voortrekkern gegründet; ein faszinierendes Dorf mit Wellblechläden und Häusern ist Pilgrim's Rest, das noch nahezu genauso aussieht wie vor mehr als einem Jahrhundert, als es zur Zeit des Goldrausches entstand In der Nähe von Pilgrim's Rest liegt das berühmte God's Window (Fenster Gottes), wo das 2 000 Meter hohe Escarpment mit einer steilen Felswand in das Lowveld hinabstürzt.

Weiter südlich verliert das Escarpment seine scharfe Kante und breitet sich in einer weiten Kette riesiger Täler aus, die von dichtem Wald, Plantagen und Nebel überzogen sind. Sabie ist eines der lieblichsten Täler, eine riesige Mulde, die einen Fluß und Ort gleichen Namens einschließt. Die Stadt am Ende des schwindelerregenden Long Tom Passes wurde im Goldrausch geboren und jetzt ein geruhsames Holzzentrum.

Der Crocodile und der Elands River schneiden im Süden durch das Escarpment und laufen die fruchtbaren Täler entlang, bis die Berge wieder zur Kaapse Hoop ansteigen und ein schmales Hochplateau formen. Auf der anderen Seite der Hochebene stürzen die Abhänge in die tiefe Mulde eines der größten Vulkankrater der Erden: Das de Kaap Tal, das von steilen Hügeln und Felsrändern umgeben ist, die große Abwechslung in die Landschaft bringen, deren einzige Mineralie nur der grüne Seifenstein ist, der Verdit genannt wird.

In 40 Kilometer Entfernung liegt das reizende, verschlafene Städtchen Barberton zu Füßen der Makhonjwaberge. Daran

UNTEN: Das Mount *Sheba Hotel liegt mitten in der Landschaft eines exklusiven und privaten Waldschutzgebietes.*
GANZ UNTEN: Bourkes *Luck Potholes – faszinierende Felsformationen, die über die Jahrmillionen durch Wassererosion gebildet wurden.*

EIN MÄRCHENLAND DER WASSERFÄLLE

Das Lowveld Escarpment ist von Flüssen durchzogen und von Wasserfällen umrandet, wovon die schönsten in der Nähe der Bergdörfer Sabie und Graskop sind. Viele sind nur für Wanderer zugänglich, in einigen Fällen nur mit der Genehmigung des Försters.

Ein beeindruckender und leicht erreichbarer Wasserfall ist an der Stelle, wo der Elands River von Waterval Boven in eine Schlucht herabstürzt (Waterval Onder). An der nördlichen Dorfseite von Sabie – unter der Autobrücke – sind die entzückenden Sabiefälle.

Westlich davon sind die Lone Creek, Horseshoe (Hufeisen) und die Bridal Veil (Brautschleier) Kaskaden. Weiter nördlich, vor der Abzweigung nach Pilgrim's Rest, stürzen die Doppelsäulen der berühmten Mac Mac Fälle lotrecht in das zauberhafte Becken darunter. In der Nähe findet man die Maria Shire Fälle.

Am Rande des Escarpment liegt die lange schmale Panoramaschlucht mit einigen Wasserfällen; der einmalige Lisbon-Wasserfall und die Berlinfälle schmücken die Gegend nördlich von Graskop. Zwischen God's Window und Devil's Window, kommen die New Churn Falls, die gut auf einem der Wanderwege zu erreichen sind.

schließt sich eine Reihe schmaler Täler an, die von Felswänden eingeschlossen werden, die fast wie die Seiten eines riesigen, aufgeschlagenen Buches wirken. Gold und Asbest wird in diesen Tälern abgebaut und alte Flaschen, Gerätschaften und andere Erinnnerungsstücke lange verschollener Prospekteure kann man hier ebenso finden wie abgelegene Swasidörfer und wilde Tiere.

Wunderschöne Wanderwege im Lowveld

Wenn es stimmt, daß man ein Land am besten zu Fuß erkundet, so sollte das

Lowveld die meistbesuchte Region Südafrikas sein – mehr als dreißig herrliche

Wanderwege durchkreuzen die Berge und sengende Buschlandschaft.

Die Wanderpfade des Osttransvaal bestreiten Hunderte von Kilometern und sind bemerkenswert abwechslungsreich: Einige folgen Flüssen, ein Weg führt durch einen alten Minentunnel, ein anderer endet in einem Rastlager aus alten Eisenbahnwaggons, usw. Ein recht unbekannter, aber aufregender Pfad ist der 53 km lange Wanderweg durch den gebirgigen Makunya National Park in Venda, wo ein bewaffneter Wildhüter die Wandernden begleitet, da die Wege auch von Elefanten, Leoparden, Büffeln und anderen Tieren benutzt werden. Ebenfalls in Venda und auch kaum bekannt ist der 53 Kilometer Mabunga-Shango-Wanderweg, der zu dem mystischen und geheiligten Gelände des Fundudzisees und des Thathe-Vondo-Waldes führt.

Ein Muß ist einer der ältesten Wanderwege Südafrikas, der Fanie-Botha-Weg, der nach einem ehemaligen Minister für Forstwirtschaft benannt wurde. Der Weg führt über 79 Kilometer zwischen dem Ceylon Staatsforst und God's Window auf dem Steilhang des Great Escarpment entlang. Seine Schlafhütten sind so plaziert, daß die Route in einer zwei- oder drei- oder fünftägigen Wanderungen zurückgelegt werden kann. Das Wandern ist strapaziös: Man geht auf und ab, vorbei an dem hohen Gipfel des Mount Anderson oberhalb Sabies, den MacMac Fällen, Graskop, den Bridal Veil Falls, den Lone Creek Falls und anderen Juwelen der Landschaft.

Der Blydepoort Wanderweg ist ein weiterer Muskelmarathon. Er führt von God's Window an den Fann's Falls, New Churn Falls und Bourkes Luck Potholes vorbei, bevor er sich

LINKS: EIN TEIL des herrlichen einheimischen Waldes um den Blyde River herum.

OBEN: WANDERER erfreuen sich an dem 23 000 Hektar großen Blyde River Canyon Naturreservat.

DIE VERLASSENEN GÄRTEN

In Nelspruit liegt der zweitgrößte Nationale Botanische Garten Südafrikas – Kirstenbosch am Kap ist die Nummer Eins. Jahrelang hatten nur wenige Menschen von Nelspruits Garten gehört, geschweige denn ihn besucht. Er wurde aus einem einleuchtenden Grund ignoriert: Man konnte ihn nur über eine kilometerlange, schlecht ausgeschilderte Sandstraße erreichen. Das ist nun anders. Die Zufahrt wurde ausgebessert, und es gibt einen deutlich gekennzeichneten Eingang direkt vor der Stadt Nelspruit.

Der Garten umfaßt 154 Hektar östlich des Crocodile River entlang, von denen 22 Hektar in Rabatten, Bächen, Wegen und Rasenflächen angelegt sind. Die verbliebenen Hektar wurden als natürlicher Lebensraum für 500 einheimische Pflanzensorten aus der Umgebung von Nelspruit belassen sowie für weitere Arten aus dem restlichen Lowveld. Das Gelände enthält

mehrere Kilometer kühler, schattiger Wege, die zwischen Baumgruppen und Blumenbeeten (alle gut ausgeschildert) und glucksenden Wasserfurten verlaufen. Besonders interessant zum Wandern ist ein Wildpfad, der zum Fluß und zu einer Aussichtsstelle hinabführt, die an einem Wasserfall liegt. Andere Annehmlichkeiten sind schöne Rastplätze; und eine ausgezeichnete Auswahl einheimischer Pflanzen wird in einer Gärtnerei zum Verkauf angeboten.

Vielzahl schöner Bäume zu finden sind. Tiefer gelegen und viel heißer ist der Jock-of-the-Bushveld Pfad am Timbavatifluß entlang, ein fünftägiger Gewaltmarsch, auf dem die Wanderer gewöhnlich viel Wild sehen.

Der Gold-Nugget-Wanderweg klettert hinter Barberton auf die Anhöhe und zieht sich dann auf jener über 37 – 44 Kilometer entlang, je nachdem welche Route man wählt. In den schwindelerregenden Hochtälern kann man noch Reste der Minengerätschaften, die vor über hundert Jahren von Goldsuchern heraufgetragen wurden, finden. Ebenfalls im Barbertongebiet ist der Fortuna-Mine-Pfad, eine Strecke von nur zwei Kilometern und einfach, wie man meint. Man legt aber davon 600 Meter mit einer Taschenlampe in einen dunklen Tunnel zurück.

Unter vielen anderen herrlichen Wanderungen gibt es den Magoebaskloof Pfad von 36 oder 50 Kilometer. Die längere Route führt durch Grootbosch, den größten, heimischen Wald im Transvaal und den Kaapse-Hoop-Wanderweg, der sich 50 Kilometer an Berghängen, durch Schluchten und über kühlen Grassteppen entlangzieht. Die Auswahl ist wahrlich vielfältig.

UNTEN: DEN ZERKLÜFTETEN Boden des Blyde River Canyon durchzieht die majestätische Sandsteinschlucht, die zu den großen Naturschönheiten und Schätzen Afrikas zählt.

abwärts auf die Sole des Blyde River Canyon schlängelt. Dann kreuzt er den Fluß zum Blydepoort Staudamm und endet am freundlichen Swadini Erholungsort. Im deutlichen Gegensatz dazu stehen die vielen einfachen Wanderwege der Region wie etwa der vier Kilometer lange Forest Falls Wanderweg im MacMacgebiet oder der 13,6 Kilometer lange Loerieweg in der Nähe von Sabie.

Andere Routen winden sich durch Waldgebiete, die nur mit besonderer Genehmigung betreten werden dürfen, was nur eifrigen Wanderern bekannt ist. Einige der Routen, wie der Zwei-Tagesmarsch durch den dichten Wald des Wonderkloof Nature Reserve in der Nähe der wunderbaren Sudwalagrotten, sind hinreißend. Südlich von Tzaneen, nahe dem zerklüfteten Wolkberg Wilderness Gebiet, windet sich der Lekgalameetse Pfad durch Savanne und Wald in trockene Hochtäler, in denen Antilopen, Orchideen und eine

LINKS: BARBERTON, *ein ruhiger, kleiner Ort, beherbergte einst 20 000 Goldsucher und hatte Tanzsäle, Spelunken und zwei rege Börsen.*
OBEN: EIN ALTER *Laden im historischen Pilgrim's Rest, das auch einst eine Goldgräberstadt war.*

Der goldene Faden

Zu Tausenden kamen die Menschen, um nach dem Schimmer des Goldes im

Granitgestein zu suchen, um in den kristallklaren Bächen der herlichen, hohen

und zerklüfteten Berge Gold zu waschen – wodurch das Osttransvaal für immer

auf der Landkarte verewigt wurde.

Gold – dieses nutzlose, aber herrliche und begehrte Metall – wurde ein Teil der Geschichte Südafrikas in den vergangenen 2 000 Jahren. Die Legende von König Salomos Minen enstand in einem afrikanischen Königreich, dessen Herrscher Mwene Mutapa (Monomotapa) genannt wurden, die in den heutigen Ländern Zimbabwe und Bostwana Gold gefördert hatten.

Das Edelmetall war schon vor vielen Jahrhunderten in Südafrika ein alltäglicher Gebrauchsgegenstand. Die Goldschätze untergegangener Völker – schön gearbeitete Perlen und Schmuckstücke – wurden auf einem flachen Hügel namens Mapungubwe im Nordtransvaal bei Ausgrabungen gefunden, und ein ähnlicher, aber kleinerer Fund ist unlängst im nördlichen Kruger National Park entdeckt worden.

Die Suche nach dem goldenen Stein begann um die Mitte des 19. Jahrhunderts. 1836 berichteten die ersten Voortrekker, die das ferne Nordtransvaal erreichten, daß die dort ansässigen Afrikaner Eisen, Zinn und Gold förderten und goldenen Schmuck trugen. Edward Button aus Natal fand mit seinen Partnern 1869 Gold in der Nähe von Lydenburg und etwa ein Jahr später weiteres am Letaba River. Ihre Funde bewirkten einen fiebrigen Rausch, der tausende Glücksritter aus der ganzen Welt ins Nordtransvaal brachte. Einige wagten sich sogar durch den malariainfizierten Busch von Delagoa Bay hindurch, andere kamen auf den langen Straßen von Durban und Kapstadt.

Sie suchten nach Erzadern in Felsnasen, siebten nach angeschwemmtem Goldstaub in den Bächen und wuschen goldträchtige Erde in Waschrinnen, um Goldklumpen und Bröckchen zu finden.

Wenige konnten sich Gerätschaften leisten, um Gold aus dem Gestein abzubauen. Auf dem Randgebirge schossen die Zelt- und Schuppenlager wie Pilze aus dem Erdboden: In der Umgebung von Spitskop, Mac Mac (nach den vielen Schotten auf den Schürfstellen benannt), Blyde River und dem berühmten Pilgrim's Rest. Heute ist von allen diesen Niederlassungen nur das verschlafene Pilgrim's Rest übriggeblieben, das in der Zeit stehengeblieben ist, weit entfernt von seinen sensationellen Anfängen in den frühen siebziger Jahren des vorigen Jahrhunderts, als es etwa 1 000 Goldsucher, Händler, Schankwirte, Arbeiter, Dirnen und Vagabunden beheimatete, und mit einem Dutzend

Kneipen prahlen konnte, die Namen wie 'Stent's Cathedral', 'The Spotted Dog' und 'Tom Craddock's Bar' trugen.

Die Gegend um Pilgrim's Rest brachte Gold-klumpen von erstaunlicher Größe zutage – das Prunkstück wog sechs Kilogramm. Ein andermal fanden drei Goldgräber an einem einzigen Tag sechs Kilo kleiner Nuggets. Dann aber versiegte das angeschwemmte Gold, und Syndikate und Gesellschaften übernahmen das Gebiet, um Erz zu fördern. Nach 1880 fiel die Bevölkerung auf etwa 100 Einwohner.

Inzwischen hatte ein zweiter Goldrausch weiter im Norden noch eine Stadt aus dem Boden gestampft – Leydsdorp im glutheißen Lowveld nahe des Murchisongebirges. Zu seiner Glanzzeit war Leydsdorp eine lebendi-ge, kleine Siedlung mit Holz- und Eisenbau-ten, die seine staubige Straße säumten, und mehreren Kneipen. Eine lag außerhalb der Ortschaft in dem ausgehöhlten Stamm eines riesigen Affenbrotbaum, den man heute noch finden kann. Bevölkert wurde der Ort von rauhen Kumpels mit Pistolen und Smaragd-Lilly, einer gewitzten Frau, die die gefun-denen Edelsteine aufkaufte. Der Ort besaß auch eine von Zebras gezogene Postkutsche. Das Leben war überschäumend und unge-sund – dank der Malaria wurde der Friedhof schneller bevölkert als der Ort selber. Auch hier versiegte das Gold bald, und innerhalb weniger Jahre schrumpfte Leydsdorp zu einem Bauerndorf zusammen, und heute ist es ein verlassenes Geisterdorf.

OBEN: EIN GOLDENES *Glitzern in der Schürferpfanne.*
UNTEN: DIE *Hauptstraße in Pilgrim's Rest.*

Der Glanz von Pilgrim's Rest war ebenfalls rasch am verblassen, als auf dem Hochplateau zwischen dem Elands River Tal und dem riesi-gen De Kaap Tal Gold entdeckt wurde. Wegen der grotesken Dolomitfelsen und den kühlen Nebelstreifen nannten die Goldgräber den Ort Duiwels Kantoor (Teufelsbüro). Später wurde es als Kaapse Hoop bekannt, geriet aber auch bald in Vergessenheit.

Fortuna kehrt zurück

Fortuna schaltete sich wieder ein, als der gewifte Goldsucher Auguste 'French Bob' Robert am 3. Juni 1883 an einem Grasabhang auf der Sole im De Kaap Tal herumwerkelte. Er schlug ein Stückchen gelbgeflecken Quarz ab und legte damit das Pioneer Reef bloß, das größte Goldvorkommen, das es je auf der Welt gab – die Ader war weniger als einen Meter breit, aber dafür fast zwei Kilometer lang.

Als sich die sensationelle Nachricht in der Welt verbreitete, strömten die Glücksritter ins Land, und bald bildeten sie einen beträchtlichen Teil der weißen Bevölkerung von etwa 50 000 Seelen. Wiederum versiegte das angeschwemmte und an der Oberfläche gefundene Gold bald, und Pioneer Reef wurde von Gesellschaften mit genügend Ka-pital für den Untertagebau übernommen. Aber zu dem Zeitpunkt gab es schon andere Vorkommen im De Kaap Tal. Die klangvollen und mitunter exzentrischen Namen, die ihnen von den Goldsuchern verliehen wurden, Joe's Luck, Jam Tin Spruit, Forbes Reef, Eagle's Nest, Bonanza, Caledonian, Lost Ten Tribes, Revolver Creek, überlebten bis zum heutigen Tag, obgleich ihre Reichtümer schon lange versiegt sind.

Um das heutige Barberton lagen einige der großen Vorkommen. Der Ort wurde nach Graham Barber benannt, der 1884 das vielversprechende Barberton Reef entdeckt hat. Im Mai des folgenden Jahres entdeckte Edwin Bray Gold in den nahegelegenen Bergen in einem phantastisches Riff, das als Sheba bekannt werden sollte. In jener Zeit galt Sheba als die reichste Goldmine der Welt. Doch 1888 zogen die meisten Gold-gräber, angelockt durch Berichte von neuen Goldfunden an einem gottverlassenen, unbekannten Ort der Witwatersrand genannt wurde, und auf den öden Flächen des west-lichen Hochlands lag.

Die zerklüftete Gebirgskette der Drakensberge, der schönste Teil des Great Escarpment, bildet eine natürliche Grenze zwischen KwaZulu-Natal und seinen Nachbarn im Westen – den reichen Landwirtschaftsgebieten des Oranje-Freistaats und dem hochgelegenen Königreich von Lesotho.

Die Drachenberge

Das riesige Bollwerk, bekannt als die Drakensberge (Drachenberge), ist der höchste und landschaftlich beeindruckendste Teil des Great Escarpment (Randgebirge), das Südafrikas 3 000 Kilometer lange Küste vom Inland abgrenzt. Die Gebirgskette erreicht ihren höchsten Punkt im Königreich Lesotho, wo sie als Malutiberge bekannt ist, aber es ist der 'Berg' in Natal, der den Blick auf sich lenkt und die Fantasie beflügelt: Auf der 95 Kilometer langen Oststrecke fallen die Hänge 2 000 Meter beängstigen steil bis in die Ebene von KwaZulu-Natal ab.

Nördlich und westlich der Malutiberge liegt das große Plateau des Oranje-Freistaates, ein fruchtbarer Landstrich, der zu den malerisch verwitterten Hügeln aufsteigt, von denen die des Golden Gate Highlands National Park eine wunderschöne Farbenvielfalt bieten.

Im Osten gehen die zerklüfteten Abhänge der Drakensberge in die wogenden Hügel und nebligen Täler der Midlands von KwaZulu-Natal über, ein wunderschöner und friedsamer Landstrich, dessen saftiges Weideland einst große Herden Wild ernährte. Die Schönheit und Friedlichkeit täuschen jedoch: Das Gebiet war ein grausames Schlachtfeld im 19. Jahrhundert und hat auch unlängst – besonders vor den Wahlen 1994 – genug Gewalt erleben müsen.

Aber all dies konnte die wesentliche Eigenart dieser Gegend nicht verderben, die als Südafrikas 'Gartenprovinz' gilt.

UMSEITIG: DIE ZERKLÜFTETE *Felsenwelt der mittleren Drakensberge, vom Injasuti-Tal aus betrachtet.*

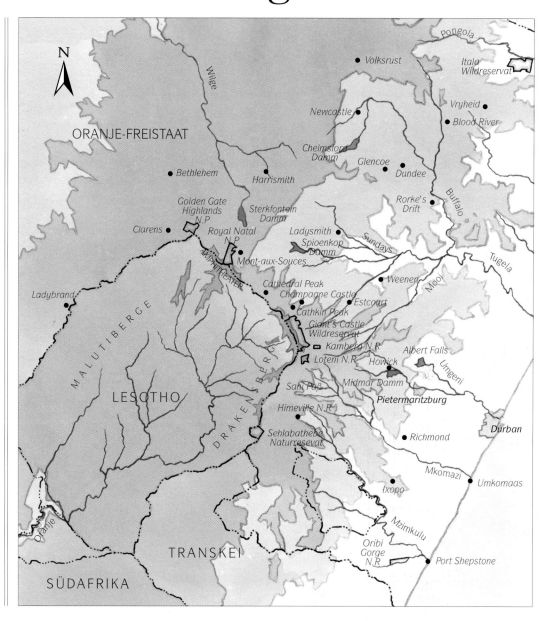

OBEN: VOLLBLÜTLER GRASEN *auf den Weiden an den Berghängen der hohen Malutiberge.*
LINKS: LÄNDLICHE SZENE *in der Nähe von Clarens in der Golden Gate (Goldenes Tor) Gegend des Oranje Freistaat; der Name rührt von der Sandsteinformation her.*

Unter den Malutibergen

Auf der östlichen Seite des Plateaus im Oranje-Freistaat, im Schatten der

Malutiberge von Lesotho, ragen riesige, beeindruckend geformte Sandstein-

bastionen als stille Wächter aus der uralten Ebene hervor.

Die eigenartigen Hügelformation des östlichen Freistaates sind so abwechslungsreich wie die Schattierungen der Sedimente, die ihnen zugrunde liegen, und die sich über Äonen hin durch verschiedene Eisenoxide verfärbt haben. Einer der größten Erhebungen, mit steilen Hängen und einem flachen Bergrücken, ist Thaba Nchu (Schwarzer Berg), die alte Hochburg des Rolongstammes, eine Untergruppe der Tswana. Dieses bedrohliche Bergmassiv liegt zwischen Bloemfontein und Lesotho. Nahe der Grenze zu Natal und die Küstenebene beherrschend, liegt der Kerkenberg (Kirchenberg), von den gottesfürchtigen Voortrekkern so genannt, weil sie in seinem Schatten

lagerten, ehe sie sich in die Drakensberge vorwagten. Hinter Harrismith trifft man auf den treffend benannten Platberg (Flacher Berg), wenige Kilometer vor der eigenartigen Formation der Tandjiesberge, deren Konturen an eine Reihe riesiger Zähne erinnern.

In frühen Zeiten haben diese Felsbastionen den Buschleuten Schutz geboten, und später waren sie der Zufluchtsort der entwurzelten Stämme, die in den zwanziger Jahren des vorigen Jahrhunderts vor den eroberungswütigen Zulus flohen. Wenn heute die eisigen Winterwinde von den schneebedeckten Bergen Lesothos herunterwehen, gewähren sie auf der Leeseite den Sotho- und Twsanavölkern und deren Vieh Schutz.

Das Geiersnest

Die Felsenklippen bieten für viele Vogelarten Nistplätze. In der Nähe von Zastron, im Südosten, ist ein imposanter, zerklüfteter Steilhang weiß gefleckt durch den Kot der Kapgeier, die dort nisten. Dieser Aasvoelberg (Geierberg) hat ein außergewöhnliches geologisches Merkmal – eine Spalte von neun Meter Durchmesser, bekannt als das 'Auge von Zastron'.

Dem Volksglauben nach hat das Auge einen interessanten Ursprung: Eines Tages traf ein Farmer auf der Jagd den Teufel, der ihn um Tabak bat. Als Antwort richtete der Farmer den Lauf seiner Flinte auf ihn, und während das Wesen inhalierte, drückte er ab. Der Schuß ließ den Kopf des Teufels mit solch einer Wucht gegen den Berg prallen, daß das Gestein aufbarst und das riesige Loch schuf, das wir heute sehen. Der Teufel, so wird erzählt, zog sich zurück, überzeugt, daß der Tabak der Gegend für ihn zu stark wäre.

Eine Anzahl Flüsse strömt zwischen den Felswächtern des Freistaates dahin. Südafrikas größter Fluß, der mächtige Oranje, entspringt in Lesotho, dort, wo die Malutiberge sich nach Süden wenden. Von Ablagerungen rot gefärbt, fließt er 2 500 Kilometer gen Süden und erreicht die Atlantikküste an der Grenze zwischen Namibia und der Kapprovinz, wo die Diamanten abgelagert werden. In der Nähe von Colesford wird der Flußlauf von dem größten Staudamm im Lande, dem H.F.Verwoerd-Damm, unterbrochen.

Wo die Grenzen des Oranje-Freistaat, Lesothos und Natals zusammentreffen, fließt der Vaal als Trennlinie zwischen dem Transvaal und der einstigen Burenrepublik. Heute ist der Vaal die Hauptwasserversorgung für die Industrieregion am Witwatersrand. Zur Zeit ist ein Komplex am Oberlauf des Oranje im Bau, um den stets zunehmenden Wasserbedarf von Johannesburg zu decken.

DER GOLDEN GATE HIGHLANDS NATIONAL PARK

Orangegelb erglühen die Steilhänge aus Sandstein in der Abendsonne. In solchen Augenblicken kann das Tal, das der Little Caledon River beim Verlassen Lesothos in Jahrhunderten auskerbt hat, berechtigt den Namen Golden Gate (Goldenes Tor) tragen.

Seit 1963 liegt dieses geologische Merkmal in einem Nationalpark. Der Eingang zum Park ist in der Nähe von Clarens, das nach dem kleinen Ort in der Schweiz benannt wurde, wo Paul Kruger, der ehemalige President der Transvaal Republik, 1904 im Exil starb.

Die gebirgige Landschaft des 6 241 Hektar großen Parks steigt von 1892 m bis auf 2 770 m an. In der Hochlandvegetation von saurem Gras und farbenfreudigen Kräutern gibt es viel einheimisches Wild wie das Streifengnu, die Elenantilope, der zaghaften Oribi, die rote Kuhantilope, der Bleß- und Bergriedbock und das Zebra. Auch für Vogelkundler gibt es viel zu beobachten – vom Raubvogel bis zum Paradieskranich.

GANZ OBEN: DER WINTER *ist kalt und das Leben hart in den höhergelegenen Landstrichen.*
OBEN: DIE FRAUEN *aus dem Dorf laufen beim Wasserholen durch Kosmosfelder.*

In ihren Ablagerungen aus der Urzeit bergen die Ebenen des Freistaates Beweise für die Wunder der Evolution. Ausgedehnte Fossilienstätten sind freigelegt worden, die aus einer Zeit datieren, als das Plateau Teil einer riesigen Tiefebene war. Bei der Farm Damplaats sind unlängst die versteinerten Überbleibsel von Kopf und Skelett des wohl ältesten Dinosauriers gefunden worden, der vor etwa 200 Millionen Jahren gelebt hat. Der Euskelosaurus (Eu=erstes; skelo=Skelett; saurus=Reptil) war ein riesiges Geschöpf. Es wurden auch Knochen vieler kleiner Dinosaurier in der Gegend gefunden.

Gipfel und Naturparks

In den Drakensbergen hat sich wenig verändert, seit die Buschleute durch die

tiefen Schluchten zogen und auf den Abhängen jagten. Unvergeßlich ist seine

majestätische Schönheit, die alljährlich tausende Besucher erfreut.

Die Drakensbergkette erstreckt sich von Stormberg am Kap bis hinauf zur Grenze zwischen Nordnatal und Transvaal. Der Teil, den man im allgemeinen als Drakensberg bezeichnet, beginnt im Norden an dem großen, natürlichen Amphitheater am Berg Mont-aux-Sources, wo Oranje-Freistaat, Natal und Lesotho zusammenstoßen, und zieht sich südlich an der Grenze von Lesotho bis Quachas Nek hin. Die große Wand dieser Gebirgskette umfaßt 95 Kilometer verwitterter Basalthänge, die sich südöstlich von Mont-aux-Sources bis Bushmans Nek erstrecken. Die Gebirgswand entlang reihen sich in schwindelerregender Höhe die Gipfel. Ihre stattliche Schönheit hat eine Namensfülle heraufbeschworen.

Die Gipfel

Windsor Castle, Sentinel (Wächter), Monk's Cowl (Mönchskapuze), Outer Horn und Inner Horn, Bell (Glocke) und Champagne Castle u.v.m. Die Injasuti (Wohlgenährter Hund) Kuppe, hinter der Injasuti Felsbastion an der Nordecke von Giant's Castle, ist mit 3 410 Metern der höchste Gipfel der südafrikanischen Drakensberge. Giant's Castle, selbst 3 314 Meter hoch, ist der vierthöchste Berg.

Sein Massiv ist so überwältigend, daß die Zulus es 'iNtabayikonjwa nannten', "der Berg, auf den man nicht zeigen darf". Mont-aux-Sources, auf der Nordseite der Gebirgskette, ist mit 3 282 Metern der fünfthöchste Gipfel. Vier Flüsse entspringen diesem 'Berg der Quellen', darunter zwei der größten in Südafrika: Der Oranje, der nach Westen fließt, und der ostwärts fließende Tugela.

Etwa auf halbem Wege über einer Steilwand, die schon manchen erfahrenen Bergsteiger besiegt hat, erhebt sich der wuchtige 3 004 Meter hohe Catherine Peak über die Landschaft. Zwischen Catherine Peak und Injasuti, genau unterhalb des Cathkin Peak, klingen oft die reinen Stimmen des Drakensberg Knabenchores durch die Täler. Der Chor wurde den Wiener Sängerknaben nachempfunden. Thabana Ntlenyana (Hübscher kleiner Berg) ist Afrikas höchster Gipfel südlich des Kilimanscharo. Er liegt westlich auf dem Hauptmassiv, innerhalb der Grenzen Lesothos. Ironischerweise kann man ihn in einem mehrstündigen Spaziergang ersteigen: Obgleich er 3 482 Meter über dem Meeresspiegel liegt, erscheint er wie ein kleiner, unbedeutender Hügel, da er auf einem Hochplateau liegt.

OBEN: BERGAUSLÄUFER *sind die Heimat des Blesbock.*

OBEN: BERGSTEIGERHÜTTE *im Giant's Castle Reservat, ursprünglich als Schutzgebiet für die Elenantilope angelegt.*

DER EDLE LÄMMERGEIER

Mitunter hat ein Wanderer das Glück, den seltenen bärtigen Geier zu erblicken, der mühelos zwischen den Bergspitzen des Drakensbergmassivs schwebt, von den Luftströmungen getragen. Der Vogel hat einen rostfarbenen Unterleib, schwarze Flügel mit einer Spannweite von 1,5 Metern, einen spitz zulaufenden Schwanz, einen weißen Kopf mit schwarzem Stoppelbart und rotgeränderten Augen. Als Lämmergeier bekannt, trifft man ihn auch in den Bergen Europas und Asiens an, und man hat ihn auch schon über die Höhen des Himalaya gleiten sehen. Etwa 200 Paare dieser bedrohten Vogelart gibt es noch in Südafrika.

Die Vögel beschränken sich auf die Drakensberge und nisten hoch in den Bergklüften; bis zu 40 Kilometer weit suchen sie nach Aas und Knochen. Sie knacken die Knochen, indem sie diese aus bis zu 150 Meter Höhe zielsicher auf einen Felsvor-

sprung fallen lassen und dann ihre Zunge benützen, um das Konochenmark, von dem sie sich ernähren, herauszulutschen.

Um das Interesse der Öffentlichkeit auf diese Vogelgattung zu lenken, wurde ein versteckter Beobachtungsposten in dem Giant's Castle Reservat angebracht, der zwischen Mai und September geöffnet ist, wenn die Vögel nicht brüten. Von dort hat man einen ausgezeichneten Blick auf die Lämmergeier sowie andere Geier und Raubvögel, die in der Umgebung leben.

he Flora in Hülle und Fülle. Baumfarne, Orchideen, Eriken, und Gladiolen wachsen in den feuchten Schluchten und Fessplaten.

Die Pässe

Die Bergpässe in den Drakensbergen sind so beeindruckend wie ihre Gipfel und Parks. Einige, wie der atemberaubende Organ Pipes Pass (Orgelpfeifenpaß), sind einfache Maultierpfade, andere sind kaum sichtbare, steile Wege, die nur von unerschrockenen Wanderern benutzt werden.

An der nördlichen Grenze von KwaZulu-Natal schneiden vier Bergpässe durch das Randgebirge, die den Oranje-Freistaat und das Transvaal erreichen. Die Route, die in das Bergkönigreich Lesotho führt, ist jedoch die beeindruckendste. Die Haarnadelkurven des Sanipasses bringen einen auf 2 865 Meter zur höchstgelegenen Kneipe in Südafrika. Auf dem Weg dorthin folgt man dem Flußlauf des Mkomazana an Höhlen vorbei, die häufig Felsenzeichnungen enthalten.

UNTEN: DAS SÜSE GRAS *der Ausläufer bietet Nahrung für Rinder und Antilopen in den Wildschutzgebieten der Drakensberge. Unter den kleineren, einladenden Reservaten sind Loteni, Kamberg und Vergelegen. Alle drei sind bekannt für ihre Forellen.*

Die Naturparks

Die gesamte Gebirgskette der Drakensberge sind Wanderern und Bergsteigern zugänglich, aber die Umwelt ist gut geschützt.

Der Hohe Berg und der Kleine Berg werden vom Natal Parks Board treuhänderrisch für die Menschen von Südafrika verwaltet. Im Norden, unterhalb des Mont-aux-Sources Amphitheater, liegt der Royal Natal National Park, den Königin Elisabeth II (als Prinzessin) mit ihren Eltern 1947 als Gast von Premierminister Jan Smuts besuchte. Durch diesen Besuch erhielt der Park das Beiwort 'Royal'. Giant's Castle (Burg des Riesen) erstreckt sich zwischen dem Injasuti und dem Lotheni River, und mit seinen wogenden, grasbewachsenen Hügeln und den hohen Basalthängen ist er ideal zum Wandern.

Der Park ist gepflegt und mit Campingplätzen und Ferienhütten gut ausgestattet. Sowohl innerhalb als auch außerhalb der Schutzgebiete gibt es eine schöne, farbenfro-

Eine Sperre aus Speeren

Vor dreihundert Millionen Jahren wurde die Grundlage der majestätischen

Drakensberge in einem riesigen Landbecken gelegt – Teil des Superkontinents

Gondwana, aus dem Afrika, Indien, Australien, Südamerika, Madagaskar

und die Antarktis entstanden sind.

Im gleichen Becken entwickelten sich die Dinosaurier, lebten und starben dort. Die Fossilien wurden Jahrmillionen später von Paläontologen entdeckt.

Mit der Zeit lagerte sich Schlamm und Sand von den umliegenden Hügeln im Becken ab. Etwa 200 Millionen Jahre später veränderten sich die Wetterbedingungen, und heiße, trockene Westwinde bliesen über die Landmasse, und Staub und Sand wurden abgelagert. Wissenschaftler sind in der Lage, die verschiedenen Perioden in der geologischen Geschichte der Region anhand von Fossilienfunden in den unterschiedlichen Gesteinsschichten festzustllen: Die Obere Beaufort Gruppe geht 225 Millionen Jahre zurück; die Moltenoformation 200 Millionen Jahre und die Elliotformation bis zu 190 Millionen Jahre. Der helle Clarens Sandstein wurde als letzter abgelagert.

Dann, vor etwa 90 Millionen Jahren, bewirkten riesige Konvektionsströmungen im Erdinnern, daß das Gondwanastratum auseinanderbarst. Feurige Abgründe, hunderte Kilometer lang, öffneten sich, und für einige Jahrmillionen strömte Lava hervor, die schließlich zu einer Basaltschicht von bis zu 1,5 Kilometer Dicke abkühlte, die sich ursprünglich vom Limpopo im Norden bis zu einer Linie zwischen Port Elisabeth und Kimberley im Süden erstreckte. Mit dem Auseinanderbersten der Kontinente wurde diese vielfarbige, geologische Schicht auf der Südostseite des afrikanischen Kontinents nach oben gedrückt. Die Mozambikströmung floß von den Tropen südwärts zwischen den Landmassen entlang und brachte feuchte Luft mit, die von Winden landeinwärts gedrückt wurde und jenen Prozeß auslöste, durch den sich die Drakensberge herausbildeten.

Der Rücken des Drachen

Aus wissenschaftlicher Sicht sind die Drakensberge keine echte Gebirgskette wie die Alpen und der Himalaya, da sie nicht durch eine gewaltige Kollison der Landmassen ent-

OBEN: DER ROYAL NATAL *National Park, im Hintergrund das Mon-aux-Sources Massiv und Amphitheater.*

OBEN LINKS. DAS RASTLAGER *im 4 000 Hektar großen Loteni Naturschutzgebiet. Reiten ist hier sehr beliebt.*
OBEN: DAS STILLE *Wasser reflektiert die Gipfel vom Cathedral Peak, der für seine tosenden Wasserfälle bekannt ist.*

DIE MALEREIEN DER VERFOLGTEN

Für Bewunderer der Felsenmalerei halten die Drakensberge einen besonderen Genuß bereit: Das Gebiet enthält die größte 'Kollektion' der Welt.

Die Malereien sind eine Abbildung der Geschichte, Religion und Traditionen der San, der kleinen Menschen im südlichen Afrika, die von den weißen Siedlern Buschmänner genannt wurden. Die Künstler der Urzeit verzierten Höhlen und Felsüberhänge, wobei sie rote, gelbe und schwarze Oxide und weißes Kalzium und Magnesium verwandten. Da keine Kohle in den Zeichnungen gebraucht wurde, ist es schier unmöglich, den Zeitpunkt ihrer Entstehung festzustellen.

Viele der dargestellten Szenen sind mystisch und vermutlich das Werk von Medizinmännern in Trance. Die meisten Szenen handeln von Jägern und Tieren; oft haben die Tiere menschliche Züge und die Menschen Tiereigenschaften. Es gibt auch Szenen, die die Einwanderung der Stämme aus dem Norden und den Beginn der weißen Besiedlung zeigen.

Die Malereien sind alles, was von den Buschleuten in den Drakensbergen übriggeblieben ist. Mitte des 19. Jahrhunderts wurde der letzte bekannte Künstler getötet. Der Buschmann kannte kein anderes Leben als das eines nomadischen Sammlers und Jägers; sie betrachteten es als ihr gutes Recht, das an sich zu nehmen, was sie fanden. Deshalb wurden sie sowohl von den Weißen als auch von den Zulus verfolgt.

In einer Höhle bei Giant's Castle ist eine Buschmannfamilie bei der Tagesarbeit in Lebensgröße nachgebildet worden.

standen sind. Die Drakensbergkette ist die verwitterte Kante eines Randgebirges; auf dem Gipfel erstreckt sich ein Plateau, das im Westen zum Atlantik hin abfällt. Bei einer Rate von weniger als einem Zentimeter pro Jahr, das aber über Millionen Jahre hinweg, haben die von sintflutartigen Regenfällen gefüllten Flüsse langsam die Kante des Randgebirges auf 200 Kilometer hin abgenagt. Jahrhunderte von Witterungsextremen haben die Steilhänge zu aufragenden und majestätische Bergen geformt, in schmale Spalten und tiefe Schluchten verwandelt. Im Dunst eines heißen Sommertages erscheinen die Gipfel fern und blau. Wenn es Winter wird und die Luft klarer, treten sie deutlich hervor, schneebedeckt heben sie sich scharf gegen den hellen Himmel ab.

Die ersten Voortrekker, die das Gebirge sahen, nannten es Drachen Berg, weil sie die Zacken und vereinzelten Spitzen an einen Drachenrücken aus den Märchenbüchern erinnerten. Die Zulus nennen die Berge 'Quathlamba' – die Sperre der aufgerichteten Speere. Beide Namen vermitteln den Eindruck einer unüberwindlichen Barriere, die eine geheime Zauberwelt schützt.

OBEN LINKS: EINER DER *vielen Ferienorte in den südlichen Drakensbergen. Die passionierten Bergsteiger bevorzugen allerdings die Berghütten und Höhlen an den abgelegeneren Hängen.*
OBEN: BERGSTEIGER *erklimmen den oberen Teil des Amphitheaters mit Hilfe einer Kettenleiter.*

Wege in den Drakensbergen

Die Drakensberge sind der Traum eines jeden Bergwanderers. Es gibt kurze

Streifzüge und beschwerliche Marschwege. Die Landschaft verändert sich

ständig: Es gibt hügeliges Grasland, geheimnisvoll tröpfelnde Bergbächlein,

bewaldete Schluchten und zerklüftete Berghänge.

Zwischen Mont-aux-Sources und der Südgrenze von Natal bietet die Gebirgskette der Drakensberge viele miteinander verbundene Wanderwegen an. Die meisten liegen innerhalb des 200 000 Quadratkilometer Natal Drakensberg Park. Im Norden wird dieser Park durch Zulu Stammesgebiet, das Upper Tugela Wohngebiet, von dem majestätischen Royal Natal National Park getrennt. Letzterer enthält einige interessante, aber sehr anstrengende Wanderwege.

Wanderungen in den Drakensbergen sind beliebt; die Wege sind guterhalten, aber eine Wandergenehmigung ist erforderlich, die die Anzahl der Wanderer reguliert, um die Erhaltung der Natur sichern. Trotz, oder besser dank der Einschränkungen kann der Besucher noch immer das Gefühl der Abgeschiedenheit genießen, das der Stadtmensch so begehrt.

Blick in die Täler

Es gibt unterschiedliche Wanderungen, vom geruhsamen Spaziergang bis zum anstrengenden Aufstieg auf die Höhen des Escarpment. Der beliebte 60 Kilometer Aufstieg zwischen Mont-aux-Sources und Cathedral Peak führt den Bergwanderer über Hügel, durch tiefe Täler und an hohen Gipfeln vorbei und bietet fantastische Ausblicke über diesen herrlichen Teil der Drakensberge. Die Wanderung nimmt mehrere Tage in Anspruch, und man muß seinen Paß mitnehmen, da die Route sich über die Grenze nach Lesotho schlängelt.

Zu jeder Jahreszeit machen plötzliche Wetterveränderungen das Wandern in den Drakensbergen potentiell gefährlich. Im Winter gibt es häufig Kältewellen, und tosende Schneestürme verdecken die Gipfel. Im Sommer fegen heftige Gewitterstürme von der Küste herein und überschwemmen die Bergschluchten. Treibende Nebelschwaden können jederzeit die bekannten Umrisse verdecken. Durch diese Launen der Natur stellt das Besteigen in höhergelegenen Gegenden besondere Anforderungen; das Erkundschaften des Gebirges ist nichts für

ängstliche, schlechtausgerüstete oder uner-
fahrene Besucher. Die Bergwacht kontrolliert
in weiser Voraussicht an verschiedenen Auf-
stiegsstellen: Sie haben schon manchem ver-
lorenem Bergwanderer das Leben gerettet.

Einfache Wanderwege

Die Schönheit der Drakensberge ist auch dem
Tagesausflügler zugängig. Die unteren Hänge
der Gebirgskette sind von sicheren und recht
einfachen Aufstiegen durchzogen. Champagne Castle ist wegen seiner Nähe zu Durban und Pietermaritzburg der beliebteste
Aufstieg. Das Massiv des Cathkin Peak bildet
einen erhabenen Hintergrund für die Pfade,
die durch das Tal führen, und es gibt in der
Umgebung Ferienorte, Hotels und Gasthöfe –
für jeden Geschmack etwas.

Der Tagesmarsch von sieben Kilometern
die Tugelaschlucht empor führt auf einen der
meistbegangenen Pfade der Drakensberge.
Dieser beginnt unterhalb des Tendele Hütten-
lagers und endet bei den beeindruckenden
Tugelafälle. Auf dem Weg hat man von verschiedenen Stellen einen wundervollen Blick
auf den Oberlauf des Tugela, der in drei

GESPANNTE LEINEN

Eine hüpfende Fliege wird plötzlich aus
dem träge dahinfließenden Gewässer
eines kalten Bergstroms geschnappt – die
Forelle ist an den Haken gegangen.

Manch ein Angelanfänger wurde von
dem Sport eingefangen, nachdem er die
Spannung einer abgehenden Forelle an
der peitschenden Leine und biegsamen
Angelrute erlebt hat.

Braun- und Regenbogenforellen sind die
begehrtesten Süßwasserfische für die
Angler in den Drakensbergen. Von England
nach Südafrika eingeführt, sind Forellen
1890 erfolgreich in den Bergströmen der
Drakensberge ausgesetzt worden. Heute
wird der Forellenbestand aus der Brutstätte
in Kamberg ausreichend aufgefüllt. In den
Flüssen, die unter die Verwaltung des
NBPB fallen, kann mit einer Genehmigung,
die in Ferienorten erhältlich sind, geangelt
werden. Der Underberg-Himeville Trout
Fishing Club bietet Anglern den Ankauf von
Tageskarten für einen der 22 Dämme und
die 140 Kilometer Flußgebiet unter seiner
Aufsicht an.

LINKS: ZU PFERD DURCH *die Ausläufer der Berge.*
Der Rugged Glen Reserve Reitstall ist einer der
bekannteren Ställe. Die meisten Besucher erforschen
diese Gegend aber lieber auf einem der vielen
angelegten Wanderwege.

Stufen von einem Steilhang herabstürzt. An
einer Stelle überquert der Pfad den Fluß, der
sich seinen Weg durch das Basaltgestein
gefressen und steile Hängen und saftiggrüne
Stellen hinterlassen hat. Giant's Castle, die
Hauptattraktion des Natal Drakensberg Park,
bietet eine große Auswahl an Aufstiegen und
Wanderwegen. Besucher können Felszeich-
nungen der San in einer Höhle bewundern.

Eine Anzahl Karten und Bücher beschreibt
die vielen, ausgeschilderten Wanderwege in
den Drakensbergen. Ferner bietet jeder
Ferienort, der dem Natal Parks Board unter-
stellt ist, eine umfassende Broschüre an,
welche die vorhandenen Wanderwege in der
Umgebung anführt, einschließlich solcher
Einzelheiten, wie Zeitangabe und Schwere-
grad der jeweiligen Wege. Wanderungen auf
eigenen Faust sind unter gar keinen Umständen zu empfehlen.

Das Mittelland

Eine Straße führt von Ixopo in das Land der Hügel. Diese grasbewachsenen

Hügel wogen und bezaubern, schöner als man es je besingen könnte. Die

einführenden Zeilen von Alan Paton "Denn sie sollen getröstet werden" faßt

das Wesen der Midlands zusammen.

Schier endlos breiten sich die Hügel der mittleren Region von KwaZulu-Natal von den Hängen der Drakensberge im Westen bis zur Küstenebene im Osten aus, welche sich zwischen dem Tugela Flußtal im Norden und dem Mzimkulu Flußtal im Süden erstreckt. In den niedrigeren Küstenregionen sind die Hänge das ganze Jahr über saftig-grün, aber in der Nähe der Berge bekommen sie im Winter von der Kälte eine rotgoldene Schattierung. Umgeben von den Hügelfalten liegt eine Anzahl Dörfer und Städtchen, deren Namen von der Herkunft ihrer Einwohner zeugen. Einige sind nach der englischen Aristokratie und englischen Landstrichen benannt und rufen die Kolonialgeschichte Natals in

Erinnerung. Andere deuten auf die Gegenwart der Zulus hin: Der Name Ixopo beispielsweise ist eine Lautmalerei des glucksenden Geräusches, das die Viehherden verursachen, wenn sie durch den Schlamm trotten. Manche Namen wiederum sind auf die Zeit der alten Voortrekkersiedlungen zurückzuführen: Mooi River, was auf Afrikaans schöner Fluß heißt, weist nicht nur auf den Trekkerursprung der Stadt hin, sondern offenbart auch auf rührende Art, wie die Pioniere die Schönheit der Umgebung empfanden.

Alte Traditionen

Der größte Teil der Städte und Dörfer der Midlands beliefern die umliegenden Farmen und wurden Mitte des vorigen Jahrhunderts von britischen Siedlern gegründet. In vielen dieser Gebiete ist die Landwirtschaftsausstellung der Höhepunkt des Jahres, auf der Farmer ihre Leistungen vorzeigen, ehe sie an der Royal Agricultural Show in Pietermaritzburg teilnehmen. Der britische Einfluß ist dort noch sehr stark. Die Siedler brachten ihre Tra-

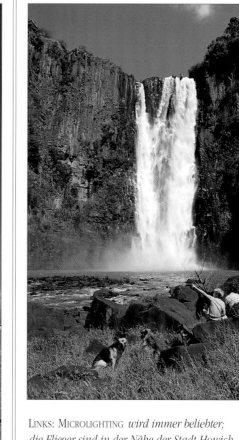

LINKS: MICROLIGHTING *wird immer beliebter;*
die Flieger sind in der Nähe der Stadt Howick.

OBEN: EIN LANDARBEITER *pflügt mühsam die hügeligen Felder. Die wohlhabenderen Anwesen sind inzwischen mechanisiert worden, aber die meisten Farmer im ehemaligen Zulu 'homeland' arbeiten noch mit althergebrachten Methoden.*
UNTEN LINKS: DIE HOWICK FALLS, *die 95 Meter tief in den Umgeni River stürzen, zählen zu den schönsten der Umgebung, aber auch die Shelter und Karkloof Falls sind beachtlich.*

ditionen mit, vom Cheddarkäse, zubereitet aus der sahnig gelben Milch der Jerseykühe, bis zum nervenaufreibenden Polospiel. Sie führten auch das System der englischen Privatschulen ein. Mehrere der angesehensten Privatschulen des Landes sind in dieser Gegend, unter ihnen Michaelhouse, Hilton College und Kearsney College für Jungen und St. Annes, St.Johns und Epworth für Mädchen.

Majestätische Wasserfälle

Der oft nebelige Gebirgskamm, der das Mittelland von KwaZulu-Natal von Nord nach Süd durchschneidet, ist mit importierten Akazien und Fichten bepflanzt, die zur Holzgewinnung dienen. Nur einige Baumgruppen sind noch vom ursprünglichen Wald erhalten geblieben, darunter geschützte Bäume wie der gewaltige Gelbholzbaum.

Von dem mittleren Gebirgskamm stürzten majestätische Wasserfälle herab. Berühmt sind die fantastischen Howick Fälle in der Nähe von Pietermaritzburg, wo der Umgeni River 95 Meter tief herabdonnert. In einem nahegelegenen Wald beginnen die Karkloof Falls in Kaskaden, bevor der Karkloof River 105 Meter tief in eine wilde Schlucht herabströmt.

Die malerischen Midlands sind mit Naturschutzgebieten, Landgasthöfen und Kunstateliers für die diejenigen ausgerüstet, die das geruhsame Leben schätzen. Einst war dieses fruchtbare Tiefland ein Jägerparadies, wo es von Wild wimmelte, aber heute sind die Böcke, die Zebras und andere Arten in die Wildschutzgebiete an den Ausläufern der Drakensberge oder im Norden des Tugela zurückgedrängt worden.

Hügel über Hügel

Wer es einmal gesehen hat, der vergißt es nicht wieder: Das Tal der tausend Hügel. Von Pietermaritzburg bis hinunter zur Küste Durbans erstreckt sich dieses riesige Tal, das der Umgeni River geschaffen hat. Früher wohnten dort Kannibalen, heute ist es eine dicht bevölkert Region. Bei Cato Ridge, der alten Straße zwischen Durban und Pietermaritzburg, kann man die Umgebung noch in ihrer ursprünglichen Schönheit bewundern: Ein Panorama grüner Hügellandschaft, die mit Blütengewächsen und Aloen durchsetzt ist.

Gasthöfe bieten dem Besucher Übernachtungsmöglichkeiten, dieweil Vorführungen von Stammestänzen in einem rekonstruierten Zuludorf einen faszinierenden Einblick in die Lebensart voriger Jahrhunderte gewähren.

BHACA REFUGIUM

Die furchterregenden, militärischen Überfälle, mit denen König Shaka sein Zuluroich schmiodoto, trioben violo, die nicht unter seiner Militärgewalt leben wollten, tief in die Berge oder Wälder der Flußtäler. Als Britannien die Provinz annektierte und Siedler ins Land brachte, kamen viele der Flüchtlinge aus ihren Schlupfwinkeln und suchten Schutz unter der neuen Kolonialherrschaft. In der Nähe von Richmond haben sich die Fragmente der Stämme, die auf Shakas Amboß zerschmettert wurden, zu einer neuen Einheit verbunden, den amaBhaca (die Menschen, die sich verstekken), und eine neue Identität gewonnen. Sie sind für ihre traditionelle Tracht und kunstvolle Perlenarbeit bekannt geworden.

Bhacafrauen, die einen auffälligen Haarknoten, mit Ockerfarbe und Perlen geschmückt, tragen, kann man oft in den Städten sehen.

Die blutbefleckten Hügel

Die landschaftliche Schönheit des Nordens von KwaZulu-Natal verrät nichts

von seiner blutigen Vergangenheit, als Speere auf Tierfellschilde prallten und

Gewehrfeuer über die Hügel donnerte – in Kämpfen um Land und Macht.

Unten: Ein Obelisk *erhebt sich auf dem ehemaligen Schlachtfeld des Elandslaagte, wo britische Lanzenreiter die Buren besiegten.*
Ganz Unten: Das Denkmal *der Blutrivierschlacht.*

Einige der malerischen Gegenden in Natal und Zululand sind nach den Schlachten und kriegerischen Auseinandersetzungen benannt, die dort stattgefunden haben, eine eindringliche Erinnerung an das dort vergossene Blut.

Zuerst war es Shaka, der sein Zulureich aus unterschiedlichen Stämmen zusammenschmiedete, wobei das Blut von Tausenden die grünen Hügel von Natal tränkte. In den zwanziger Jahre des vorigen Jahrhunderts waren interne Stammeskämpfe, die für mehr als eine Dekade über das südliche Afrika hinwegfegten, eine weitere Ursache für das Mfecane (das Zermalmen). Dann blickten die Voortrekker von den Höhen der Drakens-

berge auf das fruchtbare und wasserreiche Land hinab. Die ersten Zusammenstöße zwischen den Weißen und den Zulus erfolgten nach wenigen Tage, nachdem erstere 1838 in Natal eingezogen waren. Bei Bloukrans und Weenen (Weinen) wurden Trekkerfamilien von plündernden Zuluimpis abgeschlachtet, während die Burenführer, die mit dem Zulukönig Dingane über Landankauf verhandeln wollten, mit Keulen getötet wurden. Am 16. Dezember 1838 am Blood River (Blutfluß), in der Nähe von Vryheid, nahmen die Trekker Rache an der Zulunation.

Dann kamen die Engländer, die 1824 in Port Natal (heute Durban) eine Handelsniederlassung gegründet hatten. Es dauerte

OBEN: DER 'GARTEN *der Erinnerung' in der Nähe von Colenso. es gedenkt der Gefallenen der vielen Kriege in disem Land.*

nicht lange, bis die Trekker und die Briten einandergerieten. Zum ersten Zusammenstoß kam 1842 in der Nähe von Durban, wo die Briten dem Versuch der Afrikaaner, eine Burenrepublik bei Pietermaritzburg zu etablieren, ein rasches Ende bereiteten. Doch dies war ein kleiner Zusammenstoß verglichen mit dem, was noch kommen sollte.

In den späten siebziger Jahren des vorigen Jahrhunderts stellten die Briten den Zulukönig Cetshwayo vor ein Ultimatum, das dieser ablehnte. So fielen die Briten Anfang Januar 1879 ins Zululand ein. Cetshwayo zog ihnen sofort entgegen, und am 23. Januar traf

er auf eine Einheit, die unterhalb des einsamen Isandlwanaberges am nördlichen Ufer des breiten Tugela lagerte. Trotz besserer Waffen (Gewehre) fielen nahezu 1 200 Soldaten der britischen und der Kolonialtruppen im Kampf durch den Ansturm der über 20 000 Zulukrieger, die mit gehärteten Fellschilden und kurzen Stoßspeeren ausgerüstet waren.

Am gleichen Tage traf eine weitere britische Einheit in Küstennähe auf eine Zuluarmee, die sie in einem heftigen Kampf bei Khambula, am Ufer des Nyezaneflußs, schlugen. Auch im nahegelegenen Rourke's Drift konnten die Briten ihre Soldatenehre zurückgewinnen, als eine winzige Garnison gegen 4 000 Zulukrieger standhielt. Innerhalb einiger Wochen wurde der entscheidende Sieg der Briten bei Ulundi, der späteren Hauptstadt von KwaZulu, errungen.

Währenddessen schwelte das Buren-Briten Problem weiter. Nachdem die Zuid-Afrikaansche Republik (Transvaal) im April 1877 von Britannien annektiert worden war, begannen die burischen Nationalisten, wieder um ihre Freiheit zu ringen. Am 16. Dezember 1880 griffen sie zu den Waffen, um die englische Besatzung hinauszuwerfen. Nach verschiedenen Niederlagen der Briten kam es am 21. 2. 1881 auf dem Hügel Majuba an der Grenze zu Nordnatal zur entscheidenden Schlacht, in der der britische Nachschub sich erfolglos bemühte, ins Transvaal durchzubrechen.

Wieder einmal war die Südafrikanische Republik unabhängig, allerdings nicht lange. Man hatte Gold gefunden, und das Empire warf wieder einen begehrlichen Blick über die Grenze. Eine Reihe von Zwischenfällen führte zu einer Kriegserklärung am 11. Oktober 1899. In wenigen Tagen war Kommandant Piet Joubert mit 16 500 Mann nach Natal eingefallen. Newcastle wurde eingenommen. Bei Talana Hill, in der Nähe von Dundee, bekamen die Briten ihrerseits eine Abreibung. Kämpfe folgten, und die Briten mußten sich in den kleinen Ort Ladysmith zurückziehen, wo 80% ihrer Streitmacht in Natal für 120 Tage eingeschlossen war. Bei Colenso, am Ufer des Tugela, wurde die britische Ver-

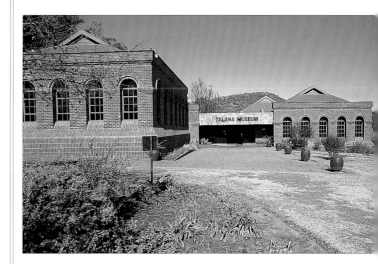

OBEN: DAS TALANAMUSEUM *bei Dundee; benannt nach der ersten großen Schlacht des Krieges zwischen den Engländern und den Buren.*
LINKS: SOLDATENGRÄBER IN *der Nahe des Schlachtfeldes bei Elandslaagte. Unter den Gefallenen war auch ein Burenkommandant.*

stärkung schmachvoll geschlagen. Es war eine ihrer ersten Erfahrungen mit einer neuen Kriegstechnik: Der Vorläufer des Grabenkrieges, der im Ersten Weltkrieg Millionen Menschenleben fordern würde. Bei Spioenkop erlitten sie eine weitere Niederlage wie auch bei Vaalkrans, bevor sie schließlich durchbrechen konnten. In dieser Zeit wurde ein junger Mann namens Winston Churchill bei Estcourt gefangengenommen.

Es gibt verschiedene Museen, die viele Erinnerungsstücke und Andeken dieser geschichtsträchtigen Ereignisse für die folgenden Genenrationen aufbewaren.

Spaziergang durch Pietermaritzburg

In Pietermaritzburg findet man noch heute Zeichen seiner burischen

wie englisch-kolonialen Vergangenheit.

Pietermaritzburg kann zu Recht auf seinen Ruf als 'Stadt der Geschichte' stolz sein. Im Stadtzentrum steht das größte Backsteingebäude der südlichen Halbkugel, das rote Rathaus, das an der Stelle errichtet wurde, wo früher der Volksraad stand. Mit seinem 47 Meter hohen Glockenturm und Buntglasfenstern war das Gebäude lange Zeit Sitz der Landesverwaltung. Es ist eines der vielen Bauten, die die Stadt unter Denkmalschutz gestellt hat. Die Architektur aus roten Backsteinen wiederholt sich in vielen anderen, öffentlichen wie privaten, alten und neuen Häusern und trägt, genau wie die fliederfarbenen Jakarandabäume am Straßenrand, zum unverwechselbaren Charakter der Stadt bei.

Die vielen kopfsteingepflasterten Gassen der Stadt waren ursprünglich in Privatbesitz. Heute dienen sie als öffentliche Verbindungsstraßen zwischen den Hauptstraßen. In den Gassen, die nach wichtigen Persönlichkeiten benannt wurden, stehen viktorianischen Gebäude. Change and Timber Lanes (Wechsel- und Holzgasse) kennzeichnen die Lokalität der drei Börsen, die zu unterschiedlichen Zeiten in Pietermaritzburg betrieben wurden. Shepstone Lane ist nach dem ersten Minister für Eingeborenenangelegenheiten Natals, Theophilus Shepstone, benannt, der eine führende Rolle in den Beziehungen zwischen Briten und Zulus im 19. Jahrhundert spielte. In Club Lane ist der Victoria Club beheimatet, wo noch immer trotzig der Union Jack weht. Schmiedeeiserne Laternenpfähle und Ladenfassaden mit filigranen Verzierungen schmücken die Straßen von Pietermaritzburg. Eine Statue der Königin Viktoria steht mit strenger Miene vor dem Landtag.

Doch der stark englische Charakter kann nicht darüber hinwegtäuschen, daß es die Voortrekker waren, die 1838 diese Stadt an den Ufern des Mzinduzi gründeten. Als die Buren die Hügel hinabzogen, um von dem Becken, das Pietermaritzburg werden sollte,

UNTEN LINKS: *Herrliche, alte Bäume spendem den Ufern des kleinen Sees Schatten. Im Sommer ist der Botanische Garten eine wundervolle Insel der Ruhe und Erholung für die Einwohner von Pietermaritzburg.*
UNTEN: KÖNIGIN VIKTORIA *blickt mit strenger Mine auf das Landtagsgebäude der Provvinz KwaZulu-Natal. Die Statue dominiert den Platz.*

OBEN: Das ENTZÜCKENDE *Eisenfiligran des Viktoria Pavillon im Alexandra Park, einer der vielen Grünanlagen in Pietermaritzburg, der auch für seine Azaleenpracht im Frühjahr bekannt ist.*

Besitz zu ergreifen, gruben die Räder ihrer schwerbeladenen Wagen tiefe Furchen ins Gestein. Diese Rillen sind heute noch bei World's View zu sehen, einem Hügel, der über die Stadt hinausblickt.

Nachdem dann die Briten von Pietermaritzburg Besitz ergriffen hatten, wurde es zu einem Knotenpunkt im Grenzgebiet. Andenken an die britische Besatzung sind geblieben: Hinter dem Bahnhof liegt die ehemalige Garnison Fort Napier und die Garnisonkirche St. Georg.

Der Park der Königinnen

Die Hauptstadt von Natal hat einen der schönsten Cricketpavillions der Welt. Alexandra Park, nach der englischen Königin Alexandra getauft, ist hufeisenförmig fast völlig von dem träge dahinfließenden Mzunduzi River umgeben. Der Pavillon besteht aus rotem Backstein mit weißgestrichenen Schmiedeeisenverzierungen. Exzentrische Studenten und überzeugte Monarchisten treffen

sich dort alljährlich zum Geburtstag der Königin bei Tee und feinen Gurkenschnittchen. In Town Hill, einer der neueren Vororte der Stadt, liegt der Queen Elizabeth Park. Hier

hat der National Parks Board, der international geachtete Hüter der Naturschätze, sein Hauptquartier. Der 93 Hektar große Park schützt die einheimische Flora und Fauna.

Wichtige Ereignisse in Pietermaritzburg wurden von den Journalisten der Stadt seit 1846 aufgezeichnet. Der *Natal Witness* war die erste Zeitung in der Provinz und ist jetzt die älteste Tageszeitung des Landes.

Einer der ältesten Artikel handelte vom Schisma der kolonialen Church of England 1869. Diese Spaltung war durch den Versuch hervorgerufen worden, den liberalen Bischof der Stadt durch einen orthodoxeren zu ersetzen. Die Einheit der Kirche wurde schließlich 1881 wiederhergestellt. Heute sind sowohl die angrenzende Kirche von St. Peter, wo der (liberale) Bischof Colenso begraben liegt, und die des (orthodoxen) Bischof Macrorie Museen, die an das Schisma erinnern.

Ein weiteres Phänomen, das die Aufmerksamkeit der Öffentlichkeit auf sich lenkt, ist das 'Weinen' des hölzernen Kreuzes, das den Südafrikanern, die im Juli 1916 in Frankreich gefallen sind, gewidmet ist. Aus dem Kreuz quilt jedesmal am Jahrestag der Schlacht Flüssigkeit hervor. Wissenschaftler schreiben dies der Luftfeuchtigkeit zu, aber viele glauben, daß es eine mehr spirituelle Ursache hat.

DAS GELÖBNIS

Am 16.Dezember 1838 haben die Voortrekker am Blood River furchtbare Rache an den Zulus für die Ermordung ihres Führers, Piet Retief, und seiner Gefolgschaft genommen.

Wenige Tage vor der Schlacht gelobte der Befehlshaber der Voortrekker, Andries Pretorius, daß der Tag des Sieges, sollte er ihnen vergönnt sein, von den Buren und ihren Nachkommen zu Ehren Gottes gefeiert würde.

Als Teil dieses Schwures wurde eine Kirche im kapholländischen Stil, die Gelöbniskirche, drei Jahre später in Pietermaritzburg errichtet. Heute dient sie als Vorrtrekkermuseum und enthält Andenken und Erinnerungen an die Pionierzeit, sowie einen Stuhl aus

Eisenholz, welcher ursprünglich für den berühmten Zulukönig Dingaan geschnitzt worden war. Auf Befehl dieses Königs waren Retief und seine Männer getötet worden.

Auf dem Vorplatz der neuen Gedächtniskirche stehen die Statuen von Piet Retief und Gert Maritz, die Führer, nach denen die Stadt benannt ist.

Täler und Schluchten

Drohende, schwarze Gewitterwolken ballen sich über dem Indischen Ozean

zusammen. Bevor sie das ausgedörrte Inland von Südafrika erreichen können,

prallen sie gegen die Schranke der Drakensbergkette und verströmen das

kostbare Naß über dem Randgebirge.

OBEN LINKS: DER MIDMAR DAMM *bei Howick aus der Vogelperspektive. Hier kann man Bootfahren, schwimmen und fischen; es gibt ein Naturreservat, eine Zulu Heimstätte und ein historisches Dorf.*
GANZ OBEN: START DER DAMEN *bei der 'Midmar Meile', ein populäres alljährliches Wettschwimmen.*
OBEN: DER SCHLEPPER *war einst in Durban stationiert und ist jetzt Teil des historischen Dorfes Midmar.*

Natal hat nicht weniger als 20 Hauptflüsse und unzählige kleine Nebenflüßchen. Die Küste ist mit 73 Flußmündungen durchsetzt. Die Provinz ist die wasserreichste Region in Südafrika und leidet selten unter den Dürren, die viele andere Landstriche heimsuchen.

Einen atemberaubenden Anblick bieten die Drakensberge nachmittags im Spätsommer nach einem Gewittersturm. Wenn das Sonnenlicht durch die aufreißenden Wolken bricht, fällt es auf Wasserfälle, die sich auf ihrem Weg zum Meer über die Basalthänge ergießen. Die Wasserfälle und Bäche vereinigen sich zu Flüssen, die über Äonen den darunterliegenden Sandstein zu Schluchten und Täler herausgewaschen haben.

Die berühmte Oribi Gorge an dem Mzimkulwana River in Südnatal ist eine dieser Schluchten. Sie ist 24 Kilometer lang, fünf Kilometer breit und 400 Meter tief. An einer Stelle ragt ein Felsvorsprung, bekannt als der 'Hängende Felsen', über die Talsole heraus und bietet einen fantastischen, aber angstein-flößenden Aussichtspunkt. Der Canyon ist das beeindruckende Merkmal des 1 837 Hektar großen Oribi Gorge Naturschutzgebietes.

Strom der Akazien

Natal wird durch den Mgeni (Fluß der Akazien) zweigeteilt, der mit seinen Nebenflüssen die wichtigste Wasserquelle für die beiden großen Stadtgebiete der Provinz ist. Der Fluß erreicht bei Blue Lagoon in Durban das Meer, und sein Lauf wird von vier großen

Staudämmen in den Hügeln oberhalb Pietermaritzburg unterbrochen.

Einer dieser Dämme, Midmar, ist ein beliebter Ferienort, der eine große Auswahl an Freizeitunterhaltung bietet. Dort hat der Natal Parks Board ein historisches Dorf errichten lassen, das eine alte europäische Siedlung und einen Zulukraal enthält. Man kann sowohl im Damm als auch in einem riesigen Pool schwimmen. Letzterer ist Schauplatz für das alljährliche Wettschwimmen namens Midmar Meile, das viele Teilnehmer anlockt. Im angrenzenden Naturschutzgebiet können Besucher Wild beobachten.

Der Tugela, oder vielmehr Thukela (Zuluwort für 'der Überraschende') kennzeichnet die traditionelle Grenze zwischen Natal und Zululand. Er ist der größte Fluß in Natal und Südafrika, und er stellte seine ehrfurchtgebietende Kraft unter Beweis, als er 1984 in Küstennähe über die Ufer trat und eine 450 Meter hohe Betonbrücke hochhob und wie ein Stück Treibholz zur Seite warf. Der Fluß hat an seinen Oberläufen Staudämme, fließt ansonsten aber ungehindert. Er entspringt hoch oben in den Drakensbergen bei Mont-aux-Sources. Ein paar Kilometer weiter fällt er 2 000 Meter tief in einer Reihe beeindruckkender Kaskaden, bekannt als Tugelafälle, den Berg hinab. Die Stromschnellen in der

SPRITZEN UND SCHWITZEN

Die Flüsse Natals sind der Schauplatz für zwei bedeutende Kanurennen: Das Duzi und das Mkomaas. Ersteres lockt Rekordzahlen an Teilnehmern an, und letzteres geht über die längste Rennstrecke.

Beim Duzi müssen die Kanufahrer eine Strecke von 100 km zurückzulegen. Gestartet wird bei Pietermaritzburg, dann fällt die Strecke etwa 800 m bis an die Küste bei Durban ab, folgt dem Mduzi (Duzi), ehe dieser mit dem Mgeni zusammenfließt. Das Mkomaas ist ein Kanurennen für erfahrene und mutige Sportler. Nicht ein einziger Staudamm bremst die rasante und halsbrecherische Zwei-Tages-Fahrt.

Die Strecke nimmt bei Richmond ihren Anfang und führt etwa 120 km und bei einem Gefälle von 1300 m über eine schier endlose und schaudererregende Reihe von Stromschnellen und endet in der Nähe des Indischen Ozeans. Dieses Rennen wird von den Beteiligten als 'ewig bergab' beschrieben – bergab durch wilde und scheinbar unzugängliche Schluchten.

Ein weiteres Sportereignis ist der berühmte Comrades Marathonlauf, der jedes Jahr Tausende von Teilnehmern – und Zuschauern – anzieht, die sich auf der hügeligen, 90 km langen Strecke bewähren wollen.

LINKS: DER BEZAUBERNDE *Oberlauf des Mgeni River, Durbans wichtigste Wasserquelle. Zu den Anziehungspunkten entlang des Flußlaufes zählen auch die Howick und Albert Falls.*

Schlucht sollen die besten im Land für Kanufahrten sein. Weiter unten schlängelt sich der Tugela zwischen den Vieh- und Schaffarmen Nordnatals dahin, bevor er in die weiten Täler von Zululand eindringt.

Dort, wo die Straße von Greyton nach Vryheid das Tal durchkreuzt, steht der majestätische Gipfel des Kranskop Wache. Die Zulus, die in seinem Schatten lebten, haben dem steinernen Wächter immer einen ehrfürchtigen Respekt gezollt. Junge Mädchen, die Wasser aus dem Fluß holen, bitten den Berg immer um Schutz. Der Legende nach hat sich das steinerne Antlitz bei solchen Gelegenheiten mitunter geöffnet, und die Mädchen wurden von verlockenden Klängen angezogen, so daß sie in den Fels eintraten und nie wieder gesehen wurden.

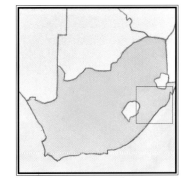

Goldene Strände, das tiefblaue Meer des Indischen Ozeans, unübertreffliche Wildschutzgebiete, unzählige Küstenorte und die prächtige Stadt Durban – dies sind die Komponente jener Touristenregion Südafrikas.

Subtropisches KwaZulu-Natal

Von Durban, dem größten und regsamsten Hafen Afrikas, erstreckt sich die Küstenlinie KwaZulu-Natals am Indischen Ozean entlag, im Norden bis Mosambik und im Süden bis ans Land der Xhosa.

Es ist eine Küste von atemberaubender Schönheit und Vielfalt, eine 550 Kilometer lange Komposition aus blauem Meer, bezaubernden, kleinen Höhlen, Lagunen und Flußmündungen, goldenen Stränden, tiefgrünem Hinterland, Marschland, Wäldern und unübertrefflichen Wildreservaten. All das ergibt ein Gebiet, das eines der verlockendsten Touristenziele der südlichen Halbkugel ist. Es ist auch das Land des Stammes der Zulu, mit einer grausamen Vergangenheit und einer unruhigen Gegenwart, aber immer pulsierend und farbenfroh.

Durban selbst ist die Hauptstadt; zu ihren Vorzügen zählt ein großer Hafen, breite Autobahnen, ein wohlproportioniertes Zentrum aus Hochhäusern und die Goldene Meile, eine sechs Kilometer lange Küstenstrecke, die alles enthält, was das Herz eines Feriengastes begehrt. Die Stadt und ihre Umgebung ist die Heimat von mehr als zwei Millionen Zulus, Europäern und einer großen Anzahl Inder, von denen einige direkte Nachfahren der Vertragsarbeiter sind, die ab 1860 ins Land geholt worden waren, um auf den Zuckerplantagen zu arbeiten. Es ist ein einmaliges Kulturgemisch dynamischer Qualität, was Durban zu etwas besonderem macht.

UMSEITIG: WÜRDEVOLLE GIRAFFEN *mustern das grüne Umfeld im Hluhluwe-Umfolozi Reservat im nördlichen Kwazulu-Natal.*

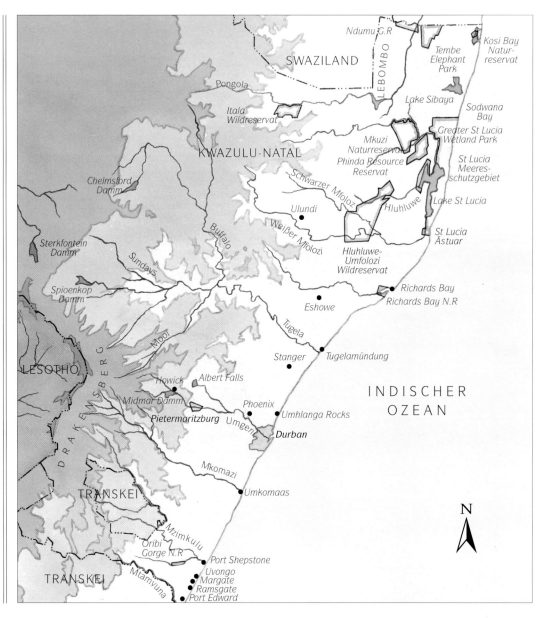

Ost und West in Afrika

Am Weihnachtstage des Jahres 1497 fischten die Angehörigen eines

Ngunistammes in einer sumpfigen Bucht, die sie Thekweni (die Mündung)

nannten, als sie ein Schiff am Horizont gewahrten. Es war ein portugiesisches

Boot, dessen Kapitän den Seeweg zu den Reichtümern des Ostens suchte.

Dreieinhalb Jahrhunderte nach diesem ersten 'Augenkontakt' suchten europäische Schiffe die Bucht von Natal auf, um vor Stürmen Schutz zu suchen oder ihre Vorräte zu ergänzen. Die Engländer kamen vom Kap und gründeten eine Handelsniederlassung, und die Burentrekker kamen über die Berge, kämpften mit den Zulus und schlugen dann Wurzeln. In den dunstigen Hügeln des Inlands, 90 Kilometer von dem heutigen Durban entfernt, gründeten sie Pietermaritzburg, die Hauptstadt ihrer Republik Natalia. Einige dieser frühen Siedler führten ein faszinierendes Leben und ihre Abenteuer wurden zu Legenden.

Unter ihnen waren der unerschrockene Francis Farewell und sein Freund Henry Francis Fynn, die eng mit dem furchteinflößenden Zulukönig Shaka befreundet waren; Hauptmann Allen Gardiner, der Durban gründete und schließlich im entlegenen Patagonien verhungerte, und später der weiße Abenteurer John Dunn, der 19 afrikanische Frauen heiratete und eine mitgliederreiche Dynastie gründete.

1843 'vergrößerte' Britannien sein Kolonialreich. Nach kurzer Kampfhandlung annektierten sie Natal. Die Trekkburen beluden abermals ihre Wagen und zogen zurück über die Drakensberge. Die Annektion hatte einen stetigen Fluß europäischer Einwanderer zur Folge, die in dieser jungen Kolonie ein neues Leben suchten. Großangelegte, private Einwanderungsprojekte wurden Mitte des Jahrhunderts eingeführt, und mit dem wachsenden Durban als Mittelpunkt schritt die weiße Besiedlung schnell voran. Die Neuankömmlinge stellten bald fest, daß ideale Voraussetzungen für die Anpflanzung von Zuckerrohr bestanden, was wiederum eine weitere Einwanderungswelle zur Folge hatte.

Zuckerrohrplantagen waren arbeitsintensiv. Die Zulus in Natal waren weitesgehend

UNTEN LINKS: VERKÄUFERINNEN *im Sari in einem indischen Geschäft in Durban.*
UNTEN: AROMATISCHE GEWÜRZE *locken die Besucher zu dem Viktoria Straßenmarkt, wo 150 Stände und kleine Läden sowie Restaurants in einem exotischen Durcheinander anzutreffen sind.*

OBEN: BUNT GESCHMÜCKTE *Rickschas gehören zu*
den Haupttouristenattraktionen in Durban. Die mit
Ornamenten verzierten Trachten der Rickschafahrer
verwöhnen das Auge des Betrachters.
OBEN RECHTS: EIN *muslimischer Schrein bei Umgeni.*

Selbstversorger und hatten es daher nicht
nötig, sich der schweren Arbeit zu unterwerfen. Die europäischen Siedler mußten sich im
Ausland nach anderen Arbeitskräften umsehen, und so wandten sie sich nach Indien,
wo Landmangel und der Druck eines rigiden
Kastenwesens zu einem Überschuß an billigen Arbeitskräften geführt hatte. Am 16.
November 1860 ging die Truro in Durban vor
Anker, und 340 Inder aus Madras und Kalkutta trafen ein, angelockt durch die Aussicht auf
späteren Landbesitz in der neuen Kolonie.

Tausende folgten nach, bereit unter harten
Bedingungen zu arbeiten. 1870 landete eine
weitere Gruppe aus dem Guajarat. Sie brachten Kapital und Geschäftssinn mit ins Land
und etablierten einen blühenden Handelssektor. In den ersten hundert Jahren in Südafrika
sahen sich die Inder einer Reihe von diskriminierenden und einschränkenden Gesetzen
ausgesetzt. Aber sie harrten aus und bereicherten alle anderen Volksgruppen mit ihren
Fähigkeiten, ihren Bräuchen und ihrer Kultur.

Durban jedoch war und blieb überwiegend
das Land der Nguni. Im Stadtzentrum pulsiert
jeden Tag das rege Treiben tausender Zulus.
Auf den Straßen verkaufen Medizinmänner
und Kräuterkundige ihre geheimen Heilmittel
zu den Tönen des afrikanischen Jazz.

Die Straßen von Durban spiegeln das Rassengemisch ihrer Einwohner wider. Von Durban kann mit Recht behauptet werden, daß
es eine kosmopolitische Großstadt ist, ein Ort
wo Afrika, Europa und Asien in pulsierender
Harmonie zusammentreffen, wo die Kulturen
von Ost und West sich treffen.

GANDHI – DIE GEBURT DES SATYAGRAHA

Im Jahre 1893 traf ein kleiner, bescheidener Rechtsanwalt, der in London
ausgebildet worden war, in Südafrika ein.
Er hieß Mohandas Gandhi. Nach dem
berühmten Zwischenfall, als er in Pietermaritzburg aus einem Zugabteil der ersten
Klasse geworfen wurde, verfeinerte Gandhi
sein politisches Geschick, das ihn zu
einem international verehrten Führer
machen sollte.

In Natal und Transvaal war eine rassistische Gesetzgebung verabschiedet worden, um den Indern Grundbesitz und
Stimmrecht vorzuenthalten. Gandhis
Erwiderung darauf war die Strategie der
Satyagraha – des passiven Widerstandes.

In dieser Zeit wurde er verfolgt, eingekerkert und beschimpft. 1914 kehrte Gandhi
nach Indien zurück, um den Kampf gegen
den britischen Imperialismus in seinem
Heimatland aufzunehmen. Der passive
Widerstand wuchs und wurde von Millionen
Menschen in der ganzen Welt als gewaltlose Option im Kampf um politische Rechte
angewandt. Obgleich diese Strategie in
Südafrika nur sehr begrenzte Erfolge verzeichnete, wurde sie nach der Rückkehr
Gandhis nach Indien oft gegen die
Apartheid eingesetzt.

Gandhi erwarb sich einen mystischen
Status in Indien, wo er als Mahatma (große
Seele) bekannt wurde. Ein Hindufanatiker
ermordete ihn 1948, ein Jahr nach der
Unabhängigkeit Indiens.

In Durban hatte Gandhi die Phoenix
Siedlung gegründet, die als bleibende Erinnerung an seine Überzeugung des nichtrassischen Lebensstils dient.

Die Bucht von Natal – eine Zuflucht vor Sturmsee

In der Bucht von Natal gleiten Jachten an Schleppern vorbei. Hafenarbeiter

rufen den Seeleuten Anweisungen zu. Tausende Tonnen Güter und Waren

werden täglich fachgemäß durch den Hafen geschleust.

Der portugiesische Seefahrer Vasco da Gama hat diesen natürlichen, von Sümpfen und Mangrovenwäldern umringten Hafen zuerst entdeckt, am Weihnachtstage 1497. Bald darauf nutzten die Segelschiffe, die die gefährliche Reise zwischen Europa und den Gewürzinseln zurücklegten, die Bucht als eine Zufluchtstätte vor den Stürmen im südlichen Indischen Ozean.

Diese Seeleute konnten den Hafen an seinem großen Felsenvorsprung, der das Becken vor den Südostwinden schützt, erkennen. Diese Landzunge ist auch heute noch mit Dünenwäldern bestanden und wird von einem weißen Leuchtturm überragt.

Obgleich die Bucht einen willkommenen Zufluchtsort bot, war der Hafen nahezu durch eine flache Sandbank abgeriegelt, die nur bei Flut überschifft werden konnte. In jener Zeit mußten Schiffskapitäne ihre Bewegungen perfekt planen, und ein scharfes Auge kann heute noch die Überreste der etwa 70 Schiffe entdecken, die von wilden Stürmen zerschmettert und ans Ufer gespült wurden, während sie darauf warteten, die gefährliche Sandbank überqueren zu können.

1895 wurde die Hafeneinfahrt zum ersten Male ausgebaggert und machte den Hafen auch größeren Schiffen zugänglich. Zur Zeit der arabisch-israelischen Kriege, als der Suezkanal geschlossen war, blieb den Öltankern nur die Seeroute ums Kap. In dieser Zeit konnte man bis zu 50 Schiffe in der Natalbucht auf Reede liegen sehen, entweder warteten sie auf Einlaß in den Hafen oder auf Vorräte, die vom Festland per Hubschrauber zu ihnen gebracht wurden. Zuschauer hielten den Atem an, wenn die riesigen Supertanker sich für Reparaturen oder zum Bunkern durch die enge Hafeneinfahrt zwängten.

Seit der Zeit, als er als Refugium vor stürmischer See diente, hat sich der Hafen dramatisch verändert. Die Sümpfe und Mangroven sind verschwunden; an ihrer Stelle stehen heute fachgerecht betonierte Hafenanlagen. Entlang der 12 Kilometer Kaianlagen löschen Frachtschiffe die schweren Ausrüstungen für die großen Minen und Industriekomplexe am Witwatersrand; dann beladen sie ihre Lagerräume wieder mit Zucker, subtropischen Früchten und anderen afrikanischen, landwirtschaftlichen Erzeugnissen sowie Kohle und Waren.

Dank all dieser Aktivitäten hat Durban sich zur zweitgrößten Metropole in Südafrika entwickelt. Vor weniger als zwei Jahrhunderten hatte es als kleine Handelsniederlassung angefangen. In jenen Tagen war er bekannt als Port Natal (Hafen Weihnachten), aber spätere englische Siedler benannten ihn zu Ehren des Gouverneurs am Kap, Sir Benjamin D'Urban, in Durban um.

Für lange Zeit bildete der Hafen das Zentrum der Stadt. Die Schiffe brachten neue Siedler, Nachrichten aus Übersee von Freunden und Familie und Luxusartikel, die in der Kolonie nicht erhältlich waren.

Viele Einwohner Durbans sind mit dem Anblick der am Horizont auftauchenden, lilablauen Schiffsrumpfe der Union Castle Postschiffe aufgewachsen. Es war die Nabelschnur zwischen der alten Kolonie und Europa. Aber in den sechziger Jahren, als

OBEN: WINDSURFER WOLLEN *aufs Wasser hinaus; sie überprüfen ihre Bretter noch einmal. Durban ist ein Mekka für Wassersportenthusiasten.*

HELDEN DER GESCHICHTE

Erzählungen von tapferen Taten dienen zur Inspiration jüngerer Generationen und werden in die Folklore aufgenommen. Durbans Kolonialgemeinschaft hat zwei Helden hervorgebracht, deren Geschichten sich lohnen erzählt zu werden.

1827 unternahm der fünfzehnjährige John Ross eine vierzigtägige Rundreise über 1 400 Kilometer, von Durban nach Lorenco Marques (heute Maputo) und durchkreuzte wildes und gefährliches Terrain zu Fuß, um Medizin für kranke Händler zu beschaffen. Unterwegs besuchte der Junge den Zulukönig Shaka, der von seinem Mut und seiner Hingabe so beeindruckt war, daß er ihm eine bewaffnete Eskorte für die weitere Reise mitgab.

Dick King machte seine Reise unter dramatischeren und geheimen Umständen. Die Briten unternahmen im Mai 1842 einen vergeblichen Versuch, die Kontrolle über Natalia, die neugegründete Trekkerrepublik,

zu erlangen. In einem kleinen Scharmützel bei Congella schlugen die Siedler die Briten und belagerten die britische Truppe von 250 Mann. Im Schutze der Dunkelheit schlüpfte ein britischer Siedler mit seinem eingeborenen Diener Ndongeni mit einem kleinen Boot über die Bucht. Nachdem sie das südliche Ufer erreicht hatten, traten sie ihren gefährlichen 1 000 Kilometer langen Ritt an, der sich über 10 Tage durch feindliches Gebiet hinzog. Sie hatten über 100 Flüsse und Ströme zu überqueren, bis sie das Garnisonsstädtchen Grahamstown erreichten. Im Juni traf eine Entsatztruppe ein, und King wurde als 'Retter von Natal' gefeiert.

Statuen wurden für beide, King und Ross, an Durbans Victoria Embankment errichtet.

südlich des Hafens Düsenflugzeuge aufzusteigen begannen, wurde die Verbindung der einfachen Bürger mit dem Hafen abgebrochen. Die Postschiffe kamen immer seltener und schließlich gar nicht mehr. Heute macht dann und wann ein Kreuzschiff seine Aufwartung, aber es wird von den Stadtbewohnern kaum wahrgenommen.

Die Goldene Meile

Am frühen Morgen bevölkern Hunderte von Fischern die Strände und Molen an

Durbans Goldener Meile. Wenn die orangefarbene Sonne über dem Horizont

aufgeht, räumen sie das Feld für die Schwimmer und Surfer, die rasch noch

ein paar Wellen nutzen wollen, ehe sie zur Arbeit müssen.

OBEN: VOM ABENDLICHT *durchtränkt liegt Durbans Strand mit seinen Nachtlokalen und Hotels.*
UNTEN: EIN LEBENSRETTER *läuft so schnell er kann, es geht um seine Ehre.*

Zur Frühstückszeit nehmen gutaussehende Lebensretter ihre Posten am Strand ein, sie erwarten Einheimische wie Feriengäste, die – Sommer wie Winter – zu tausenden an die Strände schwärmen.

In Durban kann man die Jahreszeiten kaum unterscheiden. Die Küste der Goldenen Meile liegt in den Subtropen und wird von der warmen Mosambikströmung umspült, die an der Ostküste Afrikas in südlicher Richtung fließt. Daher fallen selbst im Winter die Temperaturen selten unter 15 ˚C, während sie in den Sommermonaten über 30 ˚C steigen.

Die Goldene Meile beginnt auf der Seeseite einer Landzunge, bekannt als The Point (die Spitze), die den Hafen von Durban vom Indischen Ozean trennt. Im Süden erstreckt

sich die erste Sandfläche der Goldenen Meile, Addington Beach, auf den ein Krankenhaus gleichen Namens hinausschaut. Die ohnehin stark belastete Belegschaft des Addington Hospital behandelt alljährlich, nebst anderen Patienten, Hunderte von Urlaubern, die sich zu lange in der Sonne aufhielten, mit einer giftigen Qualle in Berührung kamen oder die Anweisungen der Lebensretter, gefährliche Strömungen zu meiden, mißachtet haben.

An den Addington schließt der Pumphouse Beach an, wo die Touristen den Surfern und Wasserskiläufern die Wellen überlassen und zur Entschädigung mit einer Vorführung ihres beachtlichen Geschicks und ihres Wagemuts belohnt werden. Der nächste in der Reihe ist South Beach (Südstrand), besonders beliebt

wegen seiner Weitläufigkeit. Hier bietet das berühmte, golfballförmige Little Top Freilufttheater dem Publikum Zaubervorführungen, Musikkonzerte, Talentwettbewerbe und vieles mehr an.

Durbans Hauptgeschäftsstraße, die West Street, ist die Trennlinie zwischen den nördlichen und südlichen Stränden der Goldenen Meile. Sie markiert auch das Ende der Landzunge, die den Hafen vom Meer trennt. Die Straße beginnt am Aquarium und zieht sich bis Berea hinauf, die erste von mehreren Hügelketten, die sich bis zu den Ausläufern der Drakensberge erstrecken. Viele stattlichen Villen Durbans liegen hier. Afrikanische Schnitzerein und Handarbeiten

WUNDER DER SEA WORLD

Ein Delphinpärchen tanzt auf seinen Schwanzflossen zur Freude der Zuschauer, die ein Sprühregen trifft, wenn die Leiber ins Wasser zurückklatschen. Die Delphine spielen Fußball, vollführen spektakuläre Saltos, springen über Seile und flitzen mit ihren Dompteuren als Reiter auf dem Rücken im Becken herum.

Die Flaschennasendelphine sind die Hauptattraktion von Durbans Sea World, einem Komplex auf der Goldenen Meile, der alles bietet: Vom zierlichen Seepferdchen, nur einige Zentimeter lang, bis zu großen Zambesi- und Sägezahnhaien. Robben und Pinguine mit ihrem beachtlichen Aufgebot an Kunststücken und lustigen Possen sind ebenfalls sehr beliebt bei Jung und Alt.

Ein Aquarium enthält eine große und farbenfrohe Vielfalt an Fischen und Wasserschildkröten aus den warmen Meeren der Welt und kann von drei Stockwerken eingesehen werden. Die graziösen Fische können durch große Glasfenster beobachtet werden. Der Haifischtank in der Nähe bietet ein Schauspiel anderer Art. Mit starrem

Blick und gemessener Präzision patroullieren seine furchterregenden Bewohner ihr begrenztes Territorium auf und ab, und hin und wieder schnellen sie vorwärts, als ob sie die Besucher einschüchtern wollten.

OBEN: 'DIE MEILE': *Paradies für Vergnügungssüchtige.* UNTEN LINKS: NACH EINEM *langen Tag kehren die Wellenreiter an den Strand zurück.*

kann man am unteren Ende der West Street kaufen, wo die Zulufrauen komplizierte Muster aus farbigen Perlen in Halsbänder, Haar- und Armreifen und Amulette knüpfen, sowie Strohkörbe flechten.

Die Küste entlang, an der West Street vorbei, findet man North Beach (Nordstrand), wo Naturliebhaber den Fitzsimmons Schlangenpark besuchen können. Der Park beherbergt eine faszinierende Ansammlung von Schlangen und Krokodilen und unterhält auch ein Forschungslabor zur Aufbereitung von Schlangenserum. Das obere Ende des North Beach ist der offizielle Abschluß der Goldenen Meile, aber darüber hinaus erstrecken sich noch weitere Sandflächen.

Um die Meile herum

Der Battery Beach (Batterienstrand) liegt gegenüber der weißen Fassade des Hauptquartiers der südafrikanischen Armee. Das Wasserparadies in dessen Nähe halten die Einheimischen für das beste in Afrika:

Hier können Besucher aufregende Rutschpartien erleben. Jenseits der Brandung sind eine Reihe Nylonnetze an roten Bojen verankert, um die Badenden vor Haien zu schützen. Am Land wippt der mit Hörnern, Federn und farbenfrohen Perlen verzierten Kopfschmuck der Zulu Rikschafahrer auf und ab, während diese die Touristen an der Marine Parade entlang spazierenfahren.

Delphine, Sonne und Hibiskusküsten

Das subtropisches Klima, das warme ,blaue Wasser des Indischen Ozeanes, ein

Küstenstreifen mit Lalapalmen und Hibiskus geschmückt, Kasuarinen und

Bougainvillea sowie dutzende modischer Küstenortschaften – dies sind einige

der Vorteile an den sonnengetränkten Meeresufern von KwaZulu-Natal.

Große Schwärme von Seemöwen und Kormorane stürzen sich Kopf voran in die See, um wenige Momente später mit vollem Schnabel wieder aufzutauchen. Der Ozean ist eine wogende Masse schwarzer und silberner Leiber. Der Ansturm der Sardinen hat begonnen. Diese enormen, oft kilometerlangen Schwärme nehmen ihren Anfang weit draußen im Meer, in den kalten Gewässern am südlichen Kap und ziehen dann an der Ostküste des afrikanischen Kontinents hinauf. Im Juni, wenn sie die Südküste Natals erreichen, werden die Sardinen von starken Strudeln des südwärts fließenden Mosambikstromes, Haien und anderen Raubfischen zu den Stränden hin getrieben, wo sie Hunderte von Zuschauern erwarten, die sich dann in die Wellen stürzen, um die wirbelnden Fischlaiber in Eimern und Netzen einzufangen. Seevögel, große Raubfische und Delphine folgen den Schwärmen in einer aufsehenerregenden Prozession. Der Fischansturm dauert etwa eine Woche und ist dann ebenso plötzlich wieder verschwunden, wie er aufgetaucht ist.

Dieses Phänomen ist nur einer der vielen Anziehungspunkte, die Urlauber an eine der herrlichsten Feriengegenden der südlichen Halbkugel locken. Von Port Edward im Süden bis zur Tugelamündung im Norden ist der Küstenstreifen wie ein diamantbeschlagener Gürtel mit lauter kleinen modischen Ferienorten versehen, mit warmem Wetter und goldenen Stränden, an die das warme, leuchtend blaue Wasser des Indischen Ozeans schwappt. Die südlichen Küstenufer

OBEN: MODERNE *Ferienappartements an der Nordküste.*
LINKS: EINE DER *vielen geschützten, kleinen Buchten an der subtropisch warmen Küste südlich von Durban.*

SÜßER ERFOLG

Die größten südafrikanischen Land-wirtschaftsmagnaten, Tongaat-Hulett und C.G.Smith, sind direkte Nachfahren der reichen Zuckerbarone, die die Multi-Milliarden Dollar Industrie an der subtropischen Küste von Natal gegründet haben.

Die meisten Zuckerpioniere waren britische Siedler, doch da sie aus unterschiedlichen Schichten kamen, lagen sie sich bei jedem Anlaß in den Haaren. Streitpunkte waren zum Beispiel die Anstellung indischer Vertragsarbeiter, doch in einem waren sie sich einig: In ihrem Bestreben, Erfolg zu haben.

Ironischerweise war es Edmund Morewood, der Gründer dieses Industriezweiges, der es nie zu einer Million brachte und die Gegend als frustrierter und desillusionierter Mann verließ, um schließlich im fernen Brasilien zu sterben. Seine Farm Compensation und die Überreste seiner ersten Mühle – 1846 bei Esenbi errichtet – sind jetzt

Nationaldenkmäler. Interessant ist auch der alte koloniale Wohnsitz von Horace Hulett, 1903 erbaut. Er wurde in ein Landhotel umgebaut, dessen Gäste eine Kostprobe des opulenten Lebensstils eines Zuckermagnaten der Jahrhundertwende genießen.

Zu jener Zeit gab etwa ein halbes Dutzend Großgrundbesitzer. Heute ernten in einem guten Jahr etwa 45 000 Pflanzer 20 Millionen Tonnen Zuckerrohr, um Südafrikas Platz unter den 'großen fünf' der Weltproduzenten zu behaupten.

sind in zwei Segmente unterteilt: Die Sunshine Coast (von Amanzimtoti, in der Nähe von Durban, bis herunter nach Mtwalume) und die Hibiscus Coast (bekannt für ihre Blütenpracht), die etwas kühler und auch beliebter sind als der Meeresstrand nördlich von Durban. Margate, Ramsgate, Port Shepstone, Uvongo – dies sind die klingenden Namen, die Wellenreiter, Angler, Segler und Sonnenanbeter erregen. Das ganze Jahr über ist die Küstenwache im Dienst, wodurch das Baden sicher ist und die Strände gut besucht sind. Das Hibiskusfest, das jedes Jahr im Juli abgehalten wird, füllt die Straßen von Port Shepstone und Port Edward mit Paraden und Feiern – und vielen Menschen.

Die Küstenstrecke nördlich von Durban, von Umhlanga Rocks (der Ort des Reet) bis zur Tugelamündung, wird die Delphinküste genannt. Es ist eine wunderbar einladende 90 Kilometer lange Strecke geschützter Buchten

und Felsentümpel, in deren Schutz Austern und Langusten leben, und wird von denjenigen bevorzugt, die kleinere, intimere Ferienorte vorziehen. Die Delphine kann man oft auf den Wellen reiten sehen – ja, es ist nichts Ungewöhnliches, daß ein Surfer den Wellenkamm mit einem dieser verspielten, liebenswerten Meeressäugetiere teilt.

Haigebiet

Manchmal kann man Schwärme dieser Geschöpfe von der 2,7 Kilometer langen Promenade in Umhlanga ausmachen, und von dort hat man auch einen guten Ausblick auf die luxuriösen Hotels und Ferienhäuser des Ortes. Wegen seines gepflegten Niveaus wird der Ort mit der französischen Riviera verglichen. Aber das Gebiet hatte nicht immer einen solchen Erfolg gehabt. Es gab eine Zeit, da kamen keine Feriengäste mehr: Eine

OBEN: DER LEUCHTTURM *bei Umhlanga Rocks, einem eleganten Feriengebiet in der Nähe von Durban. Hier ist auch der Natal Sharks Board stationiert, der bei Nachfrage dem Besucher seine Arbeit erklärt.*

zunehmende Anzahl fast tödlicher Haiangriffe hatte in den fünfziger und sechziger Jahren die einheimische Touristenindustrie beinahe zerstört. Dann fand der Anti Sharks Measures Board (Anti-Hai-Maßnahmen-Gremium) eine Möglichkeit, die Badestrände abzusichern – mit Netzen hinter den großen Brechern – und begründete damit seinen Ruf als Weltautorität für die Haieproblematik. Besucher können das Hauptquartier besichtigen, das auf einem Hügel oberhalb der Stadt liegt.

Sowohl nördlich als auch südlich der Hafenstadt Durban ist die Küste mit Feldern smaragdgrünen Zuckerrohrs übersät, die Plantagen erstrecken sich wie ein wogendes, grünes Meer soweit das Auge reicht.

OBEN LINKS: SHAKA'S ROCK *(Shakas Felsen); die Landzunge war einst der Ausguck des Zuluhäptlings.* OBEN: ZULU JUGENDLICHE *in traditioneller Tracht.*

Auf den Spuren von Shaka

Als Shaka 1816 Häuptling der Zulu wurde, zählte seine Gefolgschaft nur 1 500

Menschen. Er begründete eine neue Gefechtsmethodik, unternahm blutige

Eroberungsfeldzüge – und war binnen fünf Jahren der Herrscher des Landes.

Jedes Jahr am 22. September versammeln sich die Zulus in traditioneller Kriegsaufmachung – Federbüschel an Kopf und Knöcheln, gemaserte Ochsenfellschilde und der kurze tödliche Stoßspeer – an einem kleinen weißen Marmordenkmal in dem Küstenort Stanger in Nordnatal, um Shakas Tod zu gedenken, des unbarmherzigen und brillanten Schöpfer des Zulureiches.

Shaka wurde 1816 inthronisiert, und in den zwölf kurzen Jahren seiner Regentschaft verbreitete sich der Schrecken seiner blutigen Eroberungen über die Drakensberge hinaus und löste 'Mfecane' (das Zermahlen) aus, eine ausgedehnte und furchtbare Zwangsmigration afrikanischer Völker über den südlichen Subkontinent.

1787 wurde Shaka geboren, als Bastard der schönen Nandi und des Prinzen Senzangakona. Sein Stamm lehnte das Kind ab, da es angeblich von einem Käfer, dem I-Shaka, abstamme. Diesen Namen gaben die Stammesältesten dann voller Ironie dem Kind. Von den Sippen beider Eltern zurückgewiesen, verbrachten Shaka und seine Mutter seine ersten Lebensjahre praktisch als Ausgestoßene. Aber Shakas Intelligenz, Mut, Kraft und Talent als Jäger ließen ihn über die anderen Knaben herausragen. Seine besonderen Fähigkeiten wurden rasch erkannt, als er in die Armee von Dingiswayo, König des gesamten Nguni-Volkes, eintrat. Diese Erkenntnis verstärkt sich, als Shaka zum Häuptling der Zulu wurde und eine Geschicklichkeit in der Kriegsführung zu entwickeln begann, die seine kleine Sippe von 1500 Mann zu Herrschern des ganzen Landes machte.

Neue Kampfstrategien

Zuerst ersetzte Shaka den leichten Wurfspeer mit dem schweren Schaft und der langen Klinge des Stoß-Assegai. Mit diesen drangen die Zuluregimenter in die gegnerischen Reihen vor und nutzten ihre gehärteten Tierfellschilde sowohl als Schutz als auch als Hebekraft, um die feindlichen Schilde zur

DAS LEBENDIGE MUSEUM

Im Herzen von Zululand, im wunderschönen Nkwalinital in der Nähe von Shakas erster Hauptstadt, wurde ein neues Bulawayo aufgebaut, nicht um die Streitkräfte einer kriegerischen Nation unterzubringen, sondern als Kulisse für die Verfilmung von Shaka Zulu. Die Kulissen wurden auch für die Fernsehserie über John Ross, dem jungen weißen Freund des Zulukönigs, verwendet.

Der Kraal, Shakaland genannt, ist jetzt eine einmalige Touristenattraktion, ein lebendiges Freiluftmuseum für Zulukultur, ihre Bräuche und Lebensart. Alles ist so angelegt, wie es einst war und zum Teil noch heute ist: Rhythmische Zulutänze in farbenfroher, traditioneller Tracht; die strenge Etikette der Stockkämpfe; das Brennen der Assegais, das Weben der

Grasmatten und Körbe und das Töpfern der großen roten, rußgeschwärzten Lehmgefäße zum Biertrinken; das Knüpfen der leuchtend bunten Perlen zu Mustern, die Botschaften vermitteln. Auf dem täglichen Speiseplan stehen traditionelle Eintöpfe. Für die Unternehmungslustigen gibt es Utshwala, das traditionelle Hirsebier. Die Besucher sind in den traditionellen Bienenkorbhütten untergebracht, in die aber moderne Annehmlichkeiten geschickt eingefügt wurden.

LINKS: OBST UND *Tontöpfe werden feilgeboten.*
RECHTS: ZULUMÄDCHEN *im heiratsfähigen Alter.*
Die Perlenmuster vermitteln oft verschlüsselte Botschaften von Liebe und Treue.

Seite zu schieben und damit den Köper für den tödlichen Stoß bloßzulegen.

Shaka verfeinerte auch das Amabutho. Das sind nach Altersgruppen zusammengefaßte Regimenter, deren Krieger zusammenlebten, und ein jedes Regiment war auf seine besonderen Insignien stolz. Er schaffte auch die klobigen Ledersandalen der Zulukrieger ab: Mit bloßen Füßen, die durch anstrengende Geländemärsche abgehärtet wurden, waren sie schneller und flinker als andere Krieger.

Schließlich perfektionierte er die berühmt gwordene Zulu Angriffstaktiken: Er stellte seine Männer in einer Formation auf, die den

Kopf und die Hörner eines Büffelbullen darstellen. Die Regimenter im Feld, allgemein als Impi bekannt, wurden in vier Gruppen eingeteilt: Die stärkste (der Schädel) prallt frontal mit dem Feind zusammen, während die zweite und dritte Gruppe (die Hörner) den Gegner einkreisen. Das vierte Regiment bleibt als Reserve.

Shaka etablierte seinen königlichen Kraal in Bulawayo (der Ort des Tötens) in den Hügeln oberhalb des heutigen Eshowe. Später zog er südlich in die Gegend des heutigen Stanger. Die große Stadt der Grashütten wurde KwaDukuza (der Ort des Verbergens) genannt, weil sie so riesig und verzwickt angelegt war: Seine 2 000 bienenkorbförmigen Hütten bildeten ein wahres Labyrinth. Der Umzug lag teilweise darin begründet, daß Shaka in der Nähe der ersten weißen Siedler sein wollte, die sich 1824 um die Bucht von Port Natal (Durban) niedergelassen hatten. Die Neuankömmlinge, von den Zulus als Schwalben bezeichnet, hatten Shaka bei einigen seiner Feldzüge geholfen und waren jetzt die Quelle der begehrten Perlen und Schmuckstücke, die sie gegen Elfenbein eintauschten. Die alte Küstenstraße, die jetzt über den Tugela nach Eshowe führt, folgt der alten Handelsroute der Zulu, und ist als Shakas Way bekannt.

An einem Morgen im September 1828, auf der Höhe seiner Macht, wartete Shaka auf die Rückkehr eines seiner Regimenter aus Pondoland, als seine Halbbrüder Dingane und Mhlangana über ihn herfielen und ermordeten. Sie warfen seinen Leichnam in ein Getreideloch, über dem die Einwohner von Stanger später einem ihrer größten südafrikanischen Führer des 19. Jahrhunderts ein schlichtes Marmordenkmal errichteten.

Das zurückgewonnene Paradies

In den frühen Jahren dieses Jahrhunderts wurden zigtausende wilde Tiere in

Natal abgeschlachtet, im hilflosen Bestreben, die Tsetsefliege als Krankheits-

überträger auszurotten. Aber das Wild erholte sich und wurde von

unschätzbaren Wert für die Region.

Das Land, das nördlich vom Tugela River liegt, ist von subtropischer Üppigkeit, ökologischer Vielfältigkeit, und Teil eines herrlichen Schutzgebietes für die wilden Tiere Afrikas, von denen einige andererorts stark bedroht sind.

Fürwahr ein Paradies. Aber diese Geschichte hätte auch anders ausgehen können: Seit den zwanziger bis in die fünfziger Jahre unternahmen die Behörden ein gezieltes Ausrottungsprogramm in dem tragisch sinnlosen Versuch, die Ausbreitung von Nagana, der gefürchteten Schlafkrankheit, die sowohl den Menschen als auch Rinder befällt, aufzuhalten. Zehntausende an Tieren wurden abgeschlachtet, das Brüllen des Löwen zum Schweigen gebracht, das Trompeten des Elefanten erstarb, eine Unzahl von Gnus, Zebras und Antilopen lagen verendet in der afrikanischen Sonne. Und die Krankheit, die von der Tsetsefliege übertragen wird, wurde schließlich nicht durch die Massenabschlachtung des Wildes, sondern durch Insektenvertilgungsmittel besiegt.

Während eine Gruppe Menschen danach trachtete, die

Tiere auszurotten und die Grenzen des landwirtschaftlichen Gebietes auszudehnen, war eine andere Gruppe ernsthaft darum bemüht, Wildreservate zu erhalten, deren Namen leuchtende Vorbilder in der Welt des Naturschutzes wurden. Das Hluhluwe- und das Umfolozireservat waren schon sehr viel früher gegründet worden und hatten schwer unter der Jagdflinte gelitten. Aber ihr Tierbestand überlebte, und über die Jahre kamen Gebiete hinzu. Zu den bekanntesten Reservaten zählen heute die nun folgenden.

Hluhluwe/Umfolozi

Diese beiden Gebiete, ursprünglich durch einen schmalen Korridor getrennten, wurden zusammengefaßt und umfassen heute 96 000 Hektar mit mehr als 80 Säugetieren und 400 Vogelarten. Unter den Wildarten findet man Elefanten, Löwen, Nashörner, Büffel, Leoparden, Giraffen und eine Vielzahl Bockarten.

Der Name Hluhluwe wurde von einem Fluß abgeleitet, der sich wie eine Weinrebe durch die Landschaft schlängelt. Diese Reben wachsen in einer feuchten Hügellandschaft und werden von den Zulus in den Wäldern gepflückt. Von beiden Reservaten ist diese Gegend landschaftlich schöner durch ihren herrlichen Blick auf bewaldete Flußläufe.

UNTEN: ZEBRAS SIND *bekannte Bewohner in den Naturparks in KwaZulu-Natal.*
UNTEN LINKS: DER MALACHIT *Eisvogel, der im Schilf, an Strömungen und Lagunen im Zululand lebt.*

DAS SELTENE NASHORN: RETTUNG UND UMSIEDLUNG

Das Hluhluwe/Umfolozi Tierschutzgebiet ist ein Zufluchtsort für die verfolgteste Tierart: Das prähistorische, mächtige Nashorn. Das Gebiet erhält etwa 30% von Afrikas verbliebenen Nashörnern und damit die größte Konzentration in der Welt.

Die Hluhluwe- und Umfolozigebiete sind die Heimat des Breitmaulnashorns (einem Weidetier) und seinem kleineren, aggressiveren Vetter, dem Spitzmaulnashorn (ein Äser). Diese zwei Arten sind seit der Jahrhundertwende bedroht, seitdem das leicht zu erlegende Nashorn in den meisten Teilen des südlichen Afrika schon ausgerottet war. Das südliche Spitzmaulnashorn hatte besonders stark gelitten, in den zwanziger Jahren waren vermutlich nur noch 25 Tiere übriggeblieben.

Aber die Anzahl wurde im Umfolozi langsam aufgestockt, und in den fünfziger Jahren erarbeitete der NPB ein Programm, um das weitere Überleben der Tiergattung zu gewährleisten. Unter der Anleitung von Ian Player, einem international verehrten Umweltschützer, hatte ein Team aus Wildwarten und Wissenschaftlern erfolgreiche Pionierarbeit in der Anwendung von

Betäubungspfeilen geleistet, um Spitzmaulnashörner einzufangen und in ihren früheren Habitaten wieder anzusiedeln.

Die gleichen Methoden werden jetzt zur Rettung des Breitmaulnashorns angewandt, dessen Anzahl auf dem Kontinent von 65 000 in den frühen siebziger Jahren auf erbärmliche 3 500 oder weniger zusammengeschrumpft ist. Davon haben 650 in Hluhluwe/Umfolozi Zuflucht gefunden.

Um die Tiere vor Wilderern zu schützen, die die Tiere wegen ihrem Horns jagen, wird das Gebiet von fähigen, hochmobilen Anti-Wilder-Einheiten intensiv bewacht.

Abhängigkeit verschiedener Interessengruppen voneinander anerkennt, ebenso wie die Notwendigkeit, Phindas 15 000 Hektar zum Wohle aller – Farmer, Eigentümer von Wildhütten, Touristen, der einheimischen Zulubevölkerung und des Wildlebens – zu nutzen. Das Naturschutzgebiet umfaßt sieben unterschiedliche Ökosysteme, die zusammen eine großartige Vielfalt an Tieren und Vögeln unterhalten, von denen man viele auf einer herrlichen Bootsfahrt den baumgesäumten Mzinenefluß entlang beobachten kann.

Zu erwähnen ist noch das 30 000 Hektar große Itala Reservat. Es ist der jüngste Park unter den wichtigen Naturschutzgebieten in Natal, der 1972 ins Leben gerufen wurde.

Umfolozi liegt im Flachland, in dem V-förmigen Keil oberhalb des Zusammenflusses des Weißen und Schwarzen Umfolozi, der Wiege der Zulu Nation. (Umfolozi ist das Zuluwort, das die Qualitäten beschreibt, die das Leittier eines Ochsengespannes besitzen muß). Hier ist die Vegetation trockener und kahler, und die Steppe ist übersät mit Schirmakazien. Der Natal Parks Board besitzt 24 000 Hektar des Reservates, das nur zu Fuß durchquert werden kann. Ausgebildete Wildwarte begleiten die Wandergruppen.

Mkuzi

Das 35 000 Hektar Naturschutzgebiet, jetzt Teil des Greater St. Lucia Wetlands Park, liegt zwischen den Flüssen Mkuze und Umsundusi an der südlichen Ecke der Mosambikebene. Das Reservat hatte eine bewegte Geschichte:

1931 wurde auch hier der Versuch unternommen, das Wild zu töten und das Schutzgebiet aufzulösen, um die Tsetsefliege auszurotten.

Mkuzi ist ein bevorzugtes Winterziel zur Wildbeobachtung: Es ist die trockene Jahreszeit und verschiedene schöne Pfannen, von denen die fünf Kilometer lange Nsumu die größte ist, locken eine Menge Tiere und etwa 300 Vogelarten an. Gutplazierte, versteckte Stellungen sind ausgezeichnete Beobachtungsposten.

Phinda Resource Reserve

Dieses Privatgebiet, eingegrenzt von dem Mkuzi und dem St. Lucia Ästuar, ist im Besitz der Conservation Corporation und war eines der ersten, welches das 'Konzept zur Erhaltung der Resourcen' in der Region anwandte. Es ist ein einfallsreicher Ansatz, der die

Die feuchte Wildnis

Die Nordküste von KwaZulu-Natal ist die Außengrenze des Greater St. Lucia

Wetland Park, einem außergewöhnlichen und fragilen Ästuar, ein Tierschutz-

gebiet mit Wald, Savanne, hohen Küstendünen und einem Meeresschutzgebiet.

Der Greater St. Lucia Wetland Park, der das drittgrößte Umweltschutzgebiet in Südafrika nach den Kruger und Kalahari Nationalparks ist, erstreckt sich über 250 000 Hektar Küstenflachland. Man kann es als eines der abwechslungsreichsten und schönsten Naturschutzgebiete seiner Art auf der Welt beschreiben.

Der riesige, flache, salzige St. Lucia See ist der Mittelpunkt, aber der Park beinhaltet auch eine ungeheure Fläche an Feuchtgebieten, Flußmündungen, Küsten- und Dünenwäldern, Mangrovensümpfen, afrikanischer Savanne und – in dem angrenzenden Meeresschutzgebiet – Korallenriffen. Dies ist ein Kaleidoskop der Habitate, das eine beachtliche Vielfalt an Tier-, Vogel-, Fisch- und Pflanzenleben unterhält. Lake St. Lucia ist ein ausgedehntes Ästuargebiet. Diese 60 Kilometer Mündung umfassen nahezu 37 000 Hektar

meist schlammigen Wassers und verlaufen parallel zum Indischen Ozean. Der St. Lucia See wird von fünf Flüssen genährt: Mkuze, Mzinene, Hluhluwe, Nyalazi und dem kleinen Mpate River.

Das vor der Küste gelagerte Korallenriff liefert den Beweis, daß der See vor etwa 20 000 Jahren Teil des Meeres war. Zu jener Zeit waren die Meerestiefen sehr viel geringer als heute, und Küstengestein setzte sich ab. Das ist die Grundlage, auf der sich die Korallenriffe gebildet haben. Aber über die Äonen veränderten sich die Meerestiefen der Welt, und heute erstreckt sich eine Dünenbarriere zwischen dem Strand und dem See.

Die Tiefe des St. Lucia Sees pendelt zwischen ein bis zwei Metern. Das Gewässer öffnet sich ins Meer, nachdem es sich durch einen verschlungenen Kanal nach Süden gewunden hat. Seit der frühen neunziger Jahre, als der Natal Parks Board (NPB) verschiedene Flecken Land zusammenfaßte, hat sich der Greater St. Lucia Wetland Park von Mapelane im Süden in einem großen Bogen um den See und den angrenzenden Wildpark herum bis zur Sodwanabucht im Norden ausgedehnt. Ein Korridor im Westen verbindet den Park mit dem wildreichen Mkuzi Reservat, das jetzt als Teil des Greater St. Lucia Wetlands angesehen wird.

St. Lucia ist ein dynamisches und vitales Ökosystem und im steten Zustand der Veränderung. In Jahren der Trockenheit versiegen die Flüsse, wodurch der Frischwassergehalt herabgesetzt wird, und das salzige Wasser des Indischen Ozeans ins System eindringt. Der Salzgehalt ist höher als der des Seewassers, besonders in den nördlichen Ausläufern wegen der Verdunstung in den besonders heißen Sommermonaten.

Der See ist feuchten, trockenen Klimazyklen ausgesetzt, wodurch die Beschaffenheit und der Lebensrhytmus innerhalb eines Systems dramatische Veränderungen erlebt. Bei niedrigem Salzgehalt sprießen die Wasserpflanzen und locken eine Vielzahl Enten an; bei mittlerem Salzgehalt kommen die Mündungsfische und Vögel,

OBEN: FLUSSPFERDE SUHLEN SICH *gemütlich in den Wassern der Nsumupfanne im Mkenzi Reservat. Auf dem besten und höchsten 'Aussichtsplatz' hat sich der Vogel niedergelassen.*
RECHTS: KOLONIEN VON *Graureihern werden ebenfalls in der Nähe von Salz- und Süßwasser angetroffen.*

DÜNEN IN GEFAHR

Rettet St. Lucia! ist der Schlachtruf der Umweltschützer, die verhindern wollen, daß eine Minengesellschaft Bagger an das Ufer des Sees bringt, um Schwermetalle abzubauen. Der Gesellschaft RBM geht es hauptsächlich um das Titanium, das dem Sand ein schwarzes Pigment gibt. Das Metall wird größtenteils auf Pigmentbasis für die Herstellung von Farben genutzt.

Die uralten Dünen sind mit Wäldern, Sträuchern und Grasland bedeckt, und die RBM hat sich dazu verpflichtet, daß die Dünen nach dem Entzug des Titanium mit einheimischer Vegetation neu bepflanzt werden. Ferner führt die Gesellschaft an, daß das Unternehmen Arbeit schaffen und Millionen an Valuta einbringen würde. Umweltschützer argumentieren, daß das Projekt nur eine Lebensdauer von 17 Jahren hat, während der Schaden an dem Feuchtgebiet länger anhalten könnte. Der Tourismus, der potentiell mehr Arbeitsplätze schaffe als eine Mine, würde darunter leiden. Letzlich geht es darum, ob man etwaige Schätze jetzt ausnutzen oder eine langfristige Touristenindustrie aufrechterhalten will.

Die Region ist obendrein eine der ärmsten im Lande. Einige der afrikanischen Völker, die in den fünfziger Jahren von ihrem Land vertrieben wurden, unterstützen das Minenprojekt. Andere wieder möchten nur ihr Land für die traditionelle Landwirtschaft zurückbekommen. In dieser emotionsgeladenen Atmosphäre werden die jeweils angeführten Fakten von beiden Seiten abgelehnt. Eine umfassende Studie wurde in Auftrag gegeben und ausgewertet, aber die endgültige Entscheidung wird auf nationaler Ebene gefällt werden. Im Mittelpunkt steht die Frage, ob die Dünen nach der Minenarbeit ausreichend rehabilitiert werden können oder ob bleibender Schaden entsteht.

GANZ OBEN: EIN FISCHER *in St.Lucia, eines der großen Feuchtgebiete und Anglerparadiese.*
OBEN: WEIßE PELIKANE *bei St.Lucia. Die Ferden nehmen in der Brutzeit eine rosa Tönung an.*

die sich von Fisch ernähren (darunter etwa 6 000 Pelikane zum Brüten); ist der Salzgehalt sehr hoch, stelzen Flamingos durch das nahrungsreiche Gewässer.

Das Gleichgewicht bewahren

Wissenschaftliche Entwicklungen, besonders Bewässerungsprojekte und die Anpflanzung von Nadel- und Eukalyptusbäumen in dem Auffangegebiet, hat den Zyklus beeinflußt, aber der NPB hält ein wachsames Auge auf das Gleichgewicht der Natur und verwaltet das Gebiet mit Umsicht und Geschick.

Für den Besucher gibt es viel zu unternehmen und zu sehen in dem St. Lucia Ästuar: Man kann wandern, fischen, tauchen sowie Wild, Vögel und Wildwanderungen beobachten. Zu tausenden kommen jedes Jahr die Angler aus dem In- und Ausland in das Gebiet. Eine Anzahl Rastlager mit Hütten und Wohnwagen Camps wurden angelegt.

Der Park in dem Feuchtgebiet unterhält 512 Vogelarten: Es gibt große Schwärme rosa getünchter Flamingos, untersetzte Pelikane, schlaksige Marabus, afrikanische Sattelstörche und Löffler. Alle ernähren sich von den wimmelnden, großen Fischschwärmen. Und dann

sind da auch noch die Zugvögel, darunter verschiedene Seeschwalben und der schwarzweiße Säbelschnäbler.

Krokodile, Haie und suhlende Flußpferde teilen ebenfalls den See. St. Lucia war ursprünglich als Schutzgebiet für Flußpferde proklamiert worden, als gegen Ende des 19. Jahrhunderts Jäger und Wilderer diese fast ausgerottet hatten. Das Krokodil blieb gefährdet. Die wichtige Rolle, die jedem Lebewesen in dem empfindlichen, natürlichen Gleichgewicht zukommt, wird jetzt besser verstanden, und das Leben in der Wildnis hat eine gesichertere Zukunft.

Der Zauber von Maputaland

Das Zusammentreffen von Klimazonen und eine Veränderung des Meeresspiegels verbinden sich zur Schöpfung eines Gebietes, das eines Tages Afrikas schönster Nationalpark werden könnte.

GANZ OBEN: SODWANAS *bewachsene Dünen.*
OBEN: EINE SCHILDKRÖTE *wälzt sich den Strand hinauf.*
RECHTS: DAS KORALLENRIFF *bei Kosi Bay ist eines der südlichsten der Welt, es wimmelt dort von Seeleben.*

Im hohen Norden von Natal, zwischen dem Indischen Ozean und den herrlichen Lebombobergen im Westen, liegt jene 9 000 Quadratkilometer große Region, die als Maputaland bekannt und eine der schönsten und biologisch vielfältigsten Gegenden Südafrikas ist. Das Gebiet ist eine wunderbare Mischung aus immergrünen Waldungen und Savannen, Sumpfgebieten, Schwemmebenen, Flußmündungen und den höchsten bewachsenen Dünen in der Welt. Vor der Küste liegen Korallenriffe, die Sporttaucher und Meeresbiologen von weit her anlocken.

Maputaland umfaßt eine atemberaubende Vielfalt an Ökosystemen, ein Ergebnis seiner Lage, Schnittstelle der tropischen und subtro-

pischen Klimazonen, und seines Ursprungs. Vor nicht allzu langer Zeit – nach dem geologischen Kalender – lag das Land unter dem Meer, und als dieses im Laufe der Zeit zurückging, hinterließ es eine sandige Fläche und eine Reihe flacher Vertiefungen, in deren Gewässer und Umfeld jetzt eine reiche Tier-, Vogel- und Pflanzenwelt beheimatet ist.

Es ist ein fragiler Landstrich: Seine vielen verschiedenen Komponente sind voneinander abhängig, und das Gleichgewicht ist fein ausgewogen. Und wie so viele andere Teile Afrikas wird es bedrängt – von einer wachsenden Landbevölkerung, unwirtschaftlicher Bodennutzung und vermehrten Viehherden, zunehmender Abholzung und unüberlegter Touristenentwicklung. Umweltschützer möchten das Küstengebiet als einen Nationalpark proklamiert sehen, der den Bedürfnissen von Mensch und Tier entsprechen soll. In der Übergangszeit sind zunächst einige der unberührten und gefährdeten Gebiete unter Naturschutz gestellt worden.

Eine beeindruckende Ansammlung von Seen und Sümpfen erstreckt sich nördlich von dem Greater St. Lucia Wetland Park bis zur erhabenen, 18 Kilometer langen Kosi Bay Seenplatte, die sich südlich der Grenze von Mosambik ins Meer verliert. Zwischen diesen beiden Punkten liegt Südafrikas größter Süßwassersee, der 18 Kilometer lange Sibaya,

OBEN: BOOTSFAHRT *in der Kosi Bay, ein Komplex, der aus vier bezaubernden Seen besteht.*

der mit einigen anderen Seengebieten – Kosi Bay, St. Lucia und dem unberührte Bengazisee – einst zum Meer gehörte. Die Seen sind vom Ozean durch hohe bewachsene Sanddünen abgetrennt, deren Fundament die darunterliegenden Korallenriffen sind. Eine Besonderheit vom Sibayasee sind die Meerestierarten, die sich seit Jahrtausenden auf Süßwasserbedingungen umstellen mußten. Der herrliche, schilfumsäumte See ist die Heimat von Flußpferd, Krokodil und afrikanischem Fischadler.

Zuflucht der Elefanten

Im hohen Norden Maputalands wurden von der regionalen Umweltschutzbehörde 29 000 Hektar für den Tembe Elefantenpark beseitegestellt. Dieser Schritt soll die Überreste der einst riesigen Herden sichern, die früher frei über jene Ebene zogen, die bis weit nach Mosambik hineinreicht. Ihre Zahl hat sich infolge der menschlichen Niederlassungen und der Kriege dramatisch auf etwa 80 Tiere reduziert. Aber diese wenigen Überlebenden sind jetzt durch die elektrischen Zäune des Tembe Parks geschützt. Glücklicherweise wird sich die Regierung von Mosambik mehr und mehr des kostbaren Naturerbes in ihrem Land bewußt und läßt jetzt den Maputo Elefantenpark wieder aufzubauen.

Das Schutzgebiet hat auch andere Attraktionen, darunter die riesigen Sycamore Feigenbäume, die durch ihre breiten, ausgedehnten Stämme auffallen, die in diesem Wald dominieren. Eine große Anzahl Tiere sucht sich ihr Futter in Wäldern mit Sandboden, im Buschfeld, in Sumpfgebieten und Savannen.

Westlich davon, in der Nähe der Lebomboberge, ist das relativ kleine Ndumu Tierschutzgebiet mit schönen Flußuferwäldern und einer Anzahl großer Salzpfannen. Das Schutzgebiet hat eine begrenzte Auswahl an Tieren, aber seine Marsch- und Schilfgebiete, seine immergrünen Wälder und und Feigen- und Fieberbaumwaldungen beheimaten eine florierende Vielzahl an Vögel – 420 unterschiedliche Arten, darunter viele tropische. Einige Vogelkundler betrachten Ndumu als das Gebiet mit der höchsten Konzentration an Vogelleben im ganzen Subkontinent.

Der größte Teil des Gebietes gehört zur Küstenebene von Mosambik und ist jahreszeitlich bedingten Überschwemmungen ausgesetzt, die den Nahrungsvorrat der fischreichen Überschwemmungspfannen, der Marschgebiete und Seen erneuern. Dieser Ablauf wird durch den Bau eines großen Betondammes irritiert, der an der Stelle, wo der Pongolafluß aus den Lebombobergen heraustritt, errichtet werden soll. Der Ablauf schlängelt sich durch die darunterliegende Ebene, aber glücklicherweise (von der Umweltwarte aus betrachtet) wurde die Bewässerungsanlage, die für die Makhatinifläche vorgesehen war, aufgegeben. Brakwasser unter der sandigen Oberfläche beeinträchtigte die Entwicklung der Landwirtschaftsgebiete.

Die Sandstrände, die Maputalands Küste zieren, sind die Anlaufstelle für die bedrohten Schildkröten, die über große Distanzen hierherkommen. Einge kommen gar von der kenyanische Küste, um genau an die gleiche Stelle im Sand zurückzukehren, wo sie einst ausgeschlüpft sind. Dort legen sie ihre Eier und halten den ewigen Kreislauf von Geburt und Tod aufrecht. An den Stränden ist der Zugang für Besucher eingeschränkt, Teil einer erfolgreichen Anstrengung, die Brutplätze zu schützen, die in den sechziger Jahren durch die menschliche Gier nach den Eiern und dem Schildkrötenfleisch nahezu vernichtet worden waren.

DIE FISCHKRALE VON KOSI BAY

Jahrhundertelang wateten die einheimischen Tembe-Tonga Fischer auf ihren täglichen Fischzügen durch verschlungene Anlagen von Fischkralen in den unteren Ausläufern der Kosi Bay Seenplatte. Diese Gehege wurden aus dicken Stöcken gebaut, die in den sandigen Boden gerammt und mit biegsamen Ästen verknüpft werden. Sie durchziehen spiralenförmig eine Kette, die aus vier untereinander verbundenen Seen besteht. Im rötlichen Schein des Sonnenaufganges sehen diese Strukturen und das Wasser wie ein futuristisches Kunstwerk aus.

Mit dem Gezeitenwechsel wandern die Fische vom Meer in die Seenplatte, und damit in derern beengende Krale. Manche Fischer waten, mit gespitzten Holzspeeren bewaffnet, hüfttief durch das Wasser und pirschen sich an die Fische heran und spießen dann die silbernen Leiber flink und gezielt auf.

Es ist eine schwere und frustrierende Arbeit: Die Krale müssen ständig ausgebessert werden, da die Flußpferde sie niedergewalzt, wenn sie sich zu ihren nächtlichen Weideplätzen an den schildbestandenen Ufern zu begeben.

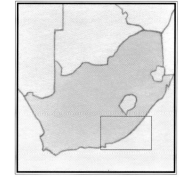

Das östliche Kap ist eine vielschichtige Region voller Kontraste. All diese Unterschiede haben ein wirklich verbindendes Element – ihre gemeinsame Geschichte. Eine Vergangenheit, die durch die anhaltenden Auseinandersetzungen zwischen Xhosa und englischen Siedlern stark geprägt wurde.

Land der Xhosa

Das Ostkap ist sowohl in seiner menschlichen als auch in seiner geophysikalischen Komposition äußerst vielfältig. Es erstreckt sich einerseits von der Küste des Indischen Ozeans, d.h. von Kap St.Francis im Westen, bis zur Grenze KwaZulu-Natals und andererseits im Inland von der Großen Karoo bis zu den Ausläufern der Drakensberge im Nordosten. Bis vor kurzem trafen in dieser Region drei wichtige politische Komponenten aufeinander: Die früheren 'Homelands' der Transkei und Ciskei und das ehemalige Kolonialgebiet des Ostkaps.

Das Ostkap unterscheidet sich von seinen westlichen Nachbarn auch in seiner Topographie. Die Berge sind hier runder, weniger bizarr, und sie liegen weiter im Inland und ermöglichen dadurch eine breitere Küstenebene. Die vielen Flüsse des Hinterlandes graben tiefe Schluchten in die Landschaft auf ihrem Weg zum Meer. Weiter nördlich, zwischen dem Randgebirge der Küste und einer weiteren Gebirgskette, liegt die große Ebene der Kleinen Karoo. Dieser Landstrich ist milder, feuchter und sehr viel ertragreicher als die große Schwester im weiten Landesinneren. Der Küstenstrich, besonders gen Osten, ist weltberühmt für seine wilde Schönheit.

All dies ist traditionelles Xhosagebiet, das schon, lange bevor die ersten europäischen Kolonisten 1652 am Kap der Guten Hoffnung landeten, besiedelt war. Das Bild hat sich in manchen Gegenden über die Jahrhunderte wenig verändert: Die wogenden Hügel sind noch immer mit strohgedeckten Hütten übersät, und die Menschen in den abgelegenen Landstriche haben viel von der Lebensart ihrer Vorväter beibehalten. Gleichzeitig ist diese Region aber auch die Wiege des englischsprachigen Südafrika. 1820 landeten die Briten in Algoa Bay (heute Port Elizabeth), und ihr Beitrag zur Kultur drückt sich in der Festwoche von Grahamstown aus.

Als 1858 in East London etwa 2 400 deutsche Einwanderer eintrafen, erhielt die Region einen weiteren Impuls ausländischer Kultur. Viele waren Veteranen des Krimkrieges, und ein Jahrzehnt später gesellten sich weitere 3 000 Landsleute dazu. Meistens waren es Arbeiter und Bauernknechte. Einige Ortsnamen wie Hamburg, Berlin und Stutterheim, weisen eindeutig auf ihren deutschen Ursprung hin.

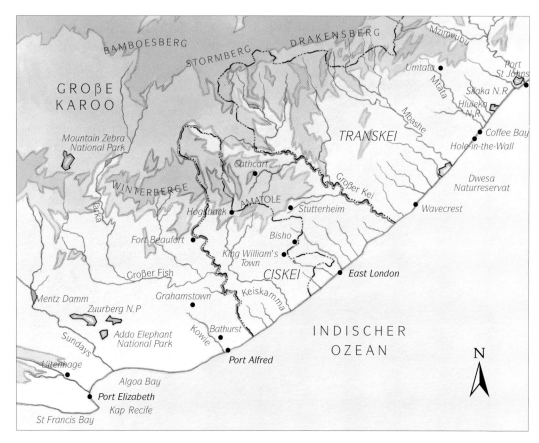

GEGENÜBER: DIE KÜSTE *am Ostkap ist grüner und beschaulicher als die Westküste und hat viele schöne Strände.*

schließt auch Waterfall Bluff ein, an dem der Pfad zwischen den herabstürzenden Wassern und dem Felsenriff entlangführt, ebenso die Mfikelo Falls, wo der Bach über den Abhang direkt ins Meer stürzt.

Port St. Johns ist ein idyllischer Ferienort an der Mündung des Mzimbvubu River und grenzt an das Silaka Naturschutzgebiet: Von hier führt eine fünftägige Wanderung nach Coffee Bay (Kaffeebucht) durch das Mngazital. Hinter Coffee Bay liegt ein langer Kiesstrand, der an Hole-in-the-Wall (Loch-in-der-Wand) grenzt, einem freistehenden Sandsteinriff, durch welches die See einen perfekten Gang ausgespült hat. Das anhaltendeDröhnen, wenn das Wasser durch die Öffnung schießt, hat ihm den Xhosanamen 'esiKhaleni' (der Ort des Geräusches) eingebracht.

LINKS: EINE DER *vielen schönen Flußmündungen an dieser Küste.*

UNTEN LINKS: EINE *pfeiferauchende Xhosafrau.*

Obwohl die westliche Lebensart die ursprünglichen Stammestrachten und Stammesbräuche fast völlig ersetzt hat, haben die traditionellen braunweißen Strukturen der Xhosahütten überlebt. Die geweißten Seiten sind der Sonne zugewandt, um die Mittagshitze abzuwehren, während die ungestrichenen Seiten nach Westen zeigen, um die Wärme der Nachmittagssonne aufzufangen und für die Nacht zu speichern. Auf diese Hütten trifft man bis an die östlichen Ausläufer der Drakensbsberge.

Zwischen Port Edward und Port St. Johns hat die See zwei dramatische Formationen aus dem Felsgestein ausgehöhlt – Cathedral Rock (Kathedralfelsen) und Castle (Burg). Der Weg

AbaKwetha – Vorbereitung fürs Leben

Viele Männer aus der Transkei arbeiten in den IndustriegebietenSüdafrikas und besuchen alljährlich ihre Heimatdörfer für einen Monat. Manche Sippen beziehen zusätzlich ein Einkommen aus Handarbeiten, die sie mit beneidenswerter Leichtigkeit und Geschicklichkeit anfertigen.

Die Xhosa glauben, daß Vorbereitung auf das Leben eine Sache des Beispiels und des Rituals ist: Der Erfolg eines Mannes hängt davon ab, wie er lebt, wie er an Stammesbräuchen und Tabus festhält. Traditionen werden so hoch geschätzt, daß Knaben vom fernen 'Egoli' (Johannesburg) heimkehren, um der 'Kwetha' (der Beschneidungsschule) beizuwohnen, wo der rituelle Übergang ins Mannestum und die Vorbereitung auf die Ehe stattfindet.

'Kwetha' beinhaltet eine dreimonatige, strenge Absonderung, während derer der junge Mann in einer bienenkorbförmigen Grashütte lebt – entweder in einer reinen Männergesellschaft oder in seiner eigenen kleinen Hütte. Die Identität des Initianden wird hinter Masken und weißer Sandstein-farbe, die von Kopf bis Fuß aufgetragen wird, verborgen – zugleich ein Symbol der Reinheit und Abwehr gegen das Böse. Nach der Einführungsperiode zeigt das rituelle Abbrennen der Hütten, die während der Absonderung verwendet wurden, das Ende der Knabenzeit an. Jeder Junge badet dann in einem Fluß, rennt nach Hause, wo sein Körper mit rotem Ocker eingerieben wird. Erst vier Jahre später wird der junge Mann dann als reif genug erachtet, eine Ehe einzugehen.

Südlich des Kei

Sowohl das kultivierte als auch das einfache Leben charakterisieren dieses Land der grünbedeckten Berge und unendlichen, idyllischen Küsten.

Der Great Kei River hat auf seinem Wege zum warmen Indischen Ozean so tiefe Schluchten gegraben, daß diese eine deutliche Grenze bilden, die das Land einteilt in ein 'diesseits- und jenseits des Kei'. Im Laufe der Geschichte, beziehungsweise vieler Kriege, wurde es eine strategische und politische Grenzlinie zwischen der Provinz British Kaffraria (der späteren Ciskei) und den Gebieten der Transkei.

Aber nicht nur die Geschichte zieht den Reisenden an, sondern auch die Region selbt mir ihren faszinierenden Kontrasten. Reichtum und erschütternde Armut existieren Seite an Seite; Kasinos und luxuriöse Erholungsorte an der Küste liegen in direkter Nachbarschaft mit Hütten aus Lehm und Stroh. Aber im großen und ganzen hat die Bevölkerung Grund, den Tourismus zu begrüßen. Die Ferienorte liegen an oder in der Nähe von den herrlichsten Stränden, Lagunen und Bergen (insbesondere die baumbestandene Amatolekette), und sie verschaffen dieser Gegend die notwendigen Arbeitsplätze und ziehen auch Touristen von der anderen Uferseite des Kei an.

Im Inland befindet sich das Verwaltungszentrum der ehemaligen Republik Ciskei, Bisho, eine kleine, erstaunliche Stadt, die innerhalb weniger Jahre aus dem Boden gestampft wurde. Bisho ist ein interessanter Gegensatz zu dem benachbarten Ort King Williams Town, der aus den dreißiger Jahren des vorigen Jahhunderts datiert. Es war einst die Hauptstadt von British Kaffraria und das Hauptquartier der britischen Streitkräfte. Bisho ist als Hauptstadt des 'homeland' aus dem Nichts entstanden, weil durch die wilkürliche Grenzziehung der Verwaltung weiße Ansiedlungen wie King Williams Town nicht zur Ciskei gehörten.

Die Schönheit ihrer Küste hat die Ciskei und ihre Grenzregionen bekannt gemacht. Von der Mündung des Great Kei im Norden bis zu dem Great Fish River im Süden ist der Küstensaum mit einer betörenden Vielfalt an Schätzen der Natur gesegnet. Erholungsorte wie jener an der Mpkwenimündung haben sinnvoll und behutsam aus den bezaubernden Plätzen, die ihnen von der Natur geboten wurden, Kapital geschlagen. Diese modernen Enklaven werden durch eine Anzahl von Stränden, an denen Flüsse ins Meer münden, voneinander getrennt. Und gleichzeitig bilden diese eine Grenze gegen ein übermäßiges Eindringen der Zivilisation. Diese Landschaft, die nur von einzelnen Fischern oder Muschelsammlern bevölkert wird, bietet ein ungestörtes Habitat für Vögel und wilde Kreaturen, die ihre vergänglichen Spuren lange vor dem Eintreffen der Menschen dort im Sande hinterließen.

OBEN: DIE GONUBIEMÜNDUNG *bei East London. Der Buffalofluß im Süden dient der Stadt als Hafen.*
OBEN RECHTS: EIN FISCHADLER *kreist über Birha, das mit Muscheln bedeckt ist.*

OBEN: ALTE TRADITIONEN *sind in der Ciskei auf dem Land noch anzutreffen. Diese Frauen, von Hühnern umringt, zerstoßen Korn.*
OBEN RECHTS: DAS *Ostkap ist für seine vielen Flüsse und die bezaubernde Küste bekannt. Die Schönheit der Natur hat noch jeden betört.*

Der Küstenstreifen kann in verschiedenen Wandersafaris erkundet werden, die Pfaden folgen, die prähistorische Küstenbewohner von der Keimündung bis East London einst ausgetreten haben. Eine andere Route führt vom Geat Fish River bis zum Chalumna River, am Madagascar Riff vorbei, das vor der Küste des Birtha-Erholungsortes liegt. Der Strandloperpfad wiederum schließt in seine 93 Kilometer lange Strecke 10 Flußmündungen und zwei Naturschutzgebiete ein. Die Wanderung kann unterbrochen werden, um an verschiedenen malerischen Stellen zu übernachten oder einige Ausflüge zu den Wildhütten und historischen Siedlungen im nahen Inland zu unternehmen.

Die 64 Kilometer Shipwreck-Route führt u.a. auch zwischen Keiskammamündung und Chalumna River entlang. Es ist ein legendäres Muschel- und Vogelgebiet; die Muscheln hängen in dichten Trauben auf den Felsen. Die Küste ist übersät mit Muschelschalen und Strandgut uralter Wracks, die vom Madagascar Riff angespült wurden.

COELACANTH – NICHT ALLE FOSSILIEN SIND VERSTEINERT

Der Coelacanth war für mehr als 70 Millionen Jahre ausgestorben. Jedenfalls glaubten das die Wissenschaftler, bis 1938 ein lebendiges Exemplar vor der Mündung des Cahlumna River bei East London ins Netz ging. Es wurde nur durch Zufall entdeckt. Unerklärlicherweise war der Fisch aus seinen heimatlichen Gewässern, dem tiefen tropischen Meer vor Ostafrika, abgewandert, und es war Zufall, daß Kapitän Goosen sein Netz auf dem Heimweg ausgeworfen hatte. Und unter den zwei Tonnen Hai und anderer Fische mußte der Coelacanth erst einmal bemerkt und identifiziert werden.

Die Entdeckung eines Fisches, der vor 300 bis 7o Millionen Jahren gelebt hat, war eine internationale, wissenschaftliche Sensation und brachte Prof. J.L.B.Smith aus Grahamstown, dem Mann, der den Fisch identifiziert hatte, Weltruhm ein. Der Coelacanth wurde bekannt als 'das alte Vierbein', da Smith ihn nach der ungewöhnliche Anordnung seiner Flossen taufte. Weitere Exemplare wurden – wie Smith vorausgesagt hatte – in der Nähe der Komoren gefunden. Der erste Coelacanth der Komoren wurde mit einem Militärflugzeug nach Südafrika geflogen, wo er in dem J.B.Smith Institue of Itchhyology an der Rhodes Universität ausgestellt wurde.

Das ursprüngliche südafrikanische Exemplar wurde zu Ehren von Frau Courtenay-Latimer *Latimeria chalumnae* genannt. Ihr hatte der Kapitän Goosen zuerst seinen Fund gebracht, den sie als etwas Außergewöhnliches erkannt hatte.

Heute ist er im Museum in East London zu sehen. Der Welt einziges Dodo-Ei ist auch in diesem Museum ausgestellt .

Hogsback und die Amatoleberge

Die Gipfel sind im Winter oft schneebedeckt, im Sommer in kühle Nebel gehüllt,

und sie ragen empor über die Hänge und Ausläufer jener Berge, welche die

Xhosahirten Amatole nennen.

Die sanft gerundeten Konturen der Amatole Gebirgskette, von denen der Hogsback ein hervorstehender Teil ist, sind bei den Xhosa als 'die kleinen Kühe' bekannt, denn seit langem weiden sie ihr Vieh auf den niederen Hängen und an den Ufern des sich dahinschlängelnden Keiskamma. Die Hänge sind mit einheimischem Niesholz, Eisenholz und Gelbholz dicht bewaldet, und teilweise ist das, bis 30 Meter hohe, Blätterdach so dicht, daß kein Unterholz sich auf dem schattigen Waldboden halten kann. Kleine Lichtungen jedoch sind überall mit strauchartigem Gebüsch, Grassteppe und Fynbos (Heide) bedeckt. Überall gibt es spektakuläre Wasserfälle, kalte, klare Bergseen und Forellenbäche, und der Ausblick von unerwarteten Waldöffnungen ist einfach atemberaubend.

Eukalypten und Nadelbäumen bilden ihre eigenen Wälder oder verleihen den mit dornigen Sträuchern gesäumten Straßen Schatten. Hin und wieder gibt es einen alten Baum, der Kirschen, Nüsse oder Birnen trägt.

Gärten stellen einen Überfluß an Pflanzen aus allen Teilen der Welt zur Schau. Die Hecken tragen Beeren, es gibt Rhododendronbüsche, Azaleen wachsen über-

schwenglich, und riesige Pilze sprießen auf dem Waldboden. Ein Teil von Hogsback strahlt eine deutlich englische Landatmosphäre aus, und diese, verbunden mit seiner südlichen, afrikanischen Pracht, macht seinen großen Reiz aus.

Zwischen den Bergspitzen und Tälern gibt es eine Reihe von drei gewölbten Bergrükken, von denen einer – bekannt als 'First Hogsback' – dem Rücken eines stämmigen Schweines ähnelt. Die Felsformation erinnert an Borsten, so meinen zumindest die alten Einwohner. Andere beziehen sich auf einen Engländer, Major Hogge, oder auf einen Ort in England, Hogs Back genannt, andere wieder auf die Wildschweine (Hogs), die einst in diesen Wäldern umherstreiften. Was auch der Grund für diese Namensgebung gewesen sein mag, es ist ein alter Name, der mindestens auf 1848 zurückgeht.

Redcoat Lane (Rotrockgasse) ist als Teil einer Befestigungsstruktur der östlichen Front am Kap eine Erinnerung an die Präsenz der

OBEN: WEIßE ARUMLILIEN *schmücken den Waldboden bei Hogsback.*
LINKS: EIN WALDEULENPÄRCHEN, *Bewohner des Amatolewaldes.*

BURGEN UND RUINEN

Man trifft Ruinen auf Hügeln oder an Flußfurten an: Das ist alles, was von den Forts übriggeblieben ist, in denen einst die Soldaten unter King George, King William oder Queen Victoria unruhig Wache geschoben haben, während der Kolonialkrieg gegen die enteigneten Xhosa tobte.

Fort Michael im Hogsback ist zerfallen, aber der Schießturm auf Fort Armstrong überblickt den Fluß in der Nähe von Balfour. Eine Rundfahrt durch Hogsback, die Fort Beaufort, Grahamstown, Peddie und Alice einschließt, ist eine Reise durch ein geschichtsträchtiges Land, in dem der Widerhall von Waffen noch nachklingt. Jetzt wird ein neuer Kampf ausgefochten: Das Wild und sein Umfeld vor Vernachlässigung und Ausbeutung zu schützen.

Die Region legt Wert auf Umweltschutz, und man ist sich des Vorteils gewahr, der der Gemeinde daraus erwächst.

Die verschiedenen Schutzgebiete in der Region werden in enger Zusammenarbeit mit den ansässigen Dorfbewohnern

geführt. Alle Reservate sind ein besonderer Anziehungspunkt und haben komfortable Unterkünfte im Landgasthausstil. Das Tsolwana Wildreservat ermöglicht eine hervorragende Wildbeobachtung, bietet Wanderungen und Ponyreiten sowie Jagd an. Mpofu, die Heimat der Kuhantilope, wird mit einer Vielzahl Wild aufgestockt. Flußpferde ziehen im Double Drift umhert. Wandersafaris, die von erfahrenen Führern geleitet werden, ermöglichen dem Besucher Kudus, Spitzmaulnashörner, Kapbüffel und Leoparden zu beobachten.

runde Kirche St. Patrick-on-the-hill. Sie liegt neben Hogsbacks 'Durchfahrtsstraße', die an entzückenden Hotels, der Post und Seitenstraßen vorbeiführt, die zum Kennenlernen dieses bezaubernden Ortes einladen.

UNTEN: WALDZAUBER IM Hogsback.
GANZ UNTEN: EINE SCHNEELANDSCHAFT an der Hogsback-Cathcart Straße. Diese Gegend sollte der Besucher am besten zu Fuß erkunden und erleben. Es lohnt sich !

englischen Armee und den langen Kampf um Land zwischen weißen Farmer und schwarzen Viehzüchter. Aber Krieg ist im Hogsback in weite Ferne gerückt. Auch wenn die Grashügel alte Befestigungen und Gräber verdecken, so scheint die Luft doch lebendig, voller Frische und wunderbar.

Hogsback, seine Wälder und Wasserfälle sollte man zu Fuß kennenlernen. Die Wege sind gut durchdacht und haben Raststellen, die gewöhnlich ausgezeichnete Aussichtsplätze sind. Man sollte allerdings, ganz gleich zu welcher Jahreszeit, warme Kleidung zur Sicherheit gegen einen plötzlichen Wetterumschwung mitnehmen. Dieses etwas kapriziöse Klima macht einen Teil des Charmes von Hogsback aus, und es wäre schade, wenn die Erinnerungen an die aufsteigenden Nebel der Kettle Spout Falls (Kesselschnabel-Fälle) durch den Gedanken an ausgestandene Unannehmlichkeit getrübt würden.

Dies ist ein stilles Land, das ein Höchstmaß an Alleinsein verspricht. Aber man ist nicht

allein: Die schattigen Tiefen gewähren einer ganzen Gemeinschaft von kleinen geschäftigen Tieren Unterschlupf, und die gewaltige Stille wird von einem gelegentlichem Rascheln oder einem diskreten, aber ungenierten Grunzen unterbrochen. Amatole Kröten und Hogsback Frösche verstecken sich in der Nähe eines Besuchers, ebenso wie riesige Goldmaulwürfe und bis zu drei Meter lange Regenwürmer, großäugige Buschböckchen und der seltene, blaue Duiker. Ab und an hört man das Geschnatter eines Samangoaffen und die schrillen Rufe der Kappapagaien und Knysna Loerie. Aber die Stille umhüllt den Besucher immer wieder wie ein tröstender Mantel.

In der Oak Avenue gibt es auch geistlichen Beistand. Kirchenbänke aus gefällten Baumstämmen bilden das Kirchenschiff einer riesigen Freiluft-Kathedrale, in der an Ostern und Weihnachten Gottesdienste unter freiem Himmel abgehalten werden. Etwas formeller, obgleich durchaus idyllisch, ist die kleine

LINKS: VON SUMMERSTRAND *aus gleiten die Hobie Cats auf den warmen Indischen Ozean hinaus.* UNTEN RECHTS: EIN ERGREIFENDES *Denkmal aus der viktorianischen Epoche.*

Port Elisabeth – die freundliche Stadt

Die Hafenstadt, die sich entlang der Küste um die Algoabucht schlingt, wurde

schon mit den unterschiedlichsten Spitznamen bedacht, unter anderen 'die

windige Stadt' und 'das Detroit von Südafrika'. Berühmt ist der Ort allerdings

für die freundliche Wesensart seiner Einwohner.

Nebst seiner legendären Freundlichkeit bietet Port Elisabeth eine ungewöhnliche Palette an Attraktionen. Die Stadt ist ein idealer Freizeitort, in dem man nicht nur die endlosen, weißen Strände der Sonnenküste, sondern auch seine faszinierende naturwissenschaftliche und soziale Geschichte erkunden kann, gleichzeitig aber auch die Obsthaine des Hinterlandes und die Landschaft der mittleren und östlichen Karoo.

Aber beginnen wir mit der Stadt selbst. Die 'Geschichtsroute' (Heritage Trail) durch das Stadtzentrum veranschaulicht einen Ausschnitt von Port Elisabeths bezaubernder Architektur. Königin Viktoria, fürstlich gewandet in sizilianischem Marmor, überblickt mit ernstem Gesicht den Marktplatz, wo der Rundweg seinen Anfang nimmt. Die nahegelegene, neugotische Bibliothek, 1902 eröffnet, hat eine Terracottafssade, die in England hergestellt und in nummerierten Teilen nach Südafrika gebracht und vor Ort zusammengebaut worden war.

Östlich des Marktplatzes liegt die Campanille, die der Landung der Siedler von 1820 gedenkt. Diese 51,8 Meter hohe Konstruktion mit einem Glockenspiel von 23 Glocken, wurde 1923 oberhalb des Küstenstreifens errichtet, wo die Siedler an Land kamen. Man kann den Strand heutzutage nicht mehr ausmachen, selbst dann nicht, wenn man die 204 Stufen der Campanille hinaufsteigt und von der Aussichtsplatform danach Ausschau hält, da die Stadt sich sehr verändert hat.

The Hill, das ältesten Wohngebiet der Stadt, hat die ältesten Straßen, in der erstklassig erhaltene alte Häuser stehen. Victoria House ist das ehrwürgigste und liegt in der Constitution Hill 31: Es wurde etwa 1825 erbaut. In Donkin Street liegt eine Reihe Terrassenhäuser am Hang, die alle aus dem Jahr 1870 datieren und unter Denkmalschutz stehen, um sie für weitere Generationen zu erhalten. Auf dem freien Platz des Donkinreservats, neben dem alten Leuchtturm, gedenkt eine schmale Steinpyramide Elisabeth Donkins, deren Vorname der Stadt bei der Gründung gegeben wurde.

Der Heritage Trail schließt einen Halt bei der Eisenbahnstation ein, die 1875 erbaut wurde, als die Eisenbahn in Südafrika noch eine Neuheit war. Die verzierten und vielbewunderten schmiedeeisernen Säulen, die das Dach stützen, sind erst 20 Jahre später hinzugefügt worden. Ganz in der Nähe liegt das White House, eines der schönsten Beispiele für Jugendstilarchitektur im Land. Die alte Feather Market Hall – jetzt ein edles Konferenzzentrum und Konzertsaal – wurde

DER GRÜNDER: SIR RUFANE DONKIN

Der in Irland geborene Rufane Donkin hatte das Alter von 43 Jahren und den Rang eines Generalmajors erreicht, als er sich zum ersten Mal verliebte.

Die Dame, weit jünger als er, hieß Elisabeth Markham, die Tochter eines kirchlichen Würdenträgers. Das Paar heiratete 1815, kurz bevor Donkin eine wichtige Befehlsstelle in Indien antreten sollte. Er hatte schon das Soldatenleben in Westindien überstanden und hatte in Portugal, Sizilien und Spanien gegen Napoleon gekämpft. Die liebliche Elisabeth hingegen erwies sich als ein weniger robuster Mitstreiter. Ihr Sohn wurde 1817 geboren und genau acht Monate danach erlag Elisabeth im nordindischen Ort Meerut einem Fieber. Von Trauer gekennzeichnet und selbst krank, kehrte Donkin nach England zurück. Am Kap der Guten Hoffnung wurde er jedoch von Sir Charles Somerset dazu überredet, als stellvertretender Gouverneur zu amtieren, während Somerset selbst in England Urlaub machte.

Es war Donkin, der 1820 die Ansiedlung der 4 000 britischen Einwanderer ins Leben rief. Am 6. Juni des gleichen Jahres benannte er die entstehende Stadt nach seiner verstorbenen Frau. Noch immer in Trauer, plante er eine weitere Gedenkstätte in ihrem Namen: Auf einem seewärts gerichteten Hügel, der über die Stadt hinausblickt, lies er eine Sandsteinpyramide errichteten, die jener auf dem Gelände von Castle Howard in Yorkshire, Elisabeths Heimat, ähnelte.

Das Elisabeth Donkin Memorial trägt zwei Plaketten, eine zum Gedenken an "eines der vollkommendsten menschlichen Wesen, deren Namen die Stadt hierunter trägt", und die andere für "den Gatten, dessen Herz von unverminderter Trauer umschlungen ist". Sir Rufane Donkin hat seinen persönlichen Schmerz nie überwunden und nahm sich 1841 das Leben.

1885 eröffnet. Sie diente als Börse für den Handel von Straußenfedern, Wolle, Häute, Felle und Früchte.

Eines der meistgeliebten Gebäude in Port Elisabeth ist das Opernhaus, letztes Relikt des viktorianischen Theaters in Südafrika. Auch eine Reihe historischer Kirchen sind bei dem Heritage Trail eingeschlossen und der St. Georges Park, wo 1889 das erste Criketwettspiel (gegen England) abgehalten wurde.

Jahrelang beschränkte sich der Tourismus in Port Elisabeth auf ihre bekannte Delphinschau: Dimpel und Haig, die ersten Delphine in Gefangenschaft. Das Delphinpärchen warf unerwarteterweise Junge, ein seltenes Ereignis bei gefangenen Tieren. Sie gründeten damit ihre Delphinfamilie.

Allmählich jedoch erweckten die Vorteile eines milden Klimas, der schönen Strände sowie die mannigfaltigen Attraktionen der Umgebung ein ausgeprägteres Bewußtsein für das wirkliche Potential der Stadt. Geschickte Vermarktung führte zum Wachstum der Touristikbranche, die nun mehr umfaßt als nur die Delphinschau. Obendrein wurde Port Elisabeth dazu auserkoren, 1997 die World Games (Weltspiele) auszurichten. Eine Stadt, an der man nicht vorbeifahren sollte.

UNTEN: DIE KÜSTEN, *die Port Elisabeth zu beiden Seiten einrahmen, sind ein Mekka für Urlauber. Die Stadt liegt an der Algoabucht, wo die erste große Landung britischer Einwanderer stattfand.*

Abenteur in Albany und Addo

Albany, Bathurst und Grahamstown – dies sind einige der sehr englischen

Namen, welche die Kolonialherren und ihre Gefolgschaft einem Land von

uralter, afrikanischer Lebensart aufzwangen.

Betrachtet man eine Landkarte großen Maßstabs vom Ostkap, wird man einige Fragmente von England entdecken: Ortschaften und Namen, die an die alte Heimat erinnern, verteilen sich über die Ebenen und Hügel der Region. In Albany wurden 1820 etliche Tausend britischer Einwanderer entlang einer unruhigen Grenze angesiedelt. Es wurde erwartet, daß sie erfolgreich Farmen aufbauten. Viele Siedler zog es mit der Zeit in die Städte, wo sie die Berufe, die sie in England ausgeübt hatten,

anwenden konnten. Aber ihre Namen haben überlebt, in Stein oder in Häusern gemeißelt, die sie gebaut hatten. So gibt es Glenthorpe und Trentham Park, Broadfield und Oakdale, die sich zu vielen anderen Namen in der Umgebung Grahamstowns gesellen.

Grahamstown wurde nach einem ehemaligen Soldaten benannt, ein Angehöriger der britischen Armee, die mit dem Xhosaheer bei einem der Landkriege aufeinanderprallte. Noch heute überblicken Forts die Hügel und Flußübergänge. Es waren einst kleine, zweck-

gebundene Stätten mit Kasernen und gedrungenen Geschütztürmen; manche hatten auch höhere Türme, um Signale zur nächsten Garnison zu übermitteln. Ein Fort liegt im Herzen von Grahamstown: Fort Selwyn, auf Gunfire Hill. In seiner Nähe steht eine Bronzestatue, die den britischen Siedler ehrt, und das Settlerdekmal, das eine riesige Halle und ein Konferenzzentrum beinhaltet.

Dieses Denkmal ist Kernpunkt der alljährlichen Winterfestspiele, wenn Grahamstown, Heimat der Rhodes Universität, sein englisches Erbe und besonders die Sprache, feiert. Allerdings haben die Festwochen in letzter Jahren einen allgemeineneren Charakter angenommen und würdigen die afrikanischen Kulturen ebenso wie den Zeitgeist. Der Ort versteht sich als Treuhänder, oder zumindest als Hüter der Kultur, und seine Museen reflektieren diese Traditionen.

Ein außergewöhnliches Museum ist das Observatory, einst das Heim eines Juweliers und Laienwissenschaftlers, der einen Beitrag zur Bestimmung von Südafrikas erstem Diamanten leistete. Die Hauptattraktion dieser alten Heimstätte ist seine Camera obscura, ein Instrument, das die Kinder von heute genauso begeistert wie ihre viktorianischen Vorfahren. Die Kirchen sind auf ihre Art auch

OBEN: DER SCHÖNE GOLFPLATZ *von Port Alfred. Das entzückende Städtchen liegt an einem schiffbaren Fluß, und im 19. Jahrhundert wandten die Siedler viel Zeit und Mühe an, um den Hafen auszubauen.* RECHTS: EIN ERFRISCHENDES *Bad nimmt eine Elefantengruppe am Addo Wasserloch.*

Das Naturschutzgebiet bei Bathurst heißt Waters Meeting (Treffpunkt der Gewässer). In einer hufeisenförmigen Schlaufe bahnt sich der Kowie River seinen Weg zum Meer. In Port Alfred dümpeln Vergnügungsboote in einer eleganten Marina und sind die einzigen Boote, die heutzutage den kleinen Kanal bevölkern. Die Zeit der Meeresromantik wird vom örtlichen Museum widerspiegelt.

Im Westen gibt es andere Flüsse, Kariega, Bushmans und Boknes, die ebenfalls zum Meer fließen Das Gelände, das sie durchkreuzen, ist nicht nur reich an Geschichte, sondern auch an vielfältiger Vegetation und an Naturschutzgebieten.

LINKS: FORT SELWYN, *1836 erbaut, diente ursprünglich zur Übermittlung von Botschaften – per Signale. Das Fort verband so Grahamstown mit einer Reihe weiterer Befestigungsanlagen.*

Museen, und es gibt ihrer viele – insgesamt hat man etwa 40 gezählt, so daß Grahamstown seinen Spitznamen, 'die Stadt der Heiligen', durchaus verdient.

Das alte Kapparlament wurde in den sechziger Jahren des vorigen Jahrhunderts ein einziges Mal einberufen, um die Sezessionisten des Ostkap zu besänftigen, die meinten, daß ihre Provinz eine eigene Regierung haben sollte. Doch Grahamstown wurde nie eine Metropole, obgleich es unzweifelhaft das Zentrum des Bezirks Albany ist.

Dies ist das Zuurveld, das saure Feld, ein Land der Weide und des Ackerbaus, und nur eine kurze Strecke von Grahamstown entfernt findet man weitere Städte und Stätten von eigenem, besonderem Reiz.

Stadt des Friedens

Da gibt es zum Beispiel das kleine Salem: Ein paar verstreute, weiße Katen und eine schmucklos strenge Kirche liegen auf einer Ebene, die mit dürftigem Busch und Aloen bewachsen ist. 'Salem', abgeleitet von den biblischen Psalmen, bedeutet Frieden. Der Name erscheint passend, aber der Ort hat während der langen leidvollen Zeit der Grenzstreitigkeiten auch Kriegslärm und Angst gekannt. Weiter im Inland liegt Bathurst mit seiner eckigen Kneipe und einer Kirche, wo Frauen und Kinder Zuflucht fanden, während ihre Männer das Umland bewachten.

JÄGERHÖLLE ODER ELEFANTENPARADIES

Ein berühmter Jäger sagte einmal über das Addo Buschfeld, "wenn es eine Hölle für Jäger gibt, so ist sie hier". Die schier undurchdringliche Dichte des

Busches, bekannt als Spekboom oder Elefantenkost (*Portulacaria afra*), ermöglichte es den Dickhäutern, im Addo zu überleben. Ebenso wie ihr massiger Körper, der sie in die Lage versetzte, dorthin vorzudringen, wohin der Mensch nicht folgen kann. Die dortige Pflanze ist treffend benannt: Ihr Nährwert sättigt mehr als 200 Elefanten im Addo Elefant National Park – mehr als die dreifache Tragfähigkeit eines etwa 12 000 Hektar großen Gebietes.

Der Park liegt im Tal des Sunday River am Fuße des Zuurberggebirges und bietet auch Elen (Kuhantilopen), Kudu, roten Gnus und anderen Antilopen eine Heimat. Auch 170 Vogelarten, darunter Habichte, Finken, Steißfüßler und Sumpfhühnern sind hier zu Hause.

Einst zogen Elefanten bis zur den südlichen und westlichen Enden des Tafelbergs, aber innerhalb eines Jahrzehnts europäischer Besiedlung waren westlich der Algoabucht fast alle Dickhäuter ausgerottet. Bei Knysna, wo dichte Wälder einen wohlwollenden Schutz gewähren, leben selbst heute noch einige Elefanten, aber diese werden sehr selten gesichtet.

Der 'Garten' an der Südküste des Kaps erstreckt sich über 230 Kilometer, von Mossel Bay im Westen bis zum Storms River im Osten – eine atemberaubend malerische Region, die einen vielfältigen Charme besitzt und hervorragend für den Tourismus entwickelt ist.

Die Garten Route

Ein Franzose, Francois le Vaillant, reiste im späten 18. Jahrhundert die Südküste des Kaps entlang, die treffend als Garten Route bezeichnet wird. Er beschrieb eine Bergkette, die von erhabenen Wäldern bewachsen ist, schrieb über die "gefälligen Hügeln unterschiedlichster Formationen". Er schrieb auch über das "herrlichste Weideland" und die Blumen, "deren Farben, Vielfalt und die reine kühle Luft, die man atmet – sie alle lenken die Aufmerksamkeit ab und verleiten zum Verweilen. Die Natur hat diese bezaubernden Gegenden wie ein Märchenland geschaffen."

Zu 'Verweilen' ist ein guter Rat für den Reisenden. Es gibt viele Plätze, wo man sich aufhalten kann, und wo es viel zu sehen gibt. Als der Mensch hier einzog, war seine Einwirkung auf die Landschaft unbedeutend. Ein paar Farmer und Holzfäller hatten einige leichte Narben in die Natur geschlagen. Kleine Lichtungen wiesen vereinzelte Eingeborenendörfer auf, so z.B. das der Outeniqua (der Name bedeutet: Mit Honig beladene Männer), die sich an einem Ort, den die Holländer Hoogekraal (heute Pacaltsdorp) nannten, in der Nähe des heutigen George, niedergelassen hatten.

Im Laufe der Zeit sind weitere Städte gegründet worden. Heute sieht man Flugzeuge hoch über der Bergkette, die von portugiesischen Entdeckern die 'Berge der Sterne' genannt wurden. Es gibt noch immer große Wälder und stille Seen. Das Meer spült wie ehedem an die herrliche Küste, und obgleich der Mensch in 'diese bezaubernden Gebiete' eingedrungen ist, haben sie bis heute ihren Zauber nicht verloren.

UMSEITIG: DIE BEZAUBERNDE *Wilderness Seenplatte aus der Vogelperspektive. Dieser Teil zählt zu den schönsten und wird 'Die Serpentine' genannt.*

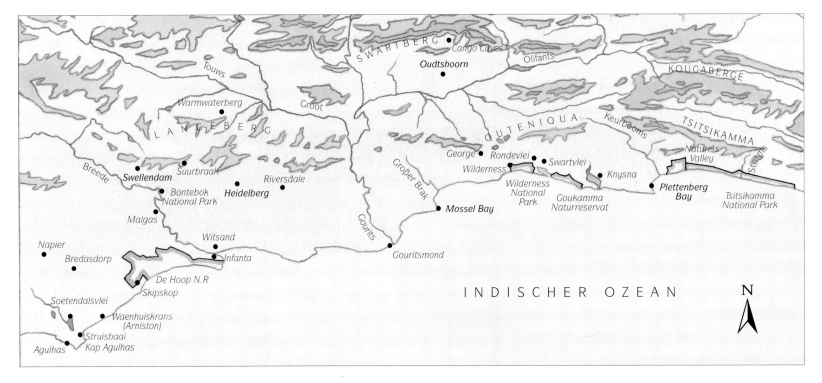

Plettenberg Bay

Liebevoll als 'Plett' bekannt, liegt dieser herrliche Erholungsort in einer Bucht,

neben Lagunen und Flußmündungen am westlichen Ende der Garten Route in

einer der dichtbeforstetsten Regionen des Landes.

Mal Algoa Bay (Bucht der Lagunen), mal Bahia Formosa (herrliche Bucht) und Bay of Content (Bucht der Zufriedenheit) genannt, gab schließlich 1778 Gouverneur Baron Joachim von Plettenberg dem Ort seinen Namen. Aber für die tausenden Besucher, die sich hier jeden Sommer am Strand aalen, scheint es die Bucht der Zufriedenen zu sein. Plettenberg Bay und seine Umgebung sind wunderschön; die Gegend ist an 320 Tagen im Jahr mit Sonnenschein gesegnet; seine klaren Gewässer sind, genau wie der feine weiße Sand, unvergleichlich. Hier findet man auch die süße, kleine Miniaturmuschel (*Echinodiscus bisperforatus*). Ein typisches Mitbringsel und Souvenir.

Auf beiden Seiten des Beacon Island Ferienhotels sind zwei der drei Hauptbadestrände, Central und Robberg. Ersterer liegt praktisch vor der Haustür des Hotels und wird von Familien bevorzugt, während letzterer, ein langgestreckter, goldener Sandstrand, an der Robberg (Robben Berg) Halbinsel endet, einem Naturreservat von 240 Hektar und reich an Vögeln und Wattlebewesen. Die Halbinsel legt sich wie ein beschützender Arm um die Bucht und hält damit den Westwind vom Strand ab.

In der Natur

Das Robberg Naturschutzgebiet umrahmt eine wichtige archäologische Fundstätte. Nelson's Caves, an der Südseite gelegen, waren einst von Küsten-Khoisan bewohnt. Man erreicht die Höhlen in einer gemächliche Wanderung an der Seite des Berges entlang, wobei man einen traumhaften Ausblick und reine Meeresluft genießt. Die frühen Bewohner der Region hatten eine jahreszeitlich bedingte Lebensweise, die man durch die jüngsten Ausgrabungen nachvollziehen kann: Es scheint, als hätten sie den Sommer im Inland zugebracht und den Winter an

OBEN: DAS ELEGANTE *Beacon Island Hotel in Plettenberg Bay, umgeben von herrlichen Badesträngen.*
OBEN RECHTS: KANUFAHRER *auf dem Keurbooms River. Tiere zu beobachten ist ein weiterer Anziehungspunkt.*

DEN OTTERWEG ENTLANG

Südafrikas erster angelegter Wanderweg ist noch immer einer der beliebtesten. Er verläuft entlang der malerischen Küste von der Mündung des Storms River, Hauptquartier des Tsitsikamma National Parks, bis zu dem bezaubernden Dorf und Reservat von Natures Valley.

Wanderer brauchen fünf Tage, um die 41 Kilometer Strecke zurückzulegen. Obgleich ein Tagesabschnitt recht kurz ist, ist das Terrain anstrengend und schließt auch das Kreuzen des Bloukrans River ein: Entweder watet oder schwimmt man hindurch. Der längste Teil der Strecke führt an der Küste entlang, hin und wieder geht es durch Wald- und Fynbosgebiet, und man sollte sich die Zeit nehmen, die schöne Landschaft, das Vogelleben, die Bäume und die Muschelberge in sich aufzunehmen, die Paviane und sogar, unweit draußen im Meer, Delphine, Wale und Seerobben.

kultivierten kleinen Hügelstadt sind Aussichtsfelsen, von wo aus man die riesigen und beeindruckenden südlichen Glattwale beobachten kann, die in den Wintermonaten zur Paarung in Küstennähe kommen.

Dahinter ist Lookout Beach, angeblich das schönste Stück Sandstrand in Südafrika: Es grenzt an einen Zweig der großen Bitou Lagune, Zusammenschluß des Bitou und Keurbooms River. Es ist ein Paradies für Wasserskiläufer und Jachtbesitzer. Lohnenswert ist ein Besuch der Keurbooms River und Whiskey Creek Naturreservate, wo es Ferienchalets auf idyllischen, schattigen Lichtungen gibt sowie ein Gästehaus auf der einzigen vorhandenen Flußinsel.

Ein Urlaub in Plettenberg Bay ist hauptsächlich, aber keineswegs ausschließlich, etwas für Wohlhabende. Einige der Reichen und Berühmten kommen im Privatflugzeug an; andere Stammgäste nutzen die regulären Verkehrsdienste oder fahren von Kapstadt oder Port Elisabeth aus die Garten Route entlang – mit Fahrrädern, Surfbrettern und anderen Sportgeräten auf dem Autodach und im Kofferraum. Die Reise an der Küste entlang ist wunderschön.

einer Küste, die reich an Schalen- und anderen Meerestieren war. Ein guterhaltener Kinderschädel von etwa 700 v. Chr. wurde in einer der drei Beerdigungsstätten gefunden, wo man auch Muscheln, Steinwerkzeuge und Perlen aus Straußeneierschalen fand.

Das Städtchen 'Plett'

An den Dünen liegen Häuser – mit Blick auf den Robberg Beach und bis zum Dachfirst von üppiger Vegetation umgeben – die sich bei näherer Betrachtung eindeutig als Küstenschlupfwinkel der Superreichen herausstellen: Große Garagen und gepflegte Gartenanlagen sind die augenfälligsten Anzeichen.

Die bekanntesten Strände von Plettenberg Bay werden durch die Lagune an der Mündung des Piesang River (Bananenfluß) getrennt, der sich gemächlich durch das sich anschließende Tal windet. Auch hier findet man Anzeichen des luxuriösen Lebens: Prächtige Reihenhäuser blicken auf das schwarzbraune Wasser, das hier und da durch den wenig energievollen Ruderschlag eines Kanufahreres bewegt wird. Östlich der

OBEN: SONNENANBETER *genießen die Wärme an der Storms River Mündung, die östliche Grenze der Garten Route.*
LINKS: DER KNYSNA LOURIE, *einer der reizenden Bewohner der einheimischen Wälder.*

Knysna – Land der Wälder

Vor hundert Jahren gruben Männer in der Umgebung von Knysna nach Gold,

und sie fanden es auch. Aber der wirklichen Schatz dieser Gegend liegt in der

Schönheit und Friedlichkeit seiner Lagune und den uralten Wäldern.

Die Gezeitenlagune, die durch den Knysnafluß genährt wird, bestreitet 17 Quadratkilometer und ist eine der größten Flußmündungen Südafrikas. Es ist auch ein 'ökologischer Brutkasten' verschiedenartiger Habitate für Vögel und Fische, es ist die größte Austernzuchtanlage des Landes und die Heimat einer seltenen Seepferdchenart, sowie des kleinen Echinoid, der in seinem zarten blütenartigen Gehäuse an Land geschwemmt wird. Dieses Wasser, mal schwarzbraun, mal blau, windgepeitscht oder still, die umliegenden Hügel und Abhänge widerspiegelnd, begeistert die Maler.

Die frühen Seeleute sahen das anders, und das Überqueren der trügerischen Sandbank in der Furche zwischen den Sandsteinabhängen bei The Heads ist noch immer ein riskantes Unterfangen. Offiziell dient Knysna nicht mehr als Hafen, aber einst bot es einer kleinen Fischerflotte Schutz, und für einige Jahre trotzten Küstendampfer regelmäßig dem Schrecken der Einfahrt. Heute ist die Lagune der Heimathafen für Jachten, Hausboote und ein paar Pendelschiffe, die Besucher über das Wasser zur westlichen Landzunge mitnehmen, wo es ein privates Naturschutzgebiet gibt. Die östliche Landzunge, mit einigen versprengten, teuren Häusern und leicht von der Straße aus zu erreichen, ermöglicht einen großartigen Blick über Meer und Lagune, Stadt und Berg.

Das Zentrum Knysnas liegt auf der nördlichen Küstenseite – ein kleines Wohn- und Handelsgebiet mit zahlreichen Kneipen und Restaurants und vielen Touristenunterkünften. Zwei ehemalige Inseln in der Lagune sind mit dem Festland durch Dämme verbunden; die größere wurde einst Steenbok Island (Steinbockinsel) genannt, aber jetzt, als verträumter Lagunenvorort, heißt es Leisure Island (Freizeitinsel). Auf Thesen's Island, die nach einer Norwegerfamilie aus dem Jahre 1869 benannt wurde, gibt es eine lustige Kneipe auf der Landungsbrücke, die einst der Treffpunkt und das Herzstück des nun vergeßenen Fischerhafens war.

Königlicher Gründer

Einwohner von Knysna mögen einem mit verhaltenem Stolz erzählen, daß der Ort von einem englischen Königssohn gegründet wurde, und ein alter Grabstein proklamiert tatsächlich einen George Rex als den 'Besitzer und Gründer von Knysna', aber erwähnt nichts von seiner Herkunft. Im frühen 19.

Jahrhundert gab es einen Großgrundbesitzer namens George Rex, der fast das ganze Land der Umgebung besaß. Er verkaufte ein Anwesen an der Westküste einem Schwiegersohn, der es Belvedere nannte; ein Rentnerdorf wurde dort kürzlich im alten Kolonialstil entworfen und gebaut. Aber der interessante Teil von Belvedere bleibt eine kleine Steinkirche, Holy Trinity (Heilige Dreifaltigkeit), die in der Mitte des 19. Jahrhunderts erbaut wurde, und in jeder Hinsicht eine getreue Wiedergabe einer alten romanischen Kirche ist. Das für die Kirche verwandte Holz wurde in den umliegenden Wäldern gefällt, die noch immer um den Ort und an den Outeniqua- und Tsitsikammaberghängen entlang stehen. Die Wälder waren einst größer, und sie scheinen heute mit ihrem Farngewirr und anderem Untergestrüp schier undurchdringlich.

DER OUTENIQUA TSCHU-TSCHU

Ein wohlbekannter Klang für viele Einwohner von Knysna ist der Ton der kleinen Dampflokomotive (SAR Klasse 24), bekannt als Knysna Tschu-Tschu, wenn sie sich der Eisenbahnstation von Knysna auf einem Gleis nähert, das auf Pfählen über die Lagune führt. Die Linie George – Knysna ist die letzte Eisenbahnstrecke Südafrikas, die noch täglich von einer Dampflock befahren wird. Es ist eine der malerischen Gleisstrecken der Welt, ein gemächlich vorbeiziehendes Landschaftsbild, das Felswände über dem Indischen Ozean, Stränden, Seen und Wäldern beinhaltet, und schließlich mit der triumphalen Einfahrt in Knysna endet.

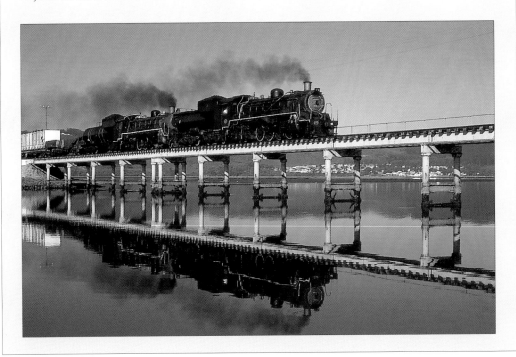

Der Wald von Knysna

Ihre Undurchdringlichkeit gewährt Schutz für die letzten Überlebenden der einstmals zahlreichen Knysna Elefanten, der südlichsten Herde auf dem afrikanischen Festland. Die Bäume in dem Gebiet, von denen die Wirtschaft Knysnas früher ausschließlich abhängig war, enthalten Stinkholz und Gelbholz. Jeder der 'großen Bäume' im Knysna Wald – mehrere sind ausgeschildert – ist ein Gelbholz, einige vielleicht über tausend Jahre alt mit einem Umfang von fast 10 Metern. Aber der bezauberndste Baum ist der Stinkholz, aus dessen wunderbar gemasertem Holz haltbare und begehrte Möbel angefertigt werden. Der Name rührt von dem Geruch her, der ausströmt, wenn das Holz frisch gesägt wird, und der bei einem britischen Siedler solchen Anstoß erregte, daß er darauf bestand, es 'Stingwood' zu nennen. So heißt der Baum bis heute Stinkholz, und zusammen mit anderen seltenen einheimischen Holzarten wird er jährlich in begrenzter Quantität in Knysna versteigert. Gleich anderen seltenen einheimischen Bäumen ist dieser Baum streng geschützt.

Die Gegend um Knysna besitzt auch eine schöne Flora und eine reiche Tierwelt, die viele Besucher anlocken.

Die Wildnis

'Wie Perlen, die von einer Kette gefallen sind', so liegen die Seen verstreut auf einem bewaldeten Plateau zwischen den Bergen und dem Meer.

Fährt man von Knysna in östlicher Richtung, so erhascht man den ersten Blick auf die Seen, den Ort und das Reservat von Wilderness, wenn die Straße sich schwungvoll aus den kühlen Tiefen der Kaaimans River Schlucht aufwärts windet und hoch über dem Meer zum Dolphin Point führt. Der Ausblick von dort umfaßt lange, weiße Strände und eine Brandung, die sich in dunstiger Ferne verliert, umfaßt hohe Dünen und einen schmalen Streifen, den Straße und Gleise in der Natur hinterlassen, man sieht dann das Dorf Wilderness und seine Lagune an der Mündung des Touw River.

Es ist ein beliebter Ort, um Urlaub und Flitterwochen zu machen, ein Ort, wo man in der Stille der alten Wälder spazierengehen oder die staubigen Straßen entlangfahren kann. Die Kinder faszinieren die flachen Ufer der Lagune, während die tieferen Stellen ideal für Wassersport sind; Wellenreiter bevorzugen die nahegelegene Victoria Bucht.

Wildnis

Im letzten Jahrhundert war es wirklich eine Wildnis, als nur wenige Farmer und Fischer die Gegend kannten, und man sie nur über einen schwierigen Weg vom Inland her erreichen konnte. Die Einwohner nennen ihn die 'alte Straße', und er ist als 'the passes route' ausgeschildert. Thomas Bain hat diese Straße 1860 gebaut, um einen leichteren und geruhsameren Verkehr zwischen George und Knysna zu gewähren. Der Weg windet sich

UNTEN: WALDZAUBER: EIN ABGELEGENER *Winkel des bezaubernden Kingfischer Trail (Eisvogel-Wanderweg).* GANZ UNTEN: DIE IMPOSANTE *Schlucht und die Mündung des Kaaimans River bei Wilderness.*

gewiss den Reiz der Gegend und den Reichtum an Wasser und Nahrung schätzten. Neidische Verwandte, die in weniger idyllischer Umgebung wohnten, nannten sie 'Outeniqua' – "die Leute, die Honig tragen".

Die Natur, von der die Outeniqua zehrten, ist heute Gegenstand energischer Naturschutzbemühungen, deren Ergebnis der Wilderness National Park ist, der fünf Flüsse, vier Seen, zwei wichtige Flußmündungen und 28 Kilometer Küste einschließt. Der tiefste dieser Seen und größte natürliche Salzwassersee in Südafrika ist der Swartvlei – der 'schwarze See'. Er dient der Freizeitgestaltung, bietet aber auch vielen Vogelarten eine Heimat. An einem bewölkten Wintertag kann die riesige Oberfläche ein bedrückender Anblick sein, aber im Sonnenlicht glänzt und glitzert er und spiegelt die umliegenden Hügel mit ihren Pinien- und Eukalyptusanpflanzungen wieder.

OBEN: Das schilfumstandene Groenvlei, einer der größeren Seen der Seenkette zwischen Wilderness und Knysna, der für seine Vogelwelt bekannt ist.

durch Wälder, Farmland und Flußtäler, wo die stillen, bräunlichen Wasser nicht mehr mittels einfacher Furten überquert werden, sondern auf kleinen Stein- oder Eisenbrücken. Die Straße, die nach Wilderness führt, heißt White's Road, und wurde nach einem Unternehmer, der Anfang des Jahrhunderts das erste Gasthaus in dieser Gegend eröffnete, benannt. Gut gewartet bietet der Weg den umfassendsten Überblick auf die Seen.

Es gibt vier Salzwasserseen östlich von Wilderness, die mit dem Meer verbunden sind. Der fünfte enthält Süßwasser und heißt Groenvlei oder Lake Pleasant und, wie die anderen Seen, einschließlich der Wilderness Lagune, verdankt er seine Existenz einem komplizierten geomorphologischen Ablauf. Die Landschaft wurde über Jahrtausende geformt, und in jener Zeit drang das Meer vor und zurück; es gab Zeiten, in denen die Seenplatte ein Marschgebiet war, in dem Flußpferde lebten. Damals prallte das Meer gegen die Felsenhänge, die heute im Inland hinter den Seen einen Bogen von Wilderness bis Swartvlei spannen.

Früher, bevor die Europäer diese Region entdeckten, war es über Jahrhunderte die Heimat der Khoikhoi Jäger und Sammler, die

WASSERVÖGEL

Naturschutz im Wilderness National Park ist ausgerichtet auf Rondevlei und Langvlei. Dies ist ein Übergangsgebiet, wo die Feuchtgebietvegetation in Küstenfynbos oder Heidekraut übergeht. Diese reichhaltige Pflanzenwelt, gepaart mit ausreichend Wasser, ergibt ein Habitat für Wasservögel. Es ist das vielfältigste in Südafrika. 95 Arten kommen im ganzen Land vor, und davon sind 75 in diesem relativ kleinen Gebiet zu sehen.

Versteckte Plätze zur Vogelbeobachtung gibt es sowohl am Langvlei als auch am Rondevlei, und ein kilometerlanger Plankenweg am Touws River entlang bietet ebenfalls eine hervorragende Gelegenheit. Ein anderer Zufluchtsort für Vögel ist Groenvlei: Obgleich außerhalb des Parkgebietes, liegt es doch innerhalb des angrenzenden Goukamma Naturschutzgebietes. Groenvlei (der grüne See) ist beliebt bei Süßwasseranglern, die von den Schwarzbarschen angezogen werden. Während die Angler faul auf dem Groenvlei herumtreiben, ziehen andere Boote und Kanus lautlos vorüber, mit denen Besucher die

Schönheit dieser Region erkunden. Ob auf einem Wanderweg, See oder Fluß, auf einer Asphaltstraße oder einem gewundenem Landweg, all das ist eine weitere 'Wildernesserlebnis'. Es ist eine geruhsame und friedfertige Ecke, und der friedvolle Eindruck wird noch unterstrichen von der kleinen Lokomotive, die mit schrillem Pfeifen und kurzer Rauchfahne durch die Landschaft zieht.

Die Stadt der Strauße

Der Ort begann als eine Ansammlung einfacher Hütten , in denen die Farmer einige Tage verbrachten, wenn sie von ihren Ländereien kamen, um dem Abendmahl in der Holländisch Reformierten Kirche beizuwohnen.

Oudtshoorn fing 1853 bescheiden an, und die Menschen auf der anderen Seite des Berges, in George, sahen verächtlich auf dieses Nest herab. Vielleicht haben sie auch gelacht, als die Frau des Richters den Ort nach einem ihrer Vorfahren benannte und ihm den hochtrabenden, aristokratischen Namen Oudtshoorn verlieh. Doch dieser Ort sollte seine Blütezeit erleben.

Diese brach an, als man um 1860 in den Salons in Europa Straußenfedern als Mode-accessoire entdeckte. Als der Trend erst einmal Fuß gefaßt hatte, hielt er mehr als fünfzig Jahre an, und Oudtshoorn wurde einer der geschäftigsten und erfolgreichsten Orte in der alten Kapkolonie.

Das Halbwüstenklima der Kleinen Karoo, dessen inoffizielle Hauptstadt Oudtshoorn ist, eignet sich für Strauße und die Anpflanzung von Luzerne, womit die Vögel gefüttert werden. Durch dieser Kombination florierten die Farmen und Oudtshoorn.

Architektur

'Federbarone' errichteten 'Federpaläste' – üppige, prunkvolle, romantische Monumente eines immensen Reichtums im frühen 20. Jahrhundert. Die 'Stadtwohnung' im Jugendstil in der High Street ist ein Beispiel hierfür: Sie wurden im ursprünglichen Zustand erhalten, wie viele andere Gebäude, mit schmiedeeisernen Ornamenten verziert, die im späten viktorianischen Zeitalter so beliebt waren. Weniger überladen sind die späteren eduardischen Wohnsitze, Pinehurst und Welgeluk. Beide wurden von dem holländischen Architekten Johannes Vixseboxe entworfen, von dem auch der relativ schlichte Bau des südafrikanischen Naturhistorischen Museums stammt. Vixseboxe war nur einer der vielen Handwerker, Abenteurer und Unternehmer, die in der Boomzeit nach Oudtshoorn strömten. Im C.P.Nel Museum, auch von Vixseboxe entworfen, wird unter anderen Erinnerungen auch des Beitrags der jüdischen Gemeinde gedacht, die 1913, das Jahr vor dem Zusammenbruch des Federmarktes, 2 000 Menschen zählte.

OBEN: TEIL DER CANGO CAVES. *Cango Eins, die es zu entdecken gilt, ist ein bemerkenswertes Labyrinth von 28 Kammern, die durch 2,4 Kilometer Gängen verbunden sind. Ein Teil der Innenräume ist beleuchtet.*

OBEN: EIN RITT AUF *den großen Vögeln auf einer Farm bei Oudtshoorn.*

DER KAROOVOGEL, DER NICHT FLIEGT

Der größte lebende Ovifauna, der Strauß, gehört zu der Familie der flugunfähigen Vögel, die entfernte Verwandte in Australien und Südamerika haben. Die Flügel unterstützen das Gleichgewicht, spenden den Eiern und frisch ausgeschlüpften Küken Schatten und helfen, den Körper kühlen. Das komische Aussehen des Straußes und sein arrogantes Herumstolzieren mag komisch erscheinen, aber er hat genügend Kraft in jedem seiner kräftigen Beine und zweizehigen Füße, um einen Mann mit einem einzigen abwärts zielenden Tritt den Bauch aufzuschlitzen.

Der Strauß ist eigentlich kein aggresives Tier, es sei denn, er bewacht das Gelege seiner riesigen Eier oder die Küken. Die Eier, die 42 Tage zum Ausbrüten brauchen, können bis 1,25 Kilo wiegen und sind das Equivalent zu 24 Hühnereiern, obgleich sie einen niedrigeren Cholesteriengehalt haben. Sie haben äußerst starke Schalen, die, hochkant gestellt, das Gewicht eines Durchschnittsmannes aushalten können.

Die Männchen haben die besten Federn, die das ganze Jahr über gerupft werden –

mit Ausnahme der zwei kältesten Monate des Jahres. Ihre Haut wird gegerbt und ergibt ein sehr haltbares und begehrtes Leder. Strauße leben von Luzerne und Heu und wie andere Vögel nehmen sie Steine zu sich, um die Nahrung zu zermahlen.

Museum. Selbst die nahegelegenen Berge sind Teil der Gebirgsformation vom Kap.

Im Winter sind die Bergspitzen schneebedeckt, aber Oudtshoorn liegt im Sonnenschein. Ein erholsamer Ort für Invalide, und die warme trockene Luft und der gut bewässerte Boden machen das Umfeld ideal für den Anbau unterschiedlicher Erzeugnisse wie Tabak, Zwiebeln, Walnüssen und Getreide, Honig und Weintrauben. Der Wein des Umlandes ist eine Attraktion, wie die Besucher der Kleinen Karoo und dem nahegelegenen Langkloof – dem Flachland zwischen den beiden Bergketten – erfreut festgestellt haben.

Die Berge selbst sind etwas Außergewöhnliches. Im Norden von Oudtshoorn liegen die Swartbergen, wo sich die größten Tropfsteinhöhlen der Welt, die Cango Caves befinden. Sie wurden in prähistorischer Zeit von Menschen entdeckt, die sich nie weiter als in die sonnendurchflutete Vorhöhle wagten. Die tiefe Dunkelheit und Stille der inneren Höhlen und Gänge blieben bis 1780 unerforscht, als ein Farmer den ersten Vorstoß über die Lichtgrenze hinaus unternahm. Das volle Ausmaß der Höhlen ist noch nicht erforscht, aber es sind genügend Höhlen geöffnet, um auch den verwöhntesten Besucher zu bezaubern.

UNTEN: EINER DER *Federpaläste', die die Glanzjahre der Straußenfederindustrie überlebt haben.*

Carl Otto Hager aus Stellenbosch war ein anderer Architekt, der viel zu dem Charm beitrug, der Oudtshoorn immer noch umgibt. Die Niederländisch Reformierte Kirche aus den siebziger Jahren des vorigen Jahrhunderts, wurde von ihm entworfen. Die anglikanische Steinkirche St. Judes stammt aus der gleichen Zeit, aber das Gebäude verrät, daß die Gemeinde kleiner und weniger wohlhabend war. Eine Londoner Kreation ist die 91 Meter lange Hängebrücke, 1913 errichtet, welche die einzige Verbindung zwischen den östlichen und westlichen Ufern des Grobbelaar River ist.

Seine Ursprünge mögen kosmopolitisch sein, aber Ort und Umgebung gehören eindeutig zum Kap. Die hier ansässigen Südafrikaner sprechen Afrikaans, eine Sprache, die der verstorbene C.J. Langenhoven (Journalist, Dichter und Politiker) förderte. Sein Heim Arbeidsgenot ist jetzt ein

Von Mossel Bay bis George

Die beiden Hauptzentren der westlichen Garten Route haben jede ihren eigenen

Charakter und Charme, und sie sind voller faszinierender Geschichten aus der

Vergangenheit und von großem Interesse für den modernen Reisenden.

Die Landstraße zwischen den Orten der Garten Route ist eine dieser seltenen Straßen, die nicht nur zwei Ortschaften auf kürzestem Wege miteinander verbindet, sondern obendrein die Umgebung in ihrer schönsten Form präsentiert. Am Wegrand liegen Städte und Orte mit langer Seefahrertradition. Bei Mossel Bay sind die ersten Europäer an Land gegangen, als der portugiesische Entdecker Bartholomäus Diaz am 3. Februar 1488 dort landete, um seine Wasserbehälter zu füllen. Er nannte die Bucht *Agoada da São Bras* – die Wasserstelle von St.Blasius. Menschliche Ansiedlungen in diesem Gebiet datieren allerdings aus sehr viel früherer Zeit: Steingeräte und Muschelhäufchen wurden hier gefunden, die von 'urzeitlichen Strandpatys' Zeugnis ablegen.

Die Stadt Mossel Bay besteht offiziell erst seit 1848, obgleich sein 'Postamt' nahezu 500 Jahre alt ist. Mossel Bay, wo Öl- und Gasvorkommen abgebaut werden, ist Südafrikas fünftgrößter Hafen. Glücklicherweise hat dies nicht die Atmosphäre des Ferienortes gestört, und man kann weiterhin sicher und genußvoll an den weißen Sandstränden baden.

Das Städtchen George

Etwas vom Meer entfernt und zwischen Cradocksberg und George Peak (beide höher als der Tafelberg) gelegen, findet man ein weiteres, interessantes Städtchen: George wurde 1811 gegründet und nach König Georg III von England benannt. Der Ort beansprucht Stadtrechte aufgrund seiner anglikanischen Kathedrale St. Markus, eine der kleinsten Kathedralen der südlichen Halbkugel.

Das Autokennzeichen von George trägt die Buchstaben CAW, das bösen Zungen mit 'Cold And Wet' (kalt und naß) konnotieren, was die Einwohner empört abstreiten. Es gibt aber reichlich Regen in diesem Gebiet, wo Holzfällerei und Landwirtschaft maßgebliche Wirtschaftsfaktoren sind. Einst von einem bekannten viktorianischen Romanschriftsteller als "das hübscheste Dörfchen der Welt" beschrieben, ist George über die Jahre ganz erheblich gewachsen und das Wirtschaftszentrum der Garten Route geworden. Es liegt ideal für Entdeckungsreisen entlang der Garten Route, über die Outeniquaberge bis in die Kleine Karoo, das Land des Vogel Strauß.

Der einfachste Weg über die Berge führt über den Outeniquapaß, der in den vierziger

OBEN: DIE HÜBSCHE *Niederländisch Reformierte Kirche, das älteste Gotteshaus in George.*

OBEN: EINEN HERRLICHEN *Seeblick bietet dieser Aussichtsplatz in George. Die Stadt, einst ein kleines Fischerdorf und Ferienort, ist schnell gewachsen, seitdem vor der Küste Öl- und Gasvorkommen entdeckt wurden.*

OBEN: DIE STATUE *des Bartholomeus Diaz in Mossel Bay. Der große portugiesische Seefahrer landete hier 1488; ein nachfolgender Seefahrer, João da Nova, errichtete hier 1501 eine kleine Kapelle – der erste europäische Bau auf südafrikanischem Boden.*

Lichtungen und Tälern führen, wo sich jetzt Farmen und Dörfer in die grüne Umgebung einfügen. Straßenplaner sahen die Berge als Hindernis und Herausforderung an, aber anderen boten sie Schutz und Unterkunft.

Die Berge der Sterne

Die frühen portugiesischen Seefahrer, die unerschrocken einen Seeweg von Europa nach Indien suchten, gaben ihnen den schönen Namen *Serra da Estrella* – die Berge der Sterne. Den Seefahrer waren die Sterne Südafrikas noch unbekannt, der Kompaß war unzuverlässig, und Karten gab es ohnehin noch nicht.

So suchten sich diese Seefahrer ihren Weg, indem sie an der Küste entlangsegelten, wenn Stürme sie nicht aufs Meer hinaustrieben. So segelte Diaz um das Kap der Guten Hoffnung, ohne es zu bemerken oder sich seiner Existenz bewußt zu werden. Weit draußen im südlichen Ozean steuerte der Portugiese seine kleinen Schiffe nach Norden, um wieder die gefährliche Nähe der afrikanischen Seefahrtstraße zu erreichen.

Jahren zum Teil von italienischen Kriegsgefangenen gebaut wurde. Von dieser Asphaltstraße aus kann man den Cradock Kloof Pass bewundern, der 1813 erbaut wurde, sowie den Montagu Pass, eine sanfte, schmale Route, die noch heute begangen wird. Der Paß hat sich seit seiner Eröffnung 1847 kaum verändert. Weitere Attraktionen von George sind malerische Ausflüge, Wanderwege und die Strände von Herold's Bay, Victoria Bay und Wilderness.

Für Ausflüge gibt es verschiedene Routen ins Inland, von denen einige ihren Anfang in Mossel Bay nehmen, von wo aus der Robinson Paß mühelos zum Inlandplateau von Longkloof und der Kleinen Karoo hin ansteigt. Die Berge haben alte Namen, die an die früheren Khoikhoi-Einwohner (Attaqua, Outeniqua, Tsitsikamma) erinnern. Es gibt andere Straßen, die östlich und westlich von den Konturen der Berge bis zu den geschützten

DER POSTBAUM

Die ersten portugiesischen Seefahrer holten sich Wasser von einem kleinen Bach und wurden von den Khoikhoi mit Steinen beworfen, weil diese das Wasser als ihr Eigentum betrachteten. Die Portugiesen, verunsichert und mißtrauisch wie die Khoikhoi, schoßen zurück, und so endete die erste Begegnung auf südafrikanischem Boden zwischen Menschen verschiedener Welten mit Blutvergießen. Spätere Besuche verliefen allerdings meistens friedlich und führten zu Tauschhandel, der für beide Seiten von Vorteilt war. Im Jahre 1 500 befestigte der portugiesche Befehlshaber Pedro d'Ataide eine Botschaft für die anderen Mitglieder seiner im Sturm verstreuten Flotte in einem alten Schuh an den Zweigen eines Milkwoodtree (Milchholzbaum). Dieser 'Postbaum' steht noch heute in der Nähe der Khoikhoi Wasserstelle, ebenso wie ein Museumskomplex, der unter seinen vielen Erinnerungs- und Ausstellungsstücken eine rekonstruierte, portugiesische Karavelle hat.

OBEN: BUNTE *Ferienhäuser in Still Bay.*
LINKS: DER LEUCHTTURM *bei Kap Agulhas mit seinen
12 Millionen Lichteinheit warnt seit 1849 die Schiffe.*
UNTEN: DAS DE HOOP *Reservat ist eines der wichtigsten am Kap und die Heimat der einst fast
ausgerotteten Bontebok Antiplope.*

Bis ans Ende von Afrika

Der afrikanische Kontinent reicht von den Ufern des Mittelmeeres bis zum Kap

Agulhas. Diese verlassene, felsige Landspitze liegt 5 000 Kilometer südlich des

Äquator an einem Küstenstrich mit breiten Stränden und großen Buchten und

zerklüfteten Felsvorsprüngen.

Im Inland findet man wogende Weizen-, Gerste- und Haferfelder sowie eines der besten Viehzuchtgebiete Südafrikas. Dies ist das Strandveld, wo die Dünen und die Küstenebene sich langsam in den Höhenzügen verlieren, die in die südlichen Gebirgsketten des Kaps übergehen. Die natürliche Vegetation dieser Gegend beinhaltet den kleinblättrigen, widerstandsfähigen Fynbos (Heidekraut) ebenso wie knorrige, weiße Milchholzbäume. Die geschichtsträchtigen Dörfer sind umhüllt von der Mystik einer rauhen See und den Menschen, die sie besegelten, seitdem die Portugiesen im späten 15. Jahrhundert die Landspitze Agulhas (Nadeln) entdeckt haben. Sie vermuteten damals, ihre Kompaßnadel weise direkt nach Norden, aber andere Quellen behaupten, der Name rühre von den nadelartigen Felsen her, die aus dem Wasser herausragen. 1849 wurde dort ein Leuchtturm errichtet, und sein Leuchtschein warnt bis heute die Schiffe und

hält sie von dem trügerischen Kap und seinem felsigen, gefährlichen Seeboden fern.

Zwischen Paternoster im Westen und Arniston im Osten ist der Agulhas Leuchtturm einer von 14. Interessierte können einer vorgezeichneten Leuchtturm- und Wrackroute um diese Spitze Afrikas folgen, ein Ausflug der zwei oder drei interessante Tage birgt.

Ein paar Kilometer weiter die Küste entlang liegt Struisbaai, ein beliebter Ferienort, in dem eine malerische Kirche und einige restaurierte Fischerhütten unter Denkmalschutz stehen. Hinter Struisbaai liegt Arniston, benannt nach einem Schiff, das 1815 dort auflief. Offiziell heißt das Dorf Waenhuiskrans (Wagenhaus-Steilhang) wegen einer nahegelegenen Höhle, die groß genug ist, um einen Wagen mit einem Ochsengespann unterzubringen. Hinter Arniston, der Name weigert sich unterzugehen, auf der Straße nach Bredasdorp,

findet man auf der Farm Nacht Wacht die Überbleibsel eines Zaunes, der 1837 errichtet wurde. Er steht für einen bemerkenswerten, privaten Versuch des Naturschutzes: Die kleine, lokale Bontebockbevölkerung sollte erhalten werden, nachdem ihr Vetter, das zierliche Blauböckchen (*Hippotragus leucophaeus*) durch die Jagd ausgestorben war. Man hofft, daß der Bestand des Bontebock durch die Schöpfung des Bontebok National Park in der Nähe von Swellendam für die Zukunft gewährleistet ist.

Die Natur in De Hoop

Eine der Hauptattraktionen der Gegend ist das De Hoop Naturschutzgebiet, das 46 Kilometer Küste östlich von Bredasdorp einschließt. Als eines der 12 Meeres- und Küstenschutzgebiete von Südafrika unterscheidet sich De Hoop durch einen zusätzlichen Meeresabschnittes, nämlich der Agulhasbank, die reichsten Fischgründe auf der südlichen Halbkugel. Das Reservat schützt auch eines der größten verbliebenen

UNTEN: FISCHERBOOTE *in Still Bay. Der nahegelegene, schiffbare Kafferkuils River ist berühmt für seine Aale.*

Areale des Küstenfynbos am südwestlichen Kap. In seinen sieben unterschiedlichen Ökosystemem lebt der bedrohten Kapgeier. Das Reservat ist auch ein wichtiger Ort auf der Walroute, an dem eine große Anzahl südlicher Glattwale für mehrere Monate im Jahr zusammentreffen.

An den Ufern der Mündung des Breede River liegen die Dörfer Infanta und Witsand in rauher Schönheit. Letztere ist auch als Fort Beaufort bekannt, obgleich ihr Ruhm als Hafen kurz war: Der wirkliche Hafen war fast 30 Kilometer stromaufwärts bei Malgas, wo die einzige verbliebene Fähre in Südafrika noch heute Fahrzeuge und Vieh übersetzt. Im Inland liegt Bredasdorp, die Heimat der südafrikanischen Merinoschafzucht. Besucher können zwischen April und Oktober die dortigen Schaffarmen auf der Woll-Route besichtigen. Ein lukrativer Export hat sich aus den Strohblumen (*Helichrysum* und *Helipterum* spp.) entwickelt, wodurch Arbeit für die Menschen des kleinen Missionsdorfes Elim geschaffen wurde.

Eines der augenfälligsten Merkmale im Bredasdorp Heuningberg (Honigberg) Reservat ist die Blütezeit der atemberaubenden, flammendroten Bredasdorplilie im April und

Mai. Bekannt als 'der Garten von Bredarsdorp', haben die Heuningberge auch einen wunderschönen, sieben Kilometer langen Wanderweg durch Fynbos und Feldblumen. Eine der vielen ausgefallenen Routen ist die Fledermaus-Höhlen-Route im nahegelegnen Napier. Die 'Höhle' ist ein 30 Meter langer Tunnelgang durch einen Fels, in dem eine mitgliederstarke Fledermauskolonie und einige Pavianfamilien wohnen. Besucher sind willkommen, obwohl sie auf Privatbesitz liegt.

Das Strandvleigebiet wurde von der südafrikanischen Schriftstellerin Audrey Blignaut wunderbar geschildert, die besonders Bredasdorp und seine Umgebung liebte.

STÜRME UND TRAGÖDIEN

Das Wrackmuseum in dem südlichen Küstenort Bredasdorp erzählt die Geschichte der 124 Schiffen, die in den vergangenen 300 Jahren in einem Umkreis von 80 Kilometern vor Agulhas untergegangen sind. Es gibt dort viele Erinnerungen. Ein Schatz an Relikten ist aus der Tiefe geborgen oder auf einsamen Stränden aufgelesen worden, um der Seefahrer und Reisenden, die an Afrikas endlegendster Küste verunglückt sind, zu gedenken.

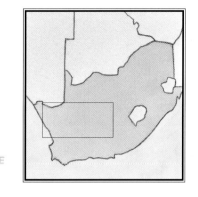

Unter den endlosen, sonnenüberfluteten Ebenen der Halbwüste im Inland verbirgt sich eine Schatzgrube von Edelmetallen und Fossilien; und auf der Oberfläche hat das extreme Klima ganz außergewöhnliche Anpassungen der Flora und Fauna bewirkt.

Endlose Weiten

Eine dramatische Veränderung der Landschaft zeichnet sich hinter dem Rand des südlichen Bergmassivs ab: Der größte Teil des Inlands von Südafrika besteht hauptsächlich aus einem riesigen, trockenen Hochplateau, von gleißendem Sonnenlicht überflutet. Das flache Land, die Halbwüstenvegetation, die sich dem extremen Klima angepaßt hat, und die verstreuten Ortschaften mögen manchen Besuchern wenig reizvoll erscheinen, aber einige sind von der klaren Luft, der Ruhe und der Freiheit dieser endlosen Weiten angetan. Über die Hälfte des Inlandplateaus wird von dem ausgedehnten Becken der Karoo eingenommen. Ihre charakteristische Vegetation ist imstande der Trockenheit und den extremen Temperaturen zu widerstehen. Das übrige Plateau besteht aus drei großen Ökosystemen: Grassteppe, Kalahari und das sandige Küstengebiet im Westen. Die ersten beiden treffen bei der Diamantenhauptstadt Kimberley aufeinander. Am Südufer des mächtigen Oranje ist ein grüner, von Menschenhand geschaffener Gürtel, wo hunderte Hektar Trauben, Baumwolle und exotische Plantagen angebaut werden.

Trotz der Öde sind die Ebenen des Inlandplateaus durchaus imstande, Leben zu erhalten; und die Merinoschafherden, der Reichtum der Karoo, gedeihen im Süden in der Buschlandschaft, während eine große Vielfalt Wild, besonders Springbock und Oryxantilope, in der Dünenlandschaft der Kalahari beheimatet ist. Diese liegt in der nördlichsten Ecke, an den Grenzen zu Namibia und Botswana, und ist die Heimat des Buschmannvolkes. Um die Extreme an Hitze, Kälte und Dürre überleben zu können, haben sich Flora und Fauna außergewöhnlich stark anpassen müssen.

Im Frühling wird die öde Landschaft im Westen des Namaqualand, ja selbst die unwirtliche Gegend um Richtersveld durch endlose Blumenteppiche wunderbar verwandelt. Die Städtchen im Landesinneren versorgen hauptsächlich die Landwirtschaftsgemeinden der Umgebung. Viele sind architektonische und historische Kleinode.

UMSEITIG: IM FRÜHLING *ist die sonst öde Landschaft des Namaqualand mit einem Blumenteppich bedeckt.*

Vergessene Schätze

Über die endlose Ebene der Karoo verteilt, stehen tausende von Windmotoren,

die auf den kostbarsten aller Schätze – das lebenspendende Wasser – hinweisen.

Aber unter der Oberfläche liegt noch ein anderer Schatz: Reiche Fossilienfunde,

die ein ununterbrochenes Zeugnis von 50 Millionen Jahren Evolution ablegen.

Südafrikas Zentralplateau umfaßt nahezu 400 000 Quadratkilometer, gut die Hälfte der gesamten nördlichen Kapprovinz und fast ein Drittel der Gesamtfläche Südafrikas. Das ist die Karoo – die 'trockene und staubige Ebene' der Buschleute, deren Grenzen sich so sehr verwischen, daß eine genaue, geografische Definition schier unmöglich ist.

Die Karoo ist ein scheinbar endloses Gebiet, das mit besonders dürreresistentem Karoo 'veld' bewachsen ist, einer Vegetation, die sich über einen langen Zeitraum durch mannigfaltige Anpassungen so weit entwickelt hat, daß sie die extreme Kälte und intensive Sonnenglut überstehen kann. Das Karoo Veld ernährt Schafherden, deren Fleisch zart ist und einen Kräuteraroma vermittelt, das es zur Delikatesse werden läßt.

Gebirgswall

Grob unterteilt in die Kleine und Große Karoo (die berühmten Camdebooflächen machen die Südostecke aus), ist das Plateau durch die fortlaufende Gebirgskette an seinen südlichen und südwestlichen Rändern vom Küstenregen abgeschnitten.

Vor 200 Jahren donnerten riesige Wanderherden von Springböcken über die offene Fläche auf der Suche nach frischer Weide. Reisende wie Thunberg, Le Vaillant, Lichtenstein und Burchell hinterließen unbezahlbare Aufzeichnungen von der Pflanzen- und Tierwelt der Karoo. Moderne Paläontologen, Geologen und Botaniker folgen ihren Spuren, angezogen durch die Menge und

Vielfalt an Informationen, die in das fossilienhaltige Gestein eingebettet sind. Ein nahezu nahtloses Zeugnis der 50 Millionen Jahre der Mesozoischen Ära ist horizontal in die Schiefer- und Sandsteinschichten der Karoohügel eingelagert. Ab und an wird die Landschaft von Doloritgräben unterbrochen, Relikte vulkanischer Eruptionen.

Die winzigen Ortschaften der Karoo liegen Hunderte von Kilometern auseinander, ungestörte, friedliche Oasen in einer Staubwüste, die aber den Anforderungen der Schaffarmer und Pferdezüchter genügen. Die Orte sind durch einen oder mehrere Kirch türme gekennzeichnet, und das Pfarrhaus steht an prominenter Stelle. Viele der Karoostädtchen hatten ihren Ursprung als Pachtfarmen, die Mitte des 18. Jahrhunderts an Wanderfarmer vergeben wurden, die ständig auf der Suche nach neuem Weideland und Wasserstellen für ihre Viehherden waren.

Einige der Orte haben Jahrhunderte überlebt: Dörfer mit breiten Straßen und einfachen Bauten. Diese geruhsamen Niederlassungen werden jetzt wiederentdeckt und wegen ihres guterhaltenen Zustandes geschätzt. Viele sind als historisch interessante Stätten unter Denkmalsschutz gestellt.

Unter der trockenen Oberfläche liegt das kostbarste Gut der Karoo – Wasser. Es ist dieser vergrabene Schatz, der die Gemüter der Menschen bewegt: Der Zugang und Erhalt der kostbaren Wasserressourcen. Windradpumpen ziehen sich über die Landschaft hin, die das Wasser ansaugen und zu entlegenen Farmen und Außenposten pumpen, die die einzige Abwechslung am Horizonts sind.

OBEN: IN DER KAROO *pumen Windmotoren das kostbare Wasser aus ergiebigen unterirdischen Quellen. Dieses Wasser und das gute Gras ernähren ein Großteil der 28 Millionen Schafe in Südafrika.*

EINE FEMINISTIN IM VELD

Olive Schreiner gilt als Begründerin der süafrikanischen Schriftstellergilde – ein Landkind, dessen feministische Philosophie und freidenkerische Einstellung fern jeder Beeinflussung der sogenannten zivilisierten Welt geformt wurden. Sie errang internationales Ansehen, obgleich sie eine Frau war, und ihr zudem die Ausbildung vorenthalten wurde, die ihren ebenso brillianten Brüdern zuteil geworden war.

Olive war willensstark und unabhängig; ihr Leben wurde geformt durch die schweren Zeiten, die ihre Eltern zu meistern hatten. Sie wurde am 24.März 1955 auf der Missionsstation Wittenbergen im nordöstlichen Kap geboren. Sie war das neunte von zwölf Kindern, von denen nur sieben überlebten. Armut trieb die Familie auseinander, als Olive 12 Jahre alt war, und zwang ihr einen unsteten Lebensstil als Erzieherin, Gesellschafterin und Pflegerin auf abgelegenen Karoofarmen auf. Ihr erbärmliches Dasein als Erzieherin in Cloesberg beeinflußte Elemente ihres gefeierten Buches "The Story of an African Farm".

Mit 26 Jahren zog Olive nach England, wo ihr Manuskript 1883 veröffentlicht wurde. Sie reiste umher, baute sich einen

Kreis einflußreicher Freunde auf, und lebte mit dem Philosophen und Psychologen Havelock Ellis zusammen. Asthma trieb sie zurück nach Matjiesfontein in der Karoo. Hin und wieder reiste sie nach Kapstadt und verbrachte einige Zeit auf Groote Schuur mit Cecil John Rhodes, doch allmählich verwandelte sich ihre Freundschaft in Abscheu wegen seines "verachtenswerten Imperialismus".

In Cradock begegnete sie einem jungen Farmer, Samuel Cronwright. Sie heirateten 1894. Eine Tochter wurde 1895 geboren, die aber nur 18 Stunden lebte. Olive starb in Newlands, Kapstadt, am 10. 12. 1920.

Im folgenden Jahr ließ Cronwright sie nach Buffelskop auf Krantz Plaats umbestatten, wie auch den Sarg ihres Babys, den Olive in ihrerexzentrischen Trauer für 25 Jahre mit sich herumgetragen hatte.

In den Ortschaften säumen offene Wassergräben die Straßen, die Bewässerungswasser (leiwater) in die Hinterhöfe und Gärten leiten. Nach einem komplizierten System kann jeder der Anrainer das Wasser für eine begrenzte Zeit auf sein Grundstück leiten. Wasserrechte sind kostbar und werden grimmig geschützt, selbst eine Minute 'leiwater' ein- oder zweimal die Woche kann den Grundstückpreis erheblich verteuern. Dieses System ermöglicht selbst dem kleinsten Dorfgarten eine reiche Ernte an süßen, sonnengereiften Früchten wie Aprikosen, Pfirsichen, Nektarinen, Kirschen und Zitrusfrüchten.

Das Leben wird durch den klimatischen Rhytmus reguliert: In der Hitze des Hochsommers, wenn die Temperaturen auf die 40°C zugehen, ist die Hausarbeit um sechs Uhr erledigt. Rolläden, Gardinen und Fenster werden geschlossen, um das Hausinnere kühl zu halten, und nicht vor achtzehn Uhr mit dem Aufkommen der Abendbrise geöffnet.

Obgleich die Karoo für ihre trockenen, hellen und sonnigen Wintertage bekannt ist, gibt es auch bittere Winterkälte, die Anpflanzungen und Vieh gefährden. Das ganze Jahr hindurch wird gesät und geerntet; es gibt eine Schurzeit, die Jagdsaison und das Bil-

---

tongmachen. Die kostbaren Lebensmittel werden eingemacht und gelagert – entweder für karge Monate oder für die Wettbewerbe der alljährlichen Landwirtschaftsausstellung. Auch kommen oft unerwartete Gäste: Da Farmen und Dörfer Kilometer auseinander liegen, bedeutet ein Besuch beim Nachbarn eine größere Reise und Gäste, ganz gleich, ob zwei oder zwanzig, müssen verköstigt werden.

Für den oberflächlichen Betrachter ist die Karoo nichts weiter als ein ödes Plateau. Und doch hat diese Region Jacob Pierneef zum Malen und Olive Schreiner zum Schreiben angeregt, um nur einige Künstler zu nennen, die von der Karoo betört waren.

UNTEN: EIN ELEGANTES *viktorianisches Cafe und eine antike Tanksäule in Matjiesfontein.*
GANZ UNTEN: DAS 'EULENHAUS' *in Nieu-Bethesda.*

LINKS: DAS BEEINDRUCKENDE *Tal des Todes in der Nähe des historischen Karoostädtchens Graaf-Reinet.* UNTEN: DAS GRÜNE *Becken der Kleinen Karoo.*

Schönheit und alle zwischen 1858 und 1888 erbaut, sind das Ergebnis: Meiringspoort und Seweweekspoort liegen in Flußschluchten und sind flutengefährdet; zeitweilig waren sie monatelang geschlossen. Der Swartbergpaß ist ein Wunderwerk des Straßenbaus.

Swartbergpaß

1879 fiel die Aufgabe, einen neuen, zuverlässigen Weg über den Swartberg zu entwerfen, auf den bekannten Ingenieur Thomas Bain. Der Swartbergpaß zwischen Oudtshoorn und Prince Albert ist ein Wunder der Ingenieurskunst, eine 30 Kilometer senkrecht abfallende Gebirgsstraße mit Haarnadelkurven, die bis auf 1 615 Meter über dem Meeresspiegel hinaufklettern. Von den 240 Zuchthäuslern, die über sieben Jahre zum Bau dieses Passes eingesetzt worden waren, haben Dutzende ihr Leben lassen müssen. Ein Teil der Straße ist nicht asphaltiert und für große Fahrzeuge und Wohnwagen gesperrt. Bei nassem Wetter ist von einer Fahrt abzuraten, ebenso bei einem nicht ganz fahrtüchtigen Auto oder bei Höhenangst. Der Ausblick bietet ein fantastisches Panorama und kann von verschiedenen Picknickplätzen aus genossen werden.

Meiringspoort

Im Norden von Klaarstroom und im Süden von De Rust eingegrenzt, bildete Meiringspoort die erste Verbindung zwischen der

Eine mächtige Kette

Einen Weg durch die Berge im Süden anzulegen, erwies sich als eine große Herausforderung. Drei Swartbergpässe wurden gebaut, wobei der Swartbergpaß mit seinen Haarnadelkurven und Steilhängen der beeindruckenste ist.

Die Bergketten, die die Große Karoo und die Kleine Karoo voneinander und vom Küstenstreifen trennen, verlaufen parallel und sind durch einige malerischen Durchlässe (poors) sowie Bergpässe miteinander verbunden.

Der Küste am nächsten liegen der Langeberg und die Outeniquaberge, die die südliche Grenze der Kleinen Karoo ausmachen. Weiter im Inland ziehen sich die majestätischen Klein Swartberg und Groot Swartberg Gebirgszüge von West nach Ost über die Ebene hin. Sie bilden einen Wall zwischen der Kleinen Karoo und der trockenen Hochebene der Großen Karoo.

Die Überquerung der Swartberge war eine große Herausforderung. In den letzten 150 Jahren ist man die Steilhänge und Schluchten mit Ochsenwagen und Zwangsarbeitern angegangen – und mit der Entschlossenheit von Männern, die sich der Notwendigkeit bewußt waren, Handelswege zwischen Küste und Inland herzustellen. Drei Hauptrouten, alle von unvergeßlicher landschaftlicher

LINKS: LÄNDLICHE *Transportmittelt auf den Ebenen unterhalb des Swartberg-Paß.*
UNTEN LINKS: DER TROCKENE *Flußlauf des Groot River.*
UNTEN RECHTS: ALOEN SIND *weit verbreitet unter den zähen Sukkulenten in dieser Region.*

Es eine reichhaltige Vegetation, die ungewöhnlich für die Karoo, nicht aber die Kapküste ist. Die Namen der Furten deuten auf die Reisen im Ochsenwagen vergangener Zeiten hin, als Vieh und Wolle an die Küste, und Holz und Kartoffeln in die Karoo gebracht wurden. Herries Drift ist nach C.J.Langenhovens imaginärem Elefanten benannt, dessen Name 1929 von seinem Schöpfer in einen Felsen eingemeißelt wurde; Waterfall Drift verdankt seinen Namen dem 60 Meter Wasserfall, der in einen klaren Bergbach stürzt. Anläßlich des Besuches des Prinz of Wales 1925 schlug man Stufen in die Felsenwand.

Seweweekspoort

Westlich des Swartbergpasses und den kleinen Missionsstationen Amalienstein und Zoar gegnüber ist der Aufstieg zur Seweweekspoort (Sieben-Wochen-Pforte), einer etwa 20 Kilometer langem Straße, die Ladismith und Calitzdorp mit Laingsburg verbindet, das auf der großen Nord-Süd-Achse zwischen Johannesburg und Kapstadt liegt. Die Straße folgt dem schmalen Lauf des Seweweekspoort River zwischen steilen Sandsteinfelswänden hindurch. Auch hier hatte man Zwangsarbeiter zum Bau der Straße eingesetzt, die im Juni 1862 eröffnet wurde.

In der Nähe von Calitzdorp sind der Huis River Paß und der Rooibergpaß, mit Farbschattierungen und Felsformationen, die an Bryce Canyon und andere Gegenden von Utah (USA) erinnern.

Kleinen und der Großen Karoo. Die Paßstraße schlängelt sich an einer Felswand entlang, die oft mit steil abfallenden Windungen der Sandsteinformationen aufwartet und 25 Mal den Lauf des Grootrivier kreuzt. Der Berg bietet immer wieder eine neue Aussicht, eine schöner als die andere. Die gesamte 'Pforte' entlang findet man geruhsame Picknickplätze am Flußufer, das durch überhängende Felsen in tiefen Schatten getaucht ist – und dorthin machen die Karoofamilien ihre Ausflüge, um der sengenden Hitze zu entkommen.

Kimberley – Heimat der Diamanten

Die Entdeckung von Diamanten in Südafrika rief eine Wirtschaftsrevolution hervor und entzündete das größte Diamantenfieber der Weltgeschichte. Mehr als 50 000 Diamantensucher strömten in den Ort, und obgleich viele von ihnen scheiterten, brachten es einige zu sagenhaftem Reichtum.

Spät im 19. Jahrhundert erlebten drei südafrikanische Städte, die mit wertvollen Naturschätzen ausgestattet waren, Boomzeiten. Oudtshoorn war mit 'modischen' Straußenfedern, Johannesburg mit Gold und Kimberley mit Diamanten gesegnet.

Das glitzernde Steinchen, das 1866 in Hopetown, 125 Kilometer südlich von Kimberley, gefunden wurde, rief das heftigste Diamantenfieber der Weltgeschichte hervor – und hinterließ den größten, von Menschenhand geschaffenen, Krater auf Erden. Der Kieselstein wurde als 21.25 Karat Diamant identifiziert und 'Eureka' genannt; ihm folgte der 83.50 Karat 'Stern von Südafrika' und weitere Funde in den Jahren 1869 und 1870. Schwemmdiamanten wurden an den Ufern des Oranje und des Vaal gefunden.

Die Entdeckung von Diamanten 1866 und Gold 1886 führte zu einer raschen Industrialisierung, dem Ausbau von Straßen und Eisenbahnverbindungen, Arbeitsplatzen, und in vielen Fällen zu nie erträumtem Wohlstand für die weiße Bevölkerung der Burenrepublik und der britischen Kolonie, die einmal das heutige Südafrika werden sollten.

Das Diamantenimperium

1871 wurde zwei bedeutende Funde auf der Farm Vooruitzicht gemacht, die zwei Brüdern gehörte, deren Name in die südafrikanische Geschichte eingehen würde: Die Brüder De Beer. Es war das erste Kapitel einer Geschichte von sagenhaftem Reichtum, der aus den Tiefen der Erde bei Kimberley zutage gefördert werden würde.

Innerhalb von zwei Jahren drängten sich mehr als 50 000 Diamantensucher in der primitiven Siedlung, und Kimberley wurde ein Ort der Blechhütten und Zelte. Unzureichende Wasserversorgung, mangelhafte sanitäre Anlagen und Fliegenplagen verbreiteten Seuchen, und mancher Diamantengräber, der gehofft hatte, übernacht reich zu werden, ließ sein Leben. Spielhöllen schossen aus dem Boden, und oft wurde das, was der der Tag gebracht hatte, in der gleichen Nacht verspielt. Ein jeder von Rang und Namen

OBEN: DER FÖRDERTURM *einer Mine.*
RECHTS: DAS GROSSE *Loch – schon lange stillgelegt.*

kam nach Kimberley, um seine Parzelle abzustecken: Cecil John Rhodes oder Dr. Leander Starr Jameson, der spätere Anführer der Jameson-Raid, die Ende des letzten Jahrhunderts zu einem bitteren Krieg zwischen den Buren und den Briten eskalierte. Andere, wie der schillernde Barney Barnato, wurden schon zu Lebzeiten Legenden; ihnen war das Glück zuteil geworden, zur richtigen Zeit am richtigen Ort zu sein, und sie wurden über Nacht zu Millionären.

Die älteren Diamantengruben in Kimberley sind heute alle ausgeschöpft, obgleich die Minen Dutoitspan und Weselton noch immer über eine halbe Millionen Karat im Jahr erbringen. Das 'Große Loch', mit eigenartig grünem Wasser gefüllt, ist eine Touristenattraktion. Mehr als 22,6 Millionen Tonnen der 'blauen Erde' oder Kimberlit, die 14 504 566 Karat hervorgebracht hatte, wurden seit dem Beginn der Ausgrabungen bis zu ihrem Ende 1914 aus dem Großen Loch ausgehoben.

OBEN: TEIL DES MINENMUSEUMS *in Kimberley, ein Komplex, der das Große Loch, ein rekonstruiertes Minendorf, eine Diamantenausstellung und eine Ausstellung von alten Transportmitteln beinhaltet.*

BETÖRENDE BRILLIANTEN

Zwei der größten Diamanten aus Südafrika sind Teil der britischen Kronjuwelen, zwei sagenhafte Edelsteine, die aus dem größten Diamanten der Welt geschnitten wurden, dem 3 106 Karat Cullinan Diamanton, der 1905 in der Premiermine bei Pretoria gefunden wurde. Obgleich die berühmten Diamantenerträge von Kimberleys Großem Loch erschöpft sind, gibt es noch große Diamantenablagerungen im Transvaal und Buschmanland, im Schwemmboden entlang des Oranje und Vaal sowie auf dem Meeresboden an der Westküste von Lamberts Bay bis Lüderitzbucht. Eine der ertragreichsten Minen ist Venetia im Nordtransvaal, die 1992 den Betrieb aufnahm.

Die Umgebung von Kimberley ist noch immer außergewöhnlich reich an Mineralien, und von potentiellen Funden im Schwemmgrund an den Ufern des Vaals angezogen, ziehen hoffnungsvolle Prospekteure nach Barkley West, 40 Kilometer von Kimberley, um im Winter ihr Glück zu versuchen. Hier konkurrieren sie um die begrenzten Konzessionen, die alljährlich von Juni bis September vergeben werden.

Samstags herrscht reges Leben in der Stadt, wenn die Gräber und Händler um die Preise für die Funde der vergangenen Woche feilschen. Edelsteinfans können die Schürfer bei der Arbeit an den Flußufern beobachten oder die archäologische Ausgrabungsstätte bei Canteen Kopje besuchen, ein Freiluftmuseum und Naturschutzgebiet, in dem die Diamantensucher mehr Gegenstände aus der Steinzeit als Diamanten hervorgeholt haben. Die Funde sind im Museum des Minenkommissars ausgestellt.

Viele Edelsteine und Halbedelsteine sind bloß Varianten von gewöhnlichen Mineralien: Achat, Jaspar, Opal und Zitrin sind Quarzabarten, während Rubin und Saphir Korund sind. Südafrikanische Jade wiederum ist eine Abart von Granat.

Kimberley ist weiterhin die Zentrale der De Beers Minengesellschaft. Deren früherer Vorsitzender, Mr. Harry Oppenheimer, und sein Vater, Sir Ernest Oppenheimer, übten einen wichtigen und wohltätigen Einfluß auf die soziale, politische und kulturelle Entwicklung in Südafrika aus, indem sie den ungeheuren Reichtum dieser Gesellschaft weise verwalteten. In den imposanten Villen der Minenmagnate und in den Museen, deren Relikte die Vergangenheit der Prospektion heraufbeschwören, lebt die Geschichte weiter.

Das 'Große Loch' und das Minenmuseum in Kimberley bieten eine so lebendige Wiedergabe der Blütezeit der Diamantenfunde, daß man fast erwartet, den jovialen Barney Barnato durch die Tür seiner Boxhalle kommen zu sehen. Das Museum schließt eine Transporthalle und eine Kunstgallerie ein, sowie eine ständige Ausstellung über ungeschliffener Diamanten, Schmuckstücke, Kimberleys ersten Diamantenfund und den '616', den größten ungeschliffenen Diamanten der Welt. Besucher können eine Kimberley-Diamantenvilla in Dunluce, Belgravia besichtigen, ein ausgezeichnetes Beispiel viktorianischer Architektur.

30 Kilometer entfernt liegt Magersfontein an dem Modder River Weg, die Stätte einer der blutigsten Schlachten des Burenkrieges. Am 11. Dezember 1899 hat die britische Truppe dort 2 400 Mann verloren.

Die großen Fälle

Seine fruchtbaren Ufer beindrucken in der kargen Landschaft der nördlichen

Kapprovinz, aber besonders atemberaubend ist der Oranje, wenn er durch die

Aughrabiesschlucht donnert und über das Gefälle herabstürzt.

Bei einem Besuch der Aughrabiesfälle stößt man bei Upington auf den Oranje und folgt seinem Lauf über 120 Kilometer durch die Siedlungen an seinen Ufern, Keimoes und Kakamas, bis zu dem Aughrabies Falls National Park.

In Upington dreht sich alles um die reiche Obsternte, deren Anbau durch den fruchtbaren Schlick und eine der hochentwickelsten Bewässerungsanlagen der Welt ermöglicht werden. Tausende Hektar Sultaninen und süßer Tafeltrauben werden am südlichen Flußufer angebaut, und zwei große Genossenschaften produzieren Wein und Dörrobst. Weitere wichtige Erzeugnisse sind Baumwolle und Datteln, die in weitläufigen Plantagen angebaut werden, die dem Gebiet ein östliches Gepräge verleihen. Die Flußinsel bei Upington, Die Eiland, hat eine kilometerlange Allee von Dattelpalmen, die unter Denkmalschutz steht.

Im Gegensatz zu den fruchtbaren Flußufern im Süden verändert sich die Landschaft nördlich von Upington in rote Kalaharidünen, die nahe der Straße nach Keimoes, 40 Kilometer flußabwärts, ihren Anfang nehmen. Unterwegs trifft man auf Kanoneiland, wo Trauben, Luzerne, Baumwolle und Steinobst mittels Bewässerungsanlagen angebaut werden können. Der kleine Ort Keimoes hat ein viktorianisches Wasserrad, das noch in Gebrauch und in der Hauptstraße zu sehen ist, wo auch eine kleine, historische Missionskirche steht. Deutsche Soldatengräber der Gefallenen des Ersten Weltkrieges liegen am Fuße eines kleinen Hügels, etwa vier Kilometer westlich der Stadt, und stehen unter Denkmalsschutz. Hier gibt es auch ein kleines Naturschutzgebiet, Tierberg, das eine verhältnismäßig große Anzahl Springböcke und Winteraloen beherbergt. Von dort hat man einen ausladenden Panoramablick über die Anpflanzungen im Oranjetal.

RECHTS: DER ROSAFARBENE *Lovebird, der im Nordwesten in begrenzter Anzahl anzutreffen ist.*
UNTEN: DIE AUGRABIESFÄLLE *in einer ruhigeren Stimmung. Ein Regenbogen nimmt dort seinen Anfang.*

Der Ort Kakamas, 80 Kilometer von Upington entfernt, liegt in einem der fruchtbarsten Gebiete des unteren Oranjetal. Die Khoikhoi nannten es Kakamas (Schlechte Weide), bevor Bewässerungsanlagen die öde Wüste in eine Oase verwandelten. In Kakamas gibt es ein riesiges, hydroelektrisches Kraftwerk, aber die wichtige und historische Beziehung, die der Ort zum Fluß hat, erkennt man an den alten Kanälen, Wasserrädern und Bewässerungsanlagen, die von Einwanderern aus

SPÜRBARE STILLE

Die immense Stille, die die endlosen Weiten der Wildnis umgibt ist kaum weniger imposant als die Farben, Formen und Strukturen der Landschaft in der nördlichen Kapprovinz. Es ist eine heilsame Ruhe, die nicht von Motorengeräuschen übertönt werden sollte. Man sollte hier die motorisierten Transportmitteln verbieten und altmodische Fortbewegung umsteigen: Auf ein Pferd, ein Boot, das auf dem majestätischen Oranje dahintreibt, oder gar auf seine Füße zurückgreifen.

Solche Abenteuer werden problemlos durch Organisationen ermöglicht, die Kanu- und Floßfahrten oder 'Paddel und Sattel' Kombinationen anbieten. Tagsüber paddelt man gemächlich flußabwärts, und die Nächte verbringt man unter dem Sternenzelt. Die praktischen Einzelheiten fürs Camping organisieren die Reiseführer. Die Reise kann in Noordoewer (Nordufer), direkt jenseits der Grenze von Namibia, losgehen. Um dorthin zu gelangen, bedarf es eines beträchtlichen Anfahrtsweges, 800 Kilometer von Kapstadt oder 1 200 Kilometer von Johannesburg, es sei denn, mann bucht einen Charterflug, den die Veranstalter organisieren. Eine andere Möglichkeit ist, von Goodhouse bis zu der Missionsstation bei Pella zu paddeln.

Man täglich in gemächlichem Tempo etwa 25 Kilometer in fünf Stunden Etappen. Es werden viele Pausen zum Schwimmen, Fotografieren eingelegt, und um die alten Kupferminen und die außergewöhnlichen Felsen und Pflanzen zu besichtigen.

Obgleich die Sommertemperaturen tagsüber in dieser Wüstenwildnis bis über 40° C steigen, gibt es immer einen kühlen Luftstrom über dem Fluß. Die Strecke zwischen Aughrabies und der Mündung des Fish River an der nördlichen und östlichen Grenze des Richtersveld ist von besonders außergewöhnlichem Reiz durch seine Mondlandschaft und den eigenartig angepaßten Pflanzenarten. Sechs Tage dauert die Fahrt und führt 120 Kilometer flußabwärts.

Unter der einheimischen Flora im Park ist auch der Köcherbaum (*Aloe dichotoma*), dessen weiche Äste von den Buschleuten als Köcher für ihre Pfeile verwendet wurden. Am verbreitetsten sind die Aloen, aber Kameldornbäume, weiße Karee, Olivenbäume, Tamarisken und Karoofuchsien findet man auch.

Paviane und Blauäffchen sind reichlich im Park vertreten, sowie zierliche Antilopen, die Klipspringer. Es gibt viele, kleine Säugetiere, von denen die liebenswerten Surikate oder Erdmännchen zu der häifigsten Art gehören. Ihr possierliche, aufrechte Haltung und die Neugierde in ihren blanken Augen bezaubern die Besucher. Auf der Nordseite des Flusses, die noch nicht für Touristen zugänglich ist, haben sich große Wildherden wieder eingelebt: Spitzmaulnashörnern, Elen- und Kuduantilopen und Springböcke.

Eine der angenehmsten Arten den Aughrabies Falls National Park zu erkunden, ist der dreitägige Klipspringer-Wanderpfad, der durch die Hauptattraktionen im südlichen Teil des Schutzgebietes führt. Obgleich er nach dem agilen Klipspringern benannt wurde – ein Steinbock, der der von Fels zu Fels hüpft und mit hoher Geschwindigkeit an den Steilhängen entlangschnellt– werden dem Wanderer keine allzugroßen Anstrengungen zugemutet

OBEN: BIZARRE KÖCHERBÄUME *sind eine bekannte Erscheinung in der nordwestlichen Halbwüste. Buschleute nutzten sie als Pfeilköcher.*

Cornwall angelegt wurden. Noch weiter westlich liegt der malerische und beeindruckende Aughrabies Falls National Park, der sich am Oranje über 80 000 Hektar Halbwüste hinzieht. Der Park enthält eine reiche Auswahl dürrebeständiger Flora und mehr als 40 Säugetierarten. Es sind die atemberaubenden Aughrabies Fälle, die die Besucher immer wieder an den Ort locken, den der Stamm der Nama 'Platz des großen Lärms' nannte.

Der Oranje wird immer schneller, wenn er auf die enge Mündung der Schlucht zufließt, und strömt dann noch schneller durch die glatten Gleitbahnen aus Granit. Mit donnerndem Geräusch ergießt sich das Wasser in die Klamm. Die Granitschlucht ist eine der beeindruckendsten der Welt; ihre schwarzgrauen

Wände sind von dem durchfließenden Wasser auf Hochglanz poliert worden. Aussichtsplätze sind deutlich und sicher gekennzeichnet. Laut Legende befindet sich ein Hort von Diamanten auf dem Grund des 130 Meter tiefen Beckens, die der Fluß auf seinem Weg aus der Erde gespült hat. Die gesamte 18 Kilometer lange Schlucht hindurch zeugen auffällige Felsformationen davon, wie die dahinschießenden Wassermassen über die Jahrtausende die Granitfelsen stetig ausgehöhlt und zu bizarren Gebilden verformt haben. Eine riesige, nadelförmige Skulptur erhebt sich zum Beispiel auf der einen Seite – mehrere Meter hoch. Über eine Reihe Stromschnellen stürzt der Fluß weitere 35 Meter hinab.

Die große Durststrecke

Nur die Zähesten überleben in dieser feindlichenUmgebung, weshalb der

Kalahari Gemsbock National Park mit seiner vielfältigen Pflanzen- und Tierwelt

den Touristen fasziniert und der Brennpunkt wissenschaftlicher Studien ist.

ziehen. Am stärksten sind Gemsböcke und Springböcke vertreten, gefolgt von Gnus, Roten Kuhantilopen und Elenantilopen. Der Kalaharilöwe mit seiner schwarzen Mähne ist der König der großen Raubtierbevölkerung, unter denen Leoparden, Geparden, Schabrakkenschakale, braune und gefleckte Hyänen und winzige Surikate sind, sowie auch afrikanische Wildkatzen und Mungos.

Das Sandmeer

Am beeindruckendsten sind die Dünenformationen der Kalahari aus der Luft, wellenförmig erstreckt sich ein Ozean aus rotem Sand

OBEN: DAS RASTLAGER *Twee Rivieren im Kalahari Gemsbok Park bietet gut eingerichtete Hütten.*
RECHTS: EIN *Springbocktrio bei der Tränke.*

Für etwa 40 000 Jahre waren Buschleute die einzigen menschlichen Wesen in der Kalahari. Ihre Überlebenstaktik war auf die Umwelt ausgerichtet, sie teilten die sandigen Flächen und vereinzelten Wasserstellen mit den Tieren und Pflanzen und lebten in Harmonie mit der Natur. Die weißen Siedler benötigten nur 15 Jahre, um die Tierbevölkerung zu dezimieren.

1914 kamen die ersten Männer zum Schutz der Borlöcher entlang des Auob Flußbettes, da man einen Übergriff auf Deutsch-Südwestafrika befürchtete. Gleichzeitig wurden einige Parzellen für die Landwirtschaft vergeben. Jene Siedler kämpften ums Überleben und

jagten Springböcke, um ihren dürftigen Lebensmittelvorrat und ihr Einkommen zu ergänzen; das Wild schrumpfte besorgniserregend. Der Kalahari Gemsbock National Park entstand 1931 – ein geschützter Landstrich zwischen dem Auob und dem Nossob River.

Zusätzliche Landankäufe und eine Partnerschaft mit dem angrenzenden Botswana National Park haben seine Ausmaße heutzutage auf 36 000 Quadratkilometer anwachsen lassen, er ist somit wesentlich größer als der Kruger National Park. Der Park ist eines der größten Schutzgebiete der Welt. Ohne hinderliche Grenzzäune können die Tiere frei zwischen den beiden Territorien umher-

vom Äquator bis zum Oranje und von Angola bis Zimbabwe über mehr als 1,5 Millionen Quadratkilometer. Es ist der Welt größte, durchgehende Sandstrecke. Die einzige Unterbrechung bieten ausgebleichte Flußbetten mit Windmotoren, die Wasserlöchern und Kameldornbäumen speisen, und vereinzelt stößt man auf eine der 1 000 Salzpfannen, die der Kalahari ihren Namen gaben: Der Name wurde von Kgalagadi (Salzpfanne) abgeleitet, ein Wort der Sansprache. Die rote Farbe des Sandes tritt besonders im trockenen Süden hervor.

Es gibt keine ständigen Wasservorkommen im Kalahari Gemsbock Park. Der Auob fließt c.a. alle fünf Jahre, der Nossob alle 50 Jahre. Regen fällt sporadisch, und dann als ein heftiger Gewittersturm. Hinterher ist die Luft frisch, und Wasser strömt durch die Trockenflüsse. Meistens ist der Himmel jedoch klar, und fehlende Wolken verursachen Temperaturen bis zu 40°C im Sommer, die in den Winternächten auf -10°C fallen. Doch selbst im Hochsommer sind die Nächte kühl und von hoher Luftfeuchtigkeit, die es den Pflanzen ermöglicht, Feuchtigkeit aufzunehmen.

Dünen, Flußbetten und Ebenen der Kalahari sind mit strauchartiger Savannenvegetation bestanden, vereinzelten von Bäumen durchsetzt, die den Tieren überraschend verläßlich nahrhaftes Futter bieten. Eine der häufigsten Baumarten der Kalahari ist der Witgat oder Schäferbaum (*Boscia albitrunca*). Oft als 'Baum des Lebens ' bezeichnet, bieten seine Blätter und Früchte das ganze Jahr über Nahrung. Die Kameldornbäume (*Acacia erioloba*) gedeihen in den beiden Flußbetten, wo sie zu einer Höhe von 15 Metern heranwachsen und ihre verkümmerten Verwandten auf den Dünen überragen. Kameldornbäume wachsen langsam und bilden über Jahre einen komplexen Wurzelstock, ehe sie den Wuchs über der Erde riskieren.

Wüstenpflanzen

Wo keine Dünen stehen, wie z.B. an den Ufern des Auob oder den Unterläufern des Nossob, kann sich nur der struppige Driedoring (*Rhigozum trichotomum*) und das seidige Buschmanngras (*Stipagrostis uniplumis*) halten. Auf den Dünen gibt es jedoch verschiedene Grasarten, sowie Schwarzdorn (*Acacia mellifera*) und den Brandybusch (*Grewia flava*), den die alten Pioniere fermentierten, um ein hochprozentiges, alkoholisches Gesöff, das Mampoer, herzustellen. Nach dem Regen werden die Flußläufe und Dünen für kurze Zeit mit einem bunten Teppich bedeckt, wenn die Pflanzen in unglaublich kurzer Zeit den Zyklus von Blüte und Samenbildung vollziehen.

Die größten Lebenspender in der Kalahari sind die Tsamma-Melonen und Gemsbock-Gurken, die 90 bis 95 Prozent Wasser enthalten, und sowohl Nahrung als auch Flüssigkeit für Insekten, Würmer, Vögel, Nagetiere, Erdhörnchen, Stachelschweine und Antilopen bieten. Sie werden auch von Schakalen und

anderen Raubtieren gefressen. Für die Buschleute sind sie oft die einzig mögliche Flüssigkeit für viele Monate. Das Überleben der Pflanzen und Tiere in der Kalahari hängt von der außergewöhnlichen Anpassungen bezüglich der Wasserspeicherung ab, die sie über Jahrhunderte entwickelt haben.

UNTEN: ZWEI DER *berühmten schwarzmähnigen Kalahariölöwen löschen ihren Durst an einem Wasserloch.* GANZ UNTEN: MÄNNLICHE GEMSBÖCKE *kämpfen um die Führungsposition. Diese Antilopen können lange ohne Wasser auskommen und haben sich hervorragend den Halbwüstenbedingungen angepaßt, indem sie die Feuchtigkeit über Pflanzen aufnehmen.*

Frühlingszauber

Den größten Teil des Jahres dürsten die Flächen nach kühler Luft und

Feuchtigkeit. Unter der Oberfläche harren zahllose Samen auf den leben-

spendenden Regen. Kommt er, bedeckt ein Blumenteppich das Land.

Endlose, öde Flächen, die von Granit-felsen mit Kupferablagerungen unter-brochen werden, charakterisieren die westliche Ecke des Namaqualand. Das Gebiet erstreckt sich vom Oranje bis in den Süden nach Doringbaai und schließt etwa 1 000 km Küste ein, die von einem schmalen, rötlich-weißen Sandstreifen, der als Sandveld be-kannt ist, abgetrennt wird.

In einem Landstrich mit sengenden Som-mertemperaturen und unregelmäßigen Regenfällen ist dieser Nebel für eine große Anzahl Pflanzen lebenswichtig. Die Pflanzen haben jedwede Form der Anpassungen durchlaufen, um überleben zu können. Sie gehören zum paleontropischen Pflanzenreich und stellen einen bedeutenden Teil der südafrikanischen Flora dar.

Die meiste Zeit des Jahres lechzen die Flächen nach Feuchtigkeit. Nomadische Namahirten ziehen sich in ihre gewölbten,

OBEN: FARMGEBÄUDE *in der Nähe von Nieuwoudville.*
LINKS: DAS BIEDOUW-TAL *im Namaqualand.*
UNTEN: DIESE *Schildkröte lebt in Trockengebieten.*

roten Reethütten zurück, und selbst die zähen Ziegen suchen den Schatten der robusten Aloen. Unter der sonnenverbrannten Ober-fläche ruhen die Samen von Millionen Blütengewächsen und harren des ersten Regentropfens. Über-nacht stoßen sie durch die Erdoberfläche, und über die aus-gedörrte Wild-nis ergießt sich ein farbenfrohes Blumenmeer.

Die leuchtenden, kräftigen Farben der Margeriten, die zarten Pasteltöne der wilden Iris und Liliengewächse, die blendende Pracht der Mittagsblumen und die bizarren Formen und Blüten der Sukkulenten verzau-bern die Landschaft in verschwenderischer Farbenpracht, ohne das grelle Durcheinander von Rosa, Rot, Lila und Orange zu scheuen.

Die Blumensensation des Namaqualand erreicht ihren Höhepunkt Mitte August bis Ende September. Die Saison der Frühlings-blumen beginnt im Süden und zieht sich dann mit dem wärmer werdenden Wetter nach Norden hinauf. Reiseveranstalter haben an strategischen günstigen Stellen einen Aus-guck postiert, um ihren Kunden eine wunder-bare Aussicht zu sichern. Ein plötzlicher Wetterwechsel kann die Blüten den Tag über schließen, und ein trügerischer, warmer Föhnwind kann die ganze Pracht beenden.

In vielen Ortschaften auf dem Lande am Kap, in Clanwilliam, Calvinia, Darling, Nieu-woudtville, Tulbagh und Caledon, gibt es hervorragende Blumenausstellungen, aber die 550 Kilometer Strecke an der Westküste ent-lang von Kapstadt bis Springbok führt einen durch das herrlichste Blumengebiet und obendrein durch einige interessante Städtchen. Der erste Teil der Fahrt führt an der Küste und großflächigen Feldern der typi-schen Sandveldblumen entlang. Es sind kurzlebige Arten, die ihre hellen Blumengesichter nur für wenige Wochen im Frühling zeigen. Dazu gehören Margeriten, Montbretien, Gladiolen und Ixia. Unter den Ixia wiederum gibt es eine Blume (*Ixia virdiflora*) von einem eigenartigen, unbeschreiblichen Grün, eine der wenigen grünen Blüten der Welt, sowie einige Arten der feuchtigkeitsliebenden Disa.

Lebende Kuriositäten

Springbok, Ort der Pioniere und Prospektoren, ist die Hauptstadt von Namaqualand und ein guter Ausgangspunkt für Entdek-

kungsfahrten zur Küste oder ins Inland. 15 Kilometer südöstlich des Ortes liegt das 6 500 Hektar Gorgap Naturreservat, wo es 481 bekannte Pflanzenarten gibt. Typische Sukkulenten sind die eigenartigen Steinpflanzen, Lithops, mit ihren bizarren Anpassungen. Der jährliche Niederschlag variiert von 80 bis 280 Millimeter, und mit dieser Unsicherheit müssen die Pflanzen leben. Sie haben sich daher so entwickelt, daß sie sich trotz beschwerlichster Lebensbedingungen erhalten können. Einige haben ungewöhnliche lange Wurzeln, so daß sie tief in der Erde Feuchtigkeit aufnehmen können. Andere haben ein weitverzweigtes Wurzelsystem direkt unter der Oberfläche, so daß sie den Tau absorbieren können. Viele der Pflanzen haben

MONDLANDSCHAFTEN

Das Richtersveld ist die nördliche Gegend des Namaqualandes. In der oberen, an Namibia grenzenden Ecke liegt der Richtersveld National Contractual Park, dessen gezackte Umrisse vom Oranje gebildet wurden. 160 000 Hektar Berg- und Sandveldgestrüpp wurden zum Schutzgebiet erklärt, nachdem jahrelang mit den einheimischen Nama Viehhaltern verhandelt wurde. Der Stamm lebt seit Generationen in der Gegend, aber sie haben sich jetzt den Behörden vertraglich verpflichtet, das Land sowohl für den Öko-tourismus als auch als nationalen Besitz zu erhalten. Als Gegenleistung haben sie teil an den Resourcen des Parks und profitieren vom Geld und den Arbeitsplätzen, die durch den Tourismus entstehen.

Wie eine Mondlandschaft mutet dieser riesige, kahle, stille Landstrich an, der unheimliche Pflanzenmutationen hervorgebracht hat, wie den 'Halbmenschen' (*Pachypodium Namaquanum*). Die erste Begegnung mit einer Gruppe dieser 'Pflanzenwesen' kann gruselig sein: Sie muten so unheimlich wie eine Familie Außerirdischer an. Gewöhnlich schauen sie nach Norden, zur Sonne. Das Richtersveld ist reich an Flora und hat angeblich die größte Konzentration endemischer Sukku-

lentenarten der Welt. Mit Stacheln, Dornen, fleischigen Stämmen und anderen Überlebenstechniken gedeihen die Pflanzen in ihrer Wüstendomäne.

Der Köcherbaum (*Aloe dichotoma*) steht überall auf Hügeln und an Abhängen; aus ihren weichen Ästen machten die Buschleute Köcher für ihre Pfeile. Besuchern wird geraten, sich mit Wasser, einem Verbandskasten, Ersatzteilen und Kleidung auszustatten, um gegen plötzliche Temperaturschwankungen gefeit zu sein.

tödliche Dornen oder stachelige Stämme; andere Schutzmaßnahmen sind feuchtigkeitsspeichernde Äste und kaum wahrnehmbare Blätter, um dem Austrockenen von Sonne und Luft widerstehen zu können.

Etwa 145 Kilometer von Springbok, an einer alten Eisenbahnlinie entlang, liegt Port Nolloth. Es ist ein hübscher, kleiner Hafen und der Hauptort im Diamantengebiet, Zentrum der südafrikanischen Industrie für Schwemdiamanten, wo Schiffe ständig vor der Küste zugegen sind, um nach Diamanten zu baggern.

RECHTS: DAS FRUCHTBARE *Tal des Olifants River ist die südliche Grenze des Namaqualand und Weizen, Obst, Wein und Tee werden angebaut.*

Küstendörfer

Ein Festmahl für die Augen – hier kein leeres Klischee, denn die Blumenpracht

an der Westküste ist ein Labsal der Sinne. Aber es gibt auch Herzhaftes: Die

hiesigen Langusten sollen die besten im Lande sein.

Lange Zeit nur als 'Das Kap' bekannt, ist diese Region wahrlich voller Kontraste, die sich am deutlichsten im Unterschied zwischen Ost- und Westküste zeigen. Der Osten, umspült von den Wassern des warmen Indischen Ozeans, ist lieblich und grün. Der Westen, über Jahrtausende vom kalten Atlantik und seinen verdrießlichen Winden abgeschliffen, ist ein harter Platz mit Hirten und Fischern, Wracks und Tauchern – und den besten Langusten im Lande. Das Kap hat eine eindringliche, fast schwermütige Schönheit, einen Reiz, der einen nicht mehr losläßt.

Die Bezeichnungen Ostküste und Westküste werden lose verwandt; die wirkliche Westküste beginnt direkt westlich von Agulhas, der südlichsten Spitze Afrikas, wo der Atlantische und der Indische Ozean aufeinandertreffen. Im Volksmund versteht man jedoch unter Westküste die Strecke nördlich der Kapspitze. Ihr reiches und vielfältiges Vogel- und Pflanzenleben, die Fische, Muscheln und Schalentiere bringen Busladungen von Besuchern aus Nord und Süd im Frühling und Frühsommer. Dadurch sind Unterkünfte in bezaubernden Ecken entstanden, Fischer-

hütten wie Luxushäuschen. Die Schätze der Natur sind in ein neues Licht gerückt.

Das Prunkstück unter den ausgedehnten Schutzgebieten an der Küste und im Inland ist der West Coast National Park. Nur 124 Kilometer von Kapstadt entfernt, ist sein Kernstück die herrliche Langebaan Langune, die ein schmaler Istmus vom Meer trennt, mit einer alten Walfangstation an der Spitze dieser Halbinsel. Der Park wird von Ornithologen als ein bedeutendes Feuchtland erachtet und gilt als eines der wichtigen Vogelschutzgebiet der Welt. Die flache Lagune nimmt etwa ein Drittel der Gesamtfläche des Parks ein, und ist ein klares Gewässer mit einer außergewöhnlichen Nahrungsvielfalt. Es verdankt dies dem Gezeitenzufluß und den Muschelkolonien an der Mündung, die während ihrer Nahrungsaufnahme das Wasser filtern.

Mindestens 550 wirbellose Tierarten verschaffen reichhaltige Nahrung für die Strandläufer und andere watende Zugvögel. Im Sommer kommen auch zehntausende

UNTEN: FISCHERBOOTE *'machen eine Verschnaufspause' in Stompneus Bay, eine Bucht, die westlich von St. Helena liegt.*

ERNTE AUS DEM ATLANTIK

Die Kelpwälder im kalten Atlantik sind der Lebensraum der Westküstenlanguste (*Jasus lalandii*), auch als Felsenhummer bekannt. Dieses kostbare und gefährdete Schalentier ist die Grundlage einer R 100 Millionen Industrie an der südafrikanischen Küste, die von Kapstadt bis hinauf nach Lüderitzbucht in Namibia reicht. Rund um die kleinen Häfen in diesem Gebiet leben Fischergemeinschaften, deren Lebensunterhalt durch den alarmierenden Rückgang an Fisch und Langusten bedroht ist. Obwohl streng reglementiert, hat die Langustenindustrie einen erschreckenden Rückgang zu verzeichnen: 10 000 Tonnen in den sechziger Jahren fielen auf 2 200 im vergangenen Jahr. Ursachen hierfür ist das 'Schwarzfischen'. Einigen Schätzungen zufolge ist die Anzahl der illegal gefangenen Langusten fast so hoch wie die der legal gefangenen.

Um ihren Fortbestand zu gewähren, ist es untersagt, Langusten zwischen Juli und Oktober aus dem Meer zu nehmen, weil dann die meisten Weibchen in ihrem Fortpflanzungszyklus sind. An einigen Küstestellen sind sie ganzjährig geschützt.

Das Hobbyfischen wurde begrenzt und jedes Jahr wird eine geringe Menge zum Fang freigegeben.

Das Fischen von zu kleinen Weibchen im Fortpflanzungsalter und von männlichen und weiblichen Tieren, die noch nicht geschlechtsrteif sind, ist eine große Bedrohung. Langusten haben eine lange Reifezeit. Eine männliche Languste braucht 10-12 Jahre, ehe der Panzer eine Länge von 75 Millimeter erreicht, und er geerntet werden darf. Ein vollausgewachsenes Weibchen kann zwar bis zu 150 000 Eier im Jahr legen, aber die Überlebenschancen sind sehr gering, da die Larven vielen anderen Seetieren als Nahrung dienen.

OBEN: GESALZENER *Fisch wird getrocknet.*
UNTEN: AN DER *Küste leben Tölpel.*

gewaschen, trockengetupft und gegrillt. Die Einheimischen bedecken den Fisch mit einer Marinade aus Aprikosenkonfitüre, die ihm eine wunderbare Färbung und Aroma verleihen. Eines der vielen entzückenden Restaurants ist Muisbosskerm bei Lambert's Bay. Diese außergewöhnliche Lokalität befindet sich in einem *Boma* (windgeschützter Eßplatz im Freien), wo die Gäste sich an Schalentieren, die im Freien zubereitet und serviert werden, gütlich halten. Die hervorragenden Sandveldkartoffeln gehen eine besonders schmackhafte Verbindung mit Snoek, Tomaten und Zwiebeln ein – in dem beliebten südafrikanischen Gericht *Smoersnoek*, das in den Fischergemeinschaften an der Westküste seinen Ursprung haben könnte.

Südafrikas Meeresfrüchte wurden lange als selbstverständlich hingenommen: Über Generationen von Fischern war die Ernte aus dem Meer der traditionelle Lebensunterhalt, und diese Früchte des Meeres waren gleichzeitig eine unbegrenzte Vorratskammer. Aber der Ertrag aus der See ist jetzt ein wertvolles Gut, das vorsichtig verwaltet werden muß, um das unsichere Gleichgewicht zwischen Ertrag und Erhaltung zu wahren. Die Langustenernte ist in den letzten Jahren erschreckend gesunken, während die Nachfrage nach diesen delikaten Meeresgeschöpfen zunimmt, und die neu angelegte Westküsten-Meeresfrüchte-Route das ganze Jahr über Besucher anzieht.

Besucher aus der Arktis, einschließlich der Strandläufer, die in Grönland und Sibirien brüten. Andere Inseln der Lagune ernähren wieder andere Arten von Seevögeln: Raubmöwen, Kormorane, Brillenpinguine und eine große Kolonie der afrikanischen schwarzen Austernfänger. Vor

der Bucht liegt die Malgasinsel, die von Kormoranen und Tölpeln wimmelt. Der Park bietet gute Unterkünfte sowie Kurse in Naturkunde, Wander- und Bootsausflüge.

Mahlzeiten an der Westküste sind einfach und herzhaft mit der Gewichtung auf Fischgerichten. Die Regionalküche dominiert, und Speisekarten enthalten unweigerlich Lewerin-netvet (Leber in Kuttelfett), Heerbone (Weiße Bohnen) und Veldkool (Feldkohl), der nur dort erhältlich ist. Snoek, ein Raubfisch, der mit der Leine gefangen wird, gehört zur Grundnahrung. Ein eigenartiger Anblick während der Fangsaison sind die Wäscheleinen, auf denen nicht Wäsche, sondern Fische hängen. Der Snoek, der täglich von den Booten hereingebracht wird, wird gesalzen und für einige Stunden aufgehängt, damit überschüssige Flüssigkeit abläuft. Dann wird er

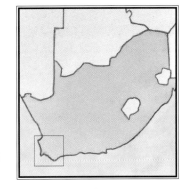

Die Kaphalbinsel könnte als ein felsiger Landknochen beschrieben werden, der in einen wilden Ozean ragt, den Elementen preisgegeben; meistens wird diese legendäre Halbinsel leidenschaftlich beschrieben.

Das schöne Kap und Weingebiet

Als Sir Francis Drake es als "das allerschönste Kap im ganzen Erdenrund" bezeichnete, mag er ein wenig überschwenglich gewesen sein, besonders für einen Engländer. Doch gab es in den darauffolgenden Jahrhunderten wenige Besucher, die nicht von seinen grandiosen Küsten und dramatischen Gebirgen begeistert waren, von der Vielfalt und dem Reichtum seiner Flora, dem vielfältigen Angebot an Speisen und Wein und der Gastfreiheit am Kap.

Die Metropole Kapstadt steht der Halbinsel vor. Die Stadt mit dem Tafelberg im Hintergrund, der oft mit einem großzügigen Wolkentuch bedeckt ist, heißt alle Besucher willkommen. Die Stadt bewacht auch den Eingang zu der reichhaltigen Vorratskammer des Boland (Oberland), wo eine Fülle an Weizen, Wein und Obst heranwächst; nur die Gabenfülle des Atlantischen Ozeans, der die Ufer umspült, ist jener ebenbürtig.

Die Kapregion, manchmal vom Rest des Landes als Relikt der Kolonialzeit angesehen, hat ein historisches und kulturelles Erbe, das sich aus einem komplizierten Flechtwerk von Einflüssen zusammensetzt. Besonders prägend waren die Portugiesen, Briten, Holländer und Malaien, deren Architektur und Kunst, Küche und Gebräuche geachtet und sorgfältig erhalten werden.

Das restliche Afrika – für Einige das 'wirkliche Afrika' – scheint weit entfernt zu sein, wenn man es aus dem Blickwinkel der südlichen Ecke des Kontinents heraus betrachtet, aus dem Blickwinkel der kleinen Welt mit satten Weinbergen und eichenumsäumten Alleen. Obgleich man den fernen Laut einer afrikanischen Trommel hört, tanzt das westliche Kap ganz einfach nach einem anderen Rhytmus.

UMSEITIG: AM TAGE *funkeln die Strände golden, in der Nacht wie Juwelen. Sie liegen in Clifton, einem Vorort von Kapstadt, der sich an der Küste der Halbinsel entlangzieht.*

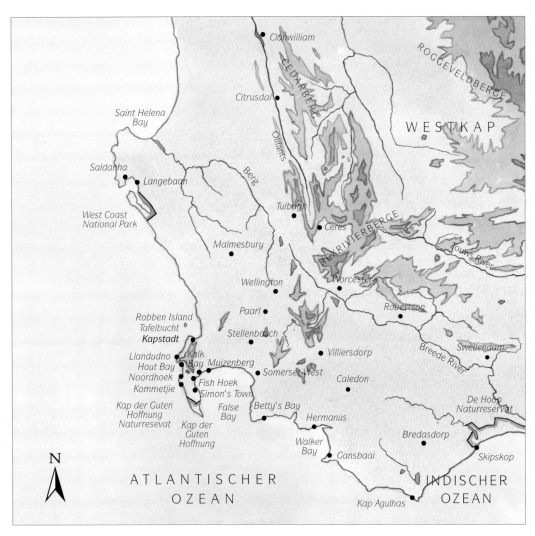

Tafelbucht – Tor nach Afrika

Der portugiesische Seefahrer Antonio da Saldanha erklomm den Gipfel des

flachrückigen Berges, der sich hinter der Bucht erhob, in der er vor Anker

gegangen war, und nannte ihn 'Tafel des Kaps'. Man schrieb das Jahr 1503.

Da Saldanha war der erste Besucher am Kap, aber es sollten noch viele folgen. Portugiesische und holländische Segelschiffe liefen in den folgenden Jahrhunderten die Tafelbucht an, bis sie schließlich von großen Dampfern und Passagierschiffen abgelöst wurden. Ab 1860 brachten diese Glücksjäger, die zu den Diamanten- und Goldfeldern im Norden wollten. Sie beförderten auch die Wohlhabenden zu dem damals noch neuen und exotischen Urlaubsziel Kapstadt. Die einstmals winzige 'Taverne der Meere' – ob ihrer einstigen Tradition, jedem Seefahrer Gastfreiheit zu gewähren – wuchs zu einer pulsierenden, internationalen Stadt heran, die heute mehr als 2,6 Millionen Menschen zur Heimat geworden ist. Der Status der Tafelbucht als 'Tor nach Afrika' war Ende der siebziger Jahre nur noch symbolischer Art, da der Luftverkehr größtenteils die geruhsame Anreise über das Meer ersetzt hatte. Jetzt, zwanzig Jahre später, legen wieder die Luxusschiffe an: die Achille Lauro, QE2, Sea Princess, Saga Fjord und Europa, um nur einige zu nennen.

Dem Wind entgegen

Die Tafelbucht hat zwei verschiedne Hafenbereiche: die Viktoria & Alfred Waterfront, eine bezaubernde Neuentwicklung für Freizeit und Unterhaltung, um die alten Victoria- und Alfred Hafenbecken gelegen, sowie den Handelshafen, der das Duncan-Dock und das Schoeman-Dock umfaßt. Durch letzteren fließen jährlich mehr als 2,25 Millionen Tonnen Ein- und Ausfuhrfrachtgut, was Kapstadt zu einem bedeutenden Containerhafen macht.

Südöstlich des Handelshafens liegt der flotte Royal Cape Yacht Club, der mit zwei Becken Ankerplatz für mehr als 600 Segeljachten bietet. Der Klub ist Schauplatz vieler nationaler und internationaler Segelveranstaltungen: Alle drei Jahre findet das Kap-Rio Wettsegeln im Januar statt; dann die Rothman's Week Regatta alljährlich im Dezember; der Lipton Cup sowie der BOC Round-the-World-Single-Hander, dessen Teilnehmer gewöhnlich das Kap auf dem ersten Abschnitt anlaufen.

Die Vergangenheit bewahren

In den letzten 50 Jahren ist das Foreshoregebiet und der Hafen Kapstadts durch massive Landgewinnung (sie gilt als eine der umfangreichsten ihrer Art in der Welt) vergrößert worden. Dadurch wurden 303 Hektar äußerst wertvolles Baugelände dem Geschäftsgebiet im Stadtkern hinzugefügt. Die Strandstraße, einst treffend benannt, mündet heute in eine der Hauptausfallstraßen nach Süden. Unter

LINKS: EIN LUXUSDAMPFER *ruht am Hafen in der Tafelbucht, Eingang zur 'Taverne der Meere'. Im Hintergrund die Skyline der Stadt.*

ROBBEN ISLAND

UNTEN: EINES DER *Arbeitsschiffe im Hafen.*
GANZ UNTEN: EIN PÄRCHEN *Brillenpinguine. Diese bedrohten Vogelart finden Zuflucht in der Tafelbucht.*

Die traurige Geschichte von Südafrikas Alcatraz, das für 350 Jahre menschlicher Erniedrigung und menschliches Leid steht, wurde ironischerweise unlängst überschattet durch die Entlassung Nelson Mandelas, sowie dessen anschließende internationale Berühmtheit. Vom 5. Juni 1963 an bis zu seiner Überweisung ins Pollsmoor Gefängnis auf dem Festland, am 7.April 1982, war Herr Mandela auf die 5,2 Quadratmeter große Insel beschränkt, die nur 9,3 Kilometer nördlich von Green Point, einem Vorort Kapstadts, liegt.

Als die ersten holländischen Seefahrer in der Tafelbucht einliefen, fanden sie die Insel von Vögeln und Robben besiedelt und nannten sie Robbeneiland. Ihre geographische Lage bot sich als sicherer Aufbewahrungsort für Gefangene an, und dafür wurde die Insel sowohl von den Holländern als auch von den Engländern verwendet.

Im 19. Jahrhundert benutzte der Kolonialsekretär John Montagu die dortigen Gefangenen als billige Arbeitskräfte für den Bau von Straßen und Bergpässen am Kap. Die Anzahl der Inselbewohner wurde vergrößert durch Kranke aus Leprakolonien, sowie andere Personen, die als nutzlos für die Gemeinschaft des Kaps angesehen wurden. Bis 1846 waren unter den Einwohnern der Insel 50 Leprakranke, 50 Irre, 150 chronisch Kranke und Bettler, sowie deren Aufsichtspersonen.

Heute sind noch immer 700 Gefangene auf der Insel, sowie 500 Angestellte des Gefängnis und deren Familien. Es ist aber nicht mehr ein Hochsicherheitsgefängnis, und die amtliche Geheimhaltung, der es so lange Zeit unterstanden hat, ist endlich aufgehoben worden. Vorschläge zur Umstrukturierung variieren von rein kommerziellen bis zu praktischen Ideen. Touristen können jetzt eine Fahrt mit der Fähre und eine halbstündige Bustour buchen. Die Geschichte der Insel zeigt die politische Entwicklung Südafrikas im Kleinen.

ihr vergraben liegt die alte Imhoff Geschschützeiheit, die einst vor einer der Festung Zum Kap der Guten Hoffnung stand.

Die Festung ist eine wuchtige, fünfeckige Bastion und das älteste bewohnte Gebäude in Südafrika. Die Mauern waren einst vom Meer umspült, aber jetzt ist sie, ohne Zugang zum Meer, eingepfercht zwischen der City und dem Bahnhof. Nichtsdestotrotz ist es weiterhin ein Wahrzeichen, genau wie zur der Zeit, als sie die Holländisch-Ostindische-Kompanie beheimatete und die Bucht bewachte. Der Entwurf stammt von dem französischen Ingenieur Vauban, der auch für Louis XIV gearbeitet hatte. Ein Burggraben und fünf Bastionen – Buren, Leerdam, Oranje, Katzenellenbogen und Nassau benannt nach den Titeln des Prinzen von Oranien – sind seine hervorstechendsten Merkmale. Noch heute wird jeden Mittag die Kanone auf dem Signal Hill abgefeuert.

An die Festung grenzt die Grand Parade, Kapstadts ältester Platz, der 1697 als Exerzierplatz für die Garnison der Festung angelegt worden war. Heute ist er ein quirliger Marktplatz, Versammlungsort und der Startpunkt für Marathonläufe.

Mutter der Berge

Das 350 Millionen Jahre alte Massiv aus Sandstein und Schiefer, an klaren

Tagen über eine Entfernung von 150 Kilometer vom Meer aus sichtbar, ist

ein landschaftliches Wahrzeichen. Aber der Berg ist mehr: Der Tafelberg

ist das Rückgrat der Mutterstadt, er bestimmt das Wesen von Kapstadt.

Das klarumrissene Bergmassiv war ein willkommener Anblick für die Entdecker, die nach monatelanger Seereise völlig erschöpft waren. Seine Anziehungskraft wirkt anscheinend unvermindert weiter auf die Besucher des 20. Jahrhunderts, die jährlich zu Tausenden die 1 086 Meter hohe Spitze per Seilbahn erreichen.

Aufzeichnungen besagen, daß vor 4 000 Jahren, als nur die Völker der Khoisan (Buschmänner und Hottentotten) am westlichen Kap umherzogen, die unteren Hänge des Tafelberges wegen der Silberbaumhaine schimmerten (*Leucadendron argenteum*). Die zur Proteenfamilie gehörenden Bäume wurden von den Sklaven der holländischen Siedler als Brennholz gefällt und nahezu ausgerottet. Nachdem die Sklaven 1834 befreit wurden, fällten und verkauften viele von ihnen weiterhin das Holz, um sich den Lebensunterhalt zu verdienen.

Über 100 Jahre später offenbarte sich eine neue Gefahr für das ökologische Gleichgewicht des Berges durch die ständig wachsende Anzahl der Häuser die auf Grund des Wohnungsbedarfs an seinen Hängen emporwuchsen. Als der Berg 1957 zum Naturschutzgebiet und Nationaldenkmal erklärt wurde, war es keine Minute zu früh.

Heute sind zahlreiche Organisationen um seine Erhaltung bemüht, und fünf berittene Umweltschutzbeamte patroullieren regelmäßig durch das große Gebiete, um unerlaubte Grillfeuer, nicht zugelassene Fahrzeuge und

das Pflücken geschützter Pflanzenarten zu verhindern. Sollte es der südafrikanischen Naturschutzstiftung gelingen, die Vorhaben ihrer weitreichenden 25jährigen Jubiläumskampagne durchzusetzen, wird der Tafelberg, eines der ökologisch empfindlichsten Naturschätze Südafrikas, zum World Heritage (Welterbe) erklärt.

Die Vielfalt der Flora auf dem Tafelberg ist bemerkenswert; innerhalb seines 60 km² Areals befinden sich 1 470 Pflanzenarten. Die meisten hiervon sind als Fynbos klassifiziert. Silberbäume sind wieder in Berghainen aufgeforstet worden (am augenfälligsten an den Hängen des Lion's Head) und durch strenge Verordnungen gut geschützt. Der Berg beheimatet auch viele Arten einheimischer Fauna. Es gibt Paviane, Stachelschweine und Schildkröten; Schwärme von Perlhühnern ziehen ungehindert und lautstark umher, mitunter bis in die Hinterhöfe der Wohnhäuser am Berghang, und dreiste Klipschliefer (hier bekannt als Dassies) betteln in der Nähe des Restaurant oben auf der Bergspitze unverfroren die Besucher um Essensreste an.

Wanderwege der Erbauung

Es lohnt sich, den Tafelberg zu Fuß zu entdecken. Neulinge sollten am besten mit einem erfahrenen Führer wandern. In vielen Büchern werden die Wanderwege gut beschrieben und in Schwierigkeitsgrade unterteilt, von einfachen Streifzügen für die Untrainierten bis hin zu Fernwanderungen als Herausforderung für die Superfitten.

Manche Wege schließen historische Stätten ein, wie zum Beispiel die Ruinen des etwa 200 Jahre alten Häuschens im Newlands Wald, das der ersten Salondame am Kap, Lady Anne Barnard, gehörte, oder den Kutschenweg des Cecil John Rhodes, der von seinem Anwesen in Groote Schuur bis zum Constantia Nek führt, oder der Pfad des General Smuts zum Maclear's Baken, der höchsten Spitze des Tafelberges.

Möglichkeiten für Unternehmenslustige gibt es viele: Eine 'handfeste' Klettertour auf den Lion's Head oder ein sechs Kilometer Aufstieg auf den Gipfel der Devil's Peak. Platteklip Gorge, eine tiefe Schlucht an seiner Nordseite, war die erste aufgezeichnete Route für den Aufstieg und wird noch heute als die sicherste angesehen. Der Nationale Botanische Garten von Kirstenbosch ist der Ausgangspunkt für zwei beliebte und verhältnismäßig einfache Aufstiege zur Tafel: Entweder die Skeleton Gorge (Skelettschlucht) hinauf oder aber die steilere Nursery Ravine. Eine Reihe Spazierwege werden an der oberen Gondelstation auf einer Karte beschrieben. Von dort oben hat man einen wunderbaren Blick auf das Zentrum Kapstadts hinunter.

DER STOLZ DES TAFELBERGES

The 'Pride of Table Mountain' ist die auffällige, rote Disa (*Disa Uniflora*), eine Orchidee, die gewöhnlich von Februar bis März blüht. Früher dachte man, daß es sie nur auf dem Tafelberg gibt, aber sie ist ziemlich weit verbreitet auf den Gipfeln im Westkap. Dort wächst sie in feuchten, moosigen Plätzen neben Wasserfällen und Bächen. Seit seiner Gründung 1891 hat der Bergsteigerklub von Südafrika die rota Disa als Emblem geführt, und sie gilt auch als die 'Blume' der Kapprovinz.

Häufig hat sie mehrer Blüten an einem Stengel, und dort, wo die Pflanzen in Gruppen stehen, bieten die Blumen einen atemberaubenden Anblick. Die rote Disa ist die größte der südafrikanischen Orchideen. Die Disa auf dem Tafelberg variiert auch in ihrer Form und Farbe, von rötlichorange bis hin zu gelb. In welcher Variation auch immer, die rote Disa ist beeindruckend und immer wunderschön.

OBEN LINKS: DAS RATHAUS *ist passenderweise aus dem Sandstein des Tafelberges erbaut; die Uhr ist eine Nachbildung von Londons Big Ben.*
OBEN: DAS IMPOSANTE *und sehr schöne Kirchenschiff der Lutherischen Kirche.*

Spaziergang durch die Geschichte

Als Jan van Riebeeck 1652 in Kapstadt ankam, ahnte er nicht, daß der Ort, den

er gründete, bald seine zugewiesenen Grenzen überschreiten würde; schon im

späten 18. Jahrhundert platzte die Stadt bereits aus den Nähten.

Die rasche Ausdehnung der Stadt führte zu einem gewissen Mangel an Planung von Parkanlagen und Grünflächen. Eine bemerkenswerte Ausnahme ist die St. Georges Mall, welche die beeindruckende St. Georgs Kathedrale an ihrem oberen Ende hat. In den letzten Jahren wurde sie in eine Fußgängerzone umgewandelt und ist der ideale Ausgangspunkt für einen Bummel durch eine Stadt, die wegen der architektonischen Stetigkeit ihrer älteren Gebäude berühmt ist. Die St. Georgs Kirche wurde 1827 durch den Bischof von Kalkutta eingeweiht; erst 1848 wurde sie eine Kathedrale. Sie ist eines der Wahrzeichen Kapstadts, oftmals ein Refugium und Stätte politischen Protestes. Von Sir Herbert Baker im neugotischen Stil entworfen, aus goldenem Tafelbergsandstein erbaut, ist sie über die Jahre mehrmals vergrößert und renoviert worden.

Schräg gegenüber steht das kulturhistorische Museum, das die Entwicklung des sozialen und kulturellen Lebens der Völker Südafrikas zurückverfolgt. Lange Zeit als Landesgericht genutzt, war es ursprünglich errichtet worden, um bis zu 500 Sklaven der Holländisch-Ostindischen-Handelsgesellschaft unterzubringen. Das obere Stockwerk wurde 1751 für Beamte hinzugefügt.

Eingezwängt zwischen einem Bürohaus im Jugendstil und einer verkehrsreichen Straße, steht dem Museum die Niederländisch Reformierte Groote Kerk, die auf der ältesten geweihten Stätte Südafrikas steht, gegenüber. Sie wurde 1704 erstmals eingeweiht, und, abgesehen von ihrem Turm, ist sie über die Jahre hin vollständig neuerbaut worden. Der gegenwärtige Bau wurde 1841 eingeweiht und ist bekannt für seine Kanzel, die auf einem Piedestal von Löwen ruht, und die von Anton Anreith entworfen wurde, dem berühmten deutschen Bildhauer, der in Kapstadt ein Erbe hervorragender Architektur und Handwerkskunst hinterlassen hat.

Ein paar Straßen davon entfernt findet man den kopfsteingepflasterten Greenmarket Square, der einst Umschlagplatz für die Frischerzeugnisse der Farmer war und jetzt ein quirliger Flohmarkt für Kunsthandwerk ist. Der Platz wird seit 1755 von dem Alten Bürgerwachthaus überragt, das, wie sein Name besagt, ursprünglich die Bürgerwache beherbergte, Kapstadts erste Polizei. Anschließend diente das Gebäude als Bürgersenat und danach als Amtsgericht. 1840 wurde es das erste Rathaus Kapstadts, bis 1905 das neue gebaut wurde, das den Parade Square überblickt.

Von der ursprünglichen Innenausstattung des Wachthaus ist nichts geblieben, aber es ist im Stil eines alten, holländischen Gildesaales restauriert. Die Fassade jedoch ist seit 1811 unverändert und trägt noch heute das Wappen der Stadt und hat Friese oberhalb der Fenster. In der nahegelegenen Long Street bieten anmutig restaurierte, viktorianische Geschäfte alles mögliche an, von alten Büchern und Antiquitäten bis hin zu gebrauchter Kleidung. Ein paar schiefe Palmen kennzeichnen die Stätte einer Moschee, die 1777 von einem befreiten malaiischen Sklaven, Jan Buykes, gebaut wurde.

Andere bemerkenswerte Gebäude kann man ein paar Ecken weiter in der Strandstraße sehen, wo die unlängst restaurierte lutherische Kirche auf der einen Seite vom Martin-Melck-Haus flankiert ist und auf der anderen Seite von einem wunderschön proportionierten Gebäude, das heutzutage das niederländische Konsulat beherbergt. Die Kirche, 1774 von dem reichen Kaufmann

DER KOMPANIEGARTEN

Der Kompaniegarten ist ein geruhsamer Flecken von sechs Hektar im historischen Herzen Kapstadts. Inniggeliebt von den Einwohnern der Stadt, lockt er zur Mittagszeit Spaziergänger, Straßenkünstler und Seifenkistenredner an. Der beliebteste Treffpunkt ist die breite, schattige Allee der Government Avenue, gesäumt von 157 Eichen; einige stammen noch von dem ehemaligen Gouverneur Simon van der Stel, der Ende des 17. Jahrhunderts bestrebt war, Südafrikas Baumbestand für die Holzgewinnung zu vergrößern.

Van der Stels Eichenschößlinge ersetzten die ursprünglichen Reihen der Apfel- und Orangenbäume, die Jan van Riebeeck, der erste Befehlshaber am Kap, hatte pflanzen lassen. Gemäß dem Auftrag der Holländisch-Ostindischen-Handelsgesellschaft, hatte Van Riebeeck bei seiner Ankunft einen 18 Hektar großen Garten angelegt, um die vorbeifahrenden Schiffe mit Frischprodukten zu versorgen. Nach ein bis zwei Jahren gab es große Mengen Tabak, Mais, alle möglichen Gemüsearten und viele verschiedene Obstsorten; einer von Van Riebeecks Birnbäumen, der jetzt über 300 Jahre alt ist, trägt noch jährlich winzige Früchte, sogenannte Holzbirnen.

Über die Jahre hinweg verlor der Garten 12 Hektar durch die Ausbreitung der Stadt. Unter den Gebäuden auf dem Anwesen sind das Parlamentsgebäude, die Stadtresidenz des Staatspräsidenten, Tuynhuys, die südafrikanische Staatsbibliothek, die

Nationalgalerie, das jüdische Nationalmuseum, das südafrikanische naturhistorische Museum und das Planetarium.

Als erstes wurde Tuynhuys errichtet, das ursprünglich 1701 für den Gouverneur am Kap, Willem Adriaan van der Stel, als Gästhaus gebaut wurde. Lord Charles Somerset benutzte es als Residenz. Er ließ einige verheerende Änderungen am Haus vornehmen. Eine Ausnahme war sein großartiger Ballsaal, Ort des Volljährigkeitsballes der heutigen Königin Elisabeth II.

LINKS: RUST-EN-VREUGD, *ein elegantes Stadthaus aus dem 18. Jahrhundert, enthält einen Teil der wertvollen William Fehr Kollektion seltener Drucke und südafrikanischer Tuschezeichnungen.*

Martin Melck erbaut, wurde zunächst als Weinkeller ausgegeben, bis 1780 den Lutheranern die Freiheit ihrer Glaubensausübung von der Niederländisch-Reformierten Kirche gewährt wurde. Erst dann konnte die großartige Kanzel von Anton Anreith eingebaut werden. Der Turm mit drei Glocken war

ebenfalls eine spätere Ergänzung, wie auch die Pilaster an der Kirchenfassade, die von Louis Thibault entworfen worden waren.

Die Buitenkant Straße (ehemals die südöstliche Stadtgrenze) ist stolz auf die alte, 1814 erbaute, Staatskornkammer, das alte kapholländische Stadthaus Rus-en-Vreugd. Als einziges noch bestehendes Exemplar der Rokokoarchitektur in Südafrika stellt es Anton Anreiths überschwängliche Eingangsverzierung dar: Ein Fries von Stuckfiguren und ein verziertes Oberlicht.

Viktorianischer Charme und moderner Glanz

Die Entwicklung der Viktoria und Alfred Waterfront in dem historischen

Alfred-Becken ist mehr als nur ein Verkaufsschlager für Kapstadt; sie hat

dazu beigetragen, die Verbindung der Stadt mit dem Meer wiederherzustellen.

In den vergangenen 50 Jahren sind große Gebiete zwischen Tafelberg und der Tafelbucht dem Meer abgerungen worden, wodurch man die Stadt zunehmend vom Hafen trennte. Die Waterfront hat dazu beigetragen, diese Entwicklung rückgängig zu machen; es ist der erste Schritt, Kapstadt wieder als 'Taverne der Meere' zu etablieren.

Was die Waterfront von 350 ähnlichen Entwicklungen in der ganzen Welt unterscheidet, ist die Tatsache, daß man hier den einzigen Umschlaghafen hat, in dem der traditionelle Hafenbetrieb Seite an Seite mit Freizeitunterhaltung am Kai stattfindet. Bis zu seiner anberaumten Fertigstellung im Jahre 2001, wird die Entwicklung mehr als 80 Hek-

tar Land benötigen und veranschlagte Kosten in Höhe von R 3,2 Milliarden verschlingen. Der ursprüngliche Ausbau wurde auf Unterhaltung, Kleinhandel und Erholungsmöglichkeiten ausgerichtet: Es gibt nahezu 40 Restaurants, 3 Hotels und 100 Geschäfte. Zukünftige Projekte beinhalten Büroräume, Wohnappartements, ein internationales Hotel mit 300 Zimmern, ein Aquarium, weitere 1 200 Quadratmeter Kleinhandelzone und zusätzliche Parkgmöglichkeiten.

Man achtet einfühlsam darauf, daß die neuen Gebäude architektonisch mit dem vorwiegend viktorianischen Stil der ursprünglichen Hafenanlagen, von denen viele geschäftlich genutzt werden, harmonisieren. Das alte Breakwater Gefängnis beheimatet jetzt die Betriebswirtschaftsschule der Universität Kapstadt und die alte Nordkai-Lagerhalle ist ein Luxushotel, wo Polstereinrichtungen neben Schotten und Balken stehen.

Die Waterfront zog in ihrem ersten Jahr, 1991, sechs Millionen Besucher an. Diese Zahl hat sich innerhalb von zwei Jahren fast verdoppelt – auf mehr als 10 Millionen Menschen jährlich. Die Menge wird von der immerwährenden Karnevalsstimmung und

KAPSTADTS NEUENTWICKLUNG *der Victoria und Alfred Waterfront hat die Hafenanlagen aus dem 19. Jahrhundert in eine fantasievolle Welt verwandelt. Dort findet man Hotels und Bistros, Kneipen und Nachtklubs, Theater und Kinos, Märkte, Museen und Marinas, Promenaden und Wegen zu Land und zu Wasser.*

der Auswahl an Unterhaltungsmöglichkeiten angezogen. Straßenartisten und -musikanten tragen zur Ferienstimmung bei, während die formelleren Thateraufführungen in dem beliebten Dock Road Theater, dem V & A Waterfront Theater und dem kleinen Freiluft-Amphitheater inszeniert werden.

Unterschiedliche, intensive Düfte strömen aus den farbenprächtigen Cafes und Lokalen und laden den Vorübergehenden in die kühlen und schattigen Innenräume ein oder an ihre Außentische mit dem herrlichen Blick über den Hafen. Die Waterfront ist ein Paradies für Konsumenten, dessen Spektrum von Fachgeschäften bis hin zu faszinierenden Kunstgewerbemärkten reicht. Die Märkte finden im Freien sowie in Hallen statt.

Besucher können einen Rundflug mit einem Hubschrauber oder eine Hafenrundfahrt genießen oder einen Ausflug auf einem Katamaran machen. Sie können auch eine kleine Reise in die Vergangenheit auf der

VERGESSENE KENNZEICHEN

N nicht so bekannt wie das südafrikanische Maritime Museum oder das Victoria Museumsschiff ist das Robinson Trockendock, das 1870 erbaut wurde und die Ehre hat, das älteste noch im Betrieb stehende Trockendock der Welt zu sein. Ein anderes Relikt aus vergangenen Zeiten ist die elegante Turmuhr, die auf so vielen Ansichtskarten der Waterfront abgebildet ist. Teile der früheren Amtsräume des Hafenkapitäns besitzt ein herrliches Spiegelzimmer, von wo aus der Kapitän sein Hoheitsgebiet in alle Richtungen überblicken konnte. Die Turmuhr und die nahegelegene Zeitkugel auf der Portswood Anhöhe waren früher Seefahrern eine wichtige Hilfen zur genauen Zeitbestimmung. Die Zeitkugel, 1894 errichtet und eines der wenigen noch verbliebenen Exemplare ihrer Art, mußte über die Jahre mehrmals höher gesetzt werden, da neue Gebäude sie zu verdecken drohten.

In der Nähe der Zeitkugel steht ein tausendjähriger Drachenbaum (*Dracaena draco*), der rotes Harz 'blutet'.

GANZ OBEN: VIELE DER *Fachgeschäfte an der Waterfront sind in umgebauten Hafengebäuden untergebracht.* OBEN: DIE WATERFRONT *ist ein Gebiet, in dem gearbeitet und gelebt wird, wo man sich gleichzeitig aber auch amüsiert. Um die Kais tuckern Fischerboote ebenso wie Vergnügungsboote.*

"Penny Ferry" unternehmen. Die Fähre wurde 1871 in Betrieb genommen, um Hafenpersonal über den Cut, den ursprünglichen Eingang zum Alfred-Becken, zu befördern. Wer sich für Nautik interessiert, für den gibt es das südafrikanische Maritime Museum in der alten Werkstätte 17.

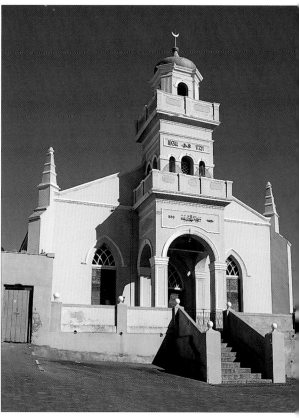

Bo-Kaap und Umgebung

Das Bo-Kaap (obere Kap) ist ein lebendes Ausstellungsgelände der Traditionen

der Muslimgemeinschaft , deren Bräuche und Gepflogenheiten mit dem

gesellschaftlichen, kulturellen Leben des heutigen Südafrika verwoben sind.

OBEN LINKS: DIE ARCHITEKTUR *des 18. und 19. Jahrhunderts am Kap drückt sich im Kopfsteinpflaster der Straßen in der Bo-Kaap Gegend aus.*
OBEN: MOSCHEEN UND *Minarette im Bo-Kaap rufen die Gläubigen fünfmal täglich zum Gebet.*
UMSEITIG: PERFEKTE *Eleganz zeichnet diese geschminkten Musikanten aus. Die alljährliche Neujahrsparade ist eine pulsierende Mischung aus Farben, Musik und Tanz.*

Die ersten Mitglieder dieser Gemeinschaft waren Sklaven, oft begabte Handwerker, die von den frühen Siedlern aus Java und anderen indonesischen Inseln importiert worden waren. Später kamen hochgeborene politische Exilanten hinzu, die von den Holländern nach ihrer Eroberung von Java und Sumatra im Jahre 1694 ans Kap verbannt wurden. Ihre Zahl vergrößerte sich über die Jahre, und sie wurden zunehmend wegen ihrer Geschicklichkeit geschätzt und leisteten einen großen Beitrag bei der Entwicklung des jungen Landes. Es gab über die Jahrhunderte verhältnismäßig wenig Einheirat in andere Gruppen, und die jetzige Gemeinschaft hat ein starkes Identitätsgefühl, das jedoch weniger der gemeinsamen malaischen Herkunft als der vereinenden Kraft des Islam zuzuschreiben ist.

Ein kleines Kaleidoskop aus Fernost

Als 1838 die Sklaverei abgeschafft und den Malaien Immobilienbesitz zugestanden wurde, siedelten sich viele von ihnen in einer Gegend unweit des oberen Endes der Heerengracht, der heutigen Adderley Street, an. Sie kauften die kleinen Flachdachhäuser, die im 18. und frühen 19. Jahrhundert erbaut und bis dahin von europäischen Handwerkern bewohnt worden waren, und begannen, Moscheen zu errichten. Die Gegend wurde als das Malaienviertel bekannt. Sie eröffneten Geschäfte als Zimmermann und Tischler, als Schneider, Gewürzhändler und Kleinhändler. Viele vererbten ihre Häuser und Läden ihren Kindern; einige der Bo-Kaap Grundstücke sind seit Generationen im Familienbesitz.

Ein starkes Gemeinschaftsgefühl herrscht vor; die engen, gepflasterten Straßen, die malerischen, pastellfarbenen Häuschen und der Ruf des *bilal*, der vom Minarett die Gläubigen zum Gebet ruft, sind hier typische Alltagserscheinungen. Sie alle erinnern an einen entfernten Winkel aus dem Osten.

Nicht alle Malaien siedelten sich im Bo-Kaap an. Viele kauften Grundstücke in anderen Gegenden, und einige zogen weg. Nicht alle Umzüge waren jedoch freiwillig. Unter dem ehemaligen Apartheidregime, im Namen der 'städtischen Erneuerung', wurden viele Malaien aus ihren Heimen in District Six an den Hängen des Tafelberges in die öden, neuen Cape Flats Siedlungen verpflanzt.

Nachdem District Six viele Jahre verödete, werden dort endlich wieder Wohneinheiten für die unteren Einkommensklassen gebaut, und eines Tages wird die Gegend eine natürliche Ausdehnung der Vororte Salt River und Woodstock sein, wo Generationen von Malaien gelebt und gearbeitet haben.

Von allen kulinarischen Traditionen, die über die Jahre nach Südafrika kamen, hat keine einen so bleibenden Einfluß gehabt wie die der malaiischen Siedler. Was man gewöhnlich unter der 'Kapküche' versteht, hat sich freizügig der fernöstlichen Gewürze und der exotischen Verbindung von Zutaten bedient. Gerichte wie Bobotie und Breyani werden mit traditionellen malaiischen Beigaben serviert: Atjars, Sambals und Blatjangs. Im Bo-Kaap gibt es auch ein authentisches malaiisches Restaurant, Biesmillah, wo – islamischer Tradition gemäß – kein Alkohol ausgeschenkt wird, jedoch das schmackhaft gewürzte Essen einen Besuch äußerst lohnenswert macht.

COON CARNIVAL

Den Neujahrsveranstaltungen am Kap würde etwas fehlen, gäbe es nicht den lärmenden, farbenfrohen Coon Carnival. Dieser Karneval, einzigartig in seiner kapschen Tradition, beginnt am Sylvesterabend, wenn die Troups (Karnevalszünfte) sich sammeln und bis Tweede Nuwejaarsdag (zweiter Neujahrstag = 2.Januar) Umzüge durch die Stadt abhalten. Die Straßen werden geräumt, und tausende Fans säumen die Wege; ihre anfeuernden Rufe übertönen den Lärm der Musikkapellen. Die buntgekleideten Coons musizieren, tanzen und singen in überschäumendem Darstellungsfreude. In zwei großen Sportstadien findet die endgültige Beurteilung der Lieder und Kostüme statt.

Jede Truppe hat ihre eigene Identität, und die Karnevalsvorbereitungen beginnen Monate im voraus. Neue Lieder, Tänze und Kostüme müssen erarbeitet werden. Die Hosen sind aus Seide oder Satin, mit Längststreifen an den Seiten. Die Jacken sind oft mit silbernen oder goldenen Pailletten verziert. Bunt betreßte Strohhüte und Schirmchen vollenden die Ausrüstung. Nicht wegzudenken sind die kleinen Maskottchen: Kleine, strahlende, stolzgeschwellte Buben, eine Miniaturausgabe der Truppe, da sie genauso gekleidet sind wie diese. In traditionellem Stil sind auf alle Gesichter farbenfrohe Masken gemalt, die wegen der frenetischen Aktivitäten zu schmelzen und zu verwischen beginnen.

Heiliger Kreis

Direkt oberhalb des Bo-Kaap, auf dem Signal Hill, steht eines der sechs Kramats, die Kapstadt als 'heiliger Kreis des Islam' umgeben; die anderen sind in Faure, auf den Cape Flats, auf Robben Eiland, in Macassar, Oudekraal und Constantia. Ein jeder ist die Grabstätte eines hochverehrten, frommen Muslims, wobei in dem Kramat auf dem Signal Hill sogar mehrere tuans, Männer gehobenen Standes, begraben sind.

Dem Glauben nach sind Muslims, die innerhalb dieses heiligen Kreises leben, vor Naturkatastrophen geschützt. Sollten jedoch aus irgendeinem Grund die Kramats verschoben, beschädigt oder zerstört werden, wird Unheil die ganze Gemeinde befallen.

Herrliche Strände

Die Kaphalbinsel hat bei einer Luftlinie von nur 70 Kilometer etwa 150 Kilo-

meter Küste, die unzählige Buchten und Strände hat, die alle ihre eigenen

Merkmale besitzen.

Von Fischern und Tauchern abgesehen, sind einige nahezu vollkommen einsam und menschenleer, andere sind berühmt für Wellenreiten, Wasserski und Segeln. Es gibt einen FKK Strand, Familienstrände, Strände für Singles, Strände mit kaltem und mit warmem Meerwasser, Strände zum Reiten und solche zum Hunde ausführen.

Clifton, Camps Bay, Llandudno, Sandy Bay und Hout Bay liegen alle an der Westküste der Halbinsel, wo die Meerestemperaturen spürbar kühl sind. Dies ist teils dem vorherrschenden sommerlichen Südostwind zuzuschreiben, der die obere Wasserfläche landabwärts wegdrückt, wodurch viel kälteres Wasser aus den Tiefen des Ozeans nach oben wallt. Diese Strände sind für ihre stürmischen Wellen und die atemberaubenden Sonnenuntergänge bekannt. Im Gegensatz dazu ist das Wasser auf der östlichen Seite wesentlich wärmer. Dies ist der Grund, weshalb die meisten Strände auf der False Bay Seite, einschließlich Fish Hoek, St. James und Boulders, wo Pinguine unbekümmert herumstolzieren, beliebte Familienstrände sind.

Im Sommer locken diese Vorzüge Tausende von Sonnenanbetern nach Muizenberg, das Rudyard Kipling so liebte ("Weiß, wie der Sand von Muizenberg, versponnen in dem Winde"). Viele der stattlichen alten Villen am Meerufer, die Muizenberg einst als Erholungsort der Wohlhabenden auswies, sind jetzt in Ferienwohnungen umgeändert worden.

Pracht am Atlantik

Die Küstenstraße schlängelt sich an der Strandpromenade entlang nach Sea Point, einem dichtbesiedelten Wohngebiet mit einer der Riviera ähnlichen Promenade, die von

OBEN: DIE PROMENADE *in Sea Point ist ein beliebter Spazierweg der Kapstädter.*
UNTEN: SONNE, SEE, *Sand und Felsen locken den ruhigeren Urlauber in das abgelegene Llandudno.*

hohen Appartmentblocks gesäumt wird. Ein großes öffentliches Schwimmbad, von Rasen umrandet, wird von denjenigen Badelustigen frequentiert, die keinen Sand zwischen den Zehen ausstehen können. Nur ein Häuserblock vom Strand entfernt liegt ein pulsierendes Einkaufszentrum. Am anderen Ende von Sea Points windet sich die Straße weiter an der Küste entlang und an den wohl teuersten Immobilien im Lande vorbei.

Je mehr man sich Clifton nähert, Südafrikas St. Tropez und Schaukasten der schönen Körper, desto luxuriöser werden die Appartmentblocks und Wohnhäuser. Im Hochsommer ist die enge Straße mit Autos verstopft, und die 'berühmten vier' Strände von Clifton werden von eleganten Sonnenanbetern belagert; Privatjachten ankern in der Nähe.

Dem langgestreckten, palmenumsäumten Strand von Camps Bay geben Leute mit Platz-

RECHTS OBEN: HUNDERTE VON *Zuschauern strömen an den Strand von Camps Bay, um das Schlauchbootrennen zu verfolgen.*
RECHTS UNTEN: CLIFTONS *berühmte 'Vier' Strände, beliebter Treffpunkt der 'Schönen'.*

angst den Vorzug. Am Fuße der zwölf Apostel (eine Bergkette im rechten Winkel zum Tafelberg) erinnert es an Florida, was durch durch die Bauweise an der Küste noch unterstrichen wird.

Camps Bay führt weiter nach Bakoven, wo das bebaute Gebiet plötzlich aufhört, und die Landstraße in ein unverschandeltes Küstengebiet von ungewöhnlicher Schönheit führt. Auf dem Kamm eines lang ansteigenden Hügels führt eine Seitenstraße herab zu dem exklusiven Llandudno. Der darunter liegende Strand ist, wenn auch nicht groß, oft windstill und eine gute Wahl für Picknicks bei Sonnenuntergang.

Der Llandudno Parkplatz ist der Anfang für den etwa ein Kilometer langen Spazierweg durch beeindruckenden Fynbos bis zu dem Nudistenstrand von Sandy Bay. Obgleich die Bucht zeitweise weniger erfreuliche Aufmerksamkeit erregt hat, betrachten seine Anhänger

entwickelt, ein Zeichen für die wachsende Nachfrage an Küstenwohnungen.

Der atemberaubende Chapman's Peak Drive beginnt in Hout Bay und zieht sich

sie als einen herrlichen Familienstrand, wo man gut schwimmen kann und viel Platz hat.

Zurück auf der Küstenstraße, erscheint nach letzten Biegung Hout Bay mit seiner Fischerdorf-Atmosphäre und der schönen, obgleich windverwehten Bucht. Immer schon beliebt bei Jachtbesitzern und Seglern, hat der Ort sich in den letzten Jahren erheblich

oberhalb des längsten und windigsten Strandes der Halbinsel hin – Noordhoeks Long Beach, der Treffpunkt für Wellenreiter.

Die Straße führt dann weiter über Kommetjie mit seinem hübschen Kelpbeeten bis zum Naturschutzbebiet Kap der Guten Hoffnung, wo der Besucher einen wunderschönen Ausflugstag verbringen kann.

Silberfracht aus dem Meer

Kalk Bay im Osten, Hout Bay im Westen und die Tafelbucht selbst haben eines

gemeinsam: Jede Bucht ist ein geschäftiger Handelshafen und Heimat einer

florierenden Fischergemeinschaft.

Die drei Buchten bieten Schutz für die Fischer, die täglich auslaufen, um die Silberfracht einzubringen, auf die sie für ihren Fortbestand angewiesen sind.

Der Kalk Bay Weg

Der hervorragende hiesige Fisch, der in den meisten Restaurants am Kap serviert wird, wird in Kalk Bay an Land gebracht, einem malerischen kleinen Hafen an der False Bay Seite der Halbinsel. Wenn die Boote mit dem Fang einlaufen, stehen die Restaurantchefs, die gewitzten Hausfrauen und die Dorfbe-

wohner von Kalk Bay am Hafen zum Einkaufen Schlange. Je nach Jahreszeit erstehen sie ein oder mehrere Exemplare, abhängig von der Auswahl der mehr als ein Dutzend verschiedener Angelfische. Um Juni – Juli herum wird hier beispielsweise 'Snoek' in großen Mengen an Land gebracht.

Am Strand und im nahegelegenen Fish Hoek bringen andere Fischer ihre Fangzüge mittels eines Schleifnetzes herein. Sie befestigen das eine Ende am Ufer und rudern mit dem anderen Ende hinaus, den Anweisungen folgend, die ein Fischer vom Ausguck des dahinter gelegenen Hügels gibt, um Maas-

banker, Meeräsche und manchmal auch Seelachse einzubringen. Es gibt nie einen Mangel an hilfreichen Händen, wenn es darum geht, die schwere Last zurück an den Strand zu ziehen. Und dann wird jeder verfügbare Behälter gefüllt und zu Straßenecken oder zum nächsten Marktplatz verfrachtet.

Kalk Bay (Kalkbucht) ist so benannt, weil die Einwohner hier Kalk zum Anstreichen der Gebäude herstellten, indem sie Muschelablagerungen aushoben, die dann in Brennöfen verarbeitet wurden. Die Ruinen dieser Brennöfen kann man heute noch auf dem Hügel oberhalb des Dörfchens sehen. Die Bucht war auch kurzfristig eine Walfangstation, und unlängst wurden bei Bauarbeiten für eine neue Anlegebrücke Walrippen und andere Objekte zutage gefördert, die an jene Zeit erinnerten, als die riesigen Säugetiere von Walfangbooten harpuniert wurden.

Unabhängiger Geist

Hout Bay liegt an einem tiefen Meeresarm an der Westküste der Kaphalbinsel, bewacht von einer aufragenden Bergspitze im Osten und einer überhängenden Felsformation, dem Sentinel (Wächter), im Westen. Der Sentinel zählt zu den beeindruckendsten Naturattrak-

OBEN: FISCHERBOOTE *in Hout Bay.*
RECHTS: KALK BAYS SONST *farbenfroher Kai an einem stürmischen Wintertag.*

FANG DES TAGES

Eine besondere Spezialität am Kap ist ein Fisch, der mit der Angel gefangen wurde. Ganz frisch bedarf es wenig mehr als eines kurzen Durchgrillens und eines Zitronenschnitz', um den Fisch zu unübertrefflichen Höhen der gastronomischen Vorzüglichkeit zu erheben. Da es ein Renner auf der Speisekarte ist, stehen Küchenchefs in erbittertem Wettbewerb um den Fang des Tages, und Einheimische mißgönnen den Johannesburgern die großen Mengen, die täglich dorthin

geflogen werden. Einige der großen Hotels und Restaurants am Kap gehen so weit, daß sie eigene Boote chartern, um sich mit frischem Vorrat zu versorgen.

Der 'Nationalfisch' Südafrikas, der Galeerenfisch, der wegen seiner Ähnlichkeit mit den stolzen spanischen Galeeren so benannt wurde, wird als Angelfisch klassifiziert. Trotzdem findet man ihn selten auf der Speisekarte der Restaurants. Früher traf man in südafrikanischen Gewässern reichlich an, jetzt ist er streng geschont durch eine Größenbegrenzung und eine begrenzte Fangsaison, die von Anfang Oktober bis Ende Februar andauert. Manche betrachten den wildähnlichen Geschmack und das marmorierte, schwarzgemaserte Fleisch als Gourmetvergnügen, während es andere nicht mögen. Aber alle Angler sind sich einig, daß das Fischen oder Speerfischen des Galeerenfisches ein großartiger Sport ist, besonders in diesem reichhaltigen Wasser.

Fischereiaktivitäten entwickelt, und am Hafen sind Andenkenläden, Boutiquen, Fischrestaurants und Verkaufsstellen für frischen Fisch und Langusten ein Mekka für Wochenendbesucher. Im Hafen drängen sich Wasserfahrzeuge jeder Größe, Art und jeden Alters: Buntbemalte, alte Fischerboote aus Holz liegen neben Fischdampfern, und Reihen teurer Jachten ankern neben Charterschiffen, die Besucher zum Beobachten der Robben nach Duiker Island mitnehmen.

Und schließlich gibt es auch noch das Minensuchboot der Hout Bay 'Flotte'. In einem schalkhaften Reklamefeldzug erklärte sich Hout Bay vor einigen Jahren zur 'Republik' und gab Pässe aus; dieser Anlaß wird alljährlich festlich begangen.

A la Portuguese

In einer kleinen Ecke des geschäftigen Hafens in der Tafelbucht liegen etwa 80 hölzerne, bunte Dieselboote an der Kohlebrücke im Alfredbecken. Die Eigentümer sind portugiesische Fischer, die vor 30 bis 40 Jahren von Madeira nach Kapstadt kamen. Einige fangen nur für etwa drei Wochen im Jahr Langusten; andere fangen, was immer gerade gängig ist – Thunfisch, Schwertfisch und Snoek – und hören nur im Winter auf. Das Auftauchen eines Schwarmes bringt eine eilig zusammengetrommelte Mannschaft an den Kai; Minuten später tuckern die Boote übers Wasser in Richtung Kapspitze und St. Helenabucht, sie folgen den Seevögeln.

OBEN RECHTS: DER SENTINEL (Wächter) bewacht den Eingang zum Hafen von Hout Bay.
UNTEN: DER BRONZELEOPARD blickt seit mehr als 30 Jahren über die Bucht von Hout Bay hinaus.

tionen um Kapstadt. Am besten kann man ihn von einem Aussichtspunkt an der atemberaubenden, 10 Kilometer langen Küstenstraße um den Chapmans Peak herum bewundern, oder besser noch, vom Deck einer Barkasse vom Meer aus.

Obgleich Hout Bay ein wichtiger Fischereihafen ist, besonders für Snoek und Langusten, hat es seine Dorfatmosphäre behalten. Schriftsteller- und Künstlerkolonien haben sich hier etabliert, die von der Geruhsamkeit und Naturschönheit angezogen wurden. Ein florierendes Touristengeschäft hat sich neben seinen

Kirstenbosch-Nationaler Botanischer Garten

1895 kaufte Cecil John Rhodes ein 152 Hektar großes Anwesen, der erste Schritt, um seinem Traum zu verwirklichen, die Teufelsspitze und die östlichen Hänge des Tafelberges als Nationalpark zu erhalten. Nach seinem Tode hinterließ er das Gebiet 'den vereinigten Menschen von Südafrika'.

OBEN LINKS: EIN FARBENPRÄCHTIGES *Blütenmeer von Frühlingsblumen ergießt sich über die Hänge von Kirstenbosch. Der Garten zeigt den imensen Reichtum an einheimischen Pflanzen.*
OBEN: ARISTEAS UND *Ursinias als fröhliches, farben-freudiges Gemisch in Kirstenboschs Garten.*
UNTEN: DIE KÖNIGSPROTEA *(Protea cynaroides) ist die Nationalblume Südafrikas.*

Das, was man jetzt 'Nationaler Botanischer Garten von Kirstenbosch' nennt,erfreut heute Menschen aus aller Welt. Das Anwesen lockt c.a. 400 000 Besucher im Jahr an und konkurriert mit dem Tafelberg als größte Naturattraktion von Kapstadt. Im Hauptauffangebiet des Liesbeeck River und am Fuße der hervorragenden Castle Buttress gelegen, hat der Garten eine ausreichende Wasserzufuhr von den Bächen, die sich aus den Window, Skeleton und Nursery Schluchten ergießen. Der Garten erstreckt sich über die östliche Seite des Berges, von den unteren Hängen bis zu den Ausläufern des Maclear's Beacon hin, der mit seinen 1 210 Meter über

dem Meeresspiegel als höchster Punkt auf dem Tafelberg gilt. Das Gebiet dehnt sich über ein Areal von 528 Hektar aus, von denen nur 36 unter Anbau stehen.

Kirstenbosch ist unter den acht botanischen Gärten Südafrikas der bekannteste, und war der erste Garten, der sich ausschließlich auf einheimische Pflanzen spezialisierte. Heute gibt es dort mehr als 6 000 verschiedene Pflanzenarten. 1913 wurde er amtlich zum ersten Botanischen Garten Südafrikas erklärt. Die Zielsetzung war Forschung sowie Erhalt und Aufzucht der einheimischen Flora. Anfangs war die wissenschaftliche Erforschung auf das Compton Herbarium beschränkt, das heute mehr als 250 000 Exemplare enthält. Ausgedehnte Gärtnereien,

Gewächshäuser und Forschungslabore sind inzwischen hinzugekommen. Es gibt eine gut sortierte botanische Bibliothek sowie einen Saal für Vorträge und Ausstellungen. Die Geschäftsräume der Botanischen Gesellschaft von Südafrika sind auch hier untergebracht.

Für das fragile, ökologische Gleichgewicht ist die fortdauernde Arbeit und Forschung, die in Kirstenbosch ausgeführt wird, lebenswichtig. Nebenbei leisten die Wissenschaftler auch wertvolle Arbeit in der Erforschung der Heilqualitäten vieler einheimischer Pflanzen und Blumen. Gleichzeitig bleibt der Garten eine Erholungsstätte für alle. Obgleich er zu jeder Jahreszeit bezaubernd ist, bietet er eine außergewöhnlich hinreißende Blumenpracht im Frühling. Es gibt

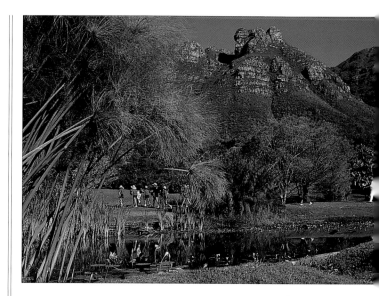

OBEN: MIT SEINEN *Wäldern und 900 verschiedenen Arten blühender Pflanzen ist Kirstenbosch ein beliebter Ausflugsort für Schulklassen.*

FYNBOS: FLORA EXTRAORDINAIRE

Das Pflanzenreich am Kap, flächenmäßig das kleinste aber artenreichste der sechs Pflanzenreiche der Welt, ist weltweit für Botaniker von bleibendem Interesse. In Südafrika hat der Artenschutz Vorrang. Mit dem Erhalt von 8 500 Pflanzenarten – von denen 7 300 als Fynbos klassifiziert sind – kommt diesem winzigen Pflanzenreich eine herausragende Bedeutung zu.

Fynbos bedeutet wörtlich: feiner Busch (eine Anspielung auf die feinblättrige Form, die viele dieser Sträucher kennzeichnet) schließt Proteen, Restios (Reet) und Eriken (Heidekraut) ein, sowie Iris, Margueriten und Lilien. Unter den Margueriten allein gibt es 1 000 verschiedene Sorten. Im Widerstand gegen klimatische Bedrohungen wie Trockenheit haben die Pflanzen sich ihrer Umwelt durch Hartlaub, verdickte Borke und unterirdische Zwiebeln oder Wurzelstöcke angepaßt. Obgleich Fynbos etwa alle 15 bis 20 Jahre ein Feuer zur Regeneration braucht, sind durch häufigere Bergbrände viele Arten vom Aussterben bedroht. Verstädterung, Eindringen fremder Pflanzenarten und Landwirtschaft sind weitere Gefahren. Über die Jahre sind eine Naturschutzgebiete geschaffen worden, um diese prähistorischen Pflanzen zu erhalten.

Wanderwege durch Fynbosgebiet führen den Besucher in historische Dörfer, Privatreservate und Farmgebiete. Viele Naturschutzgebiete bieten dem Besucher Wohnwagen- und Rastplätze oder einfache Unterkünfte in Hütten und Häuschen zur Übernachtung an.

Das Helderberg Naturschutzgebiet bei Somerset West, der Harold Porter Botanische Garten in der Nähe von Bettys Bay, das Fernkloof Naturreservat bei Hermanus, die Naturschutzgebiete Villiersdorp und Hottentots Holland, das Caledon Naturschutzgebiet mit einem Feldblumengarten sowie der Nationale Botanische Garten von Kirstenbosch sind nur einige der idealen Ziele zur Fynbosbetrachtung.

verschiedene Spazierwege, alle sorgfältig geplant, um jeder Geschmacksrichtung und jedem Bedürfnis zu entsprechen. Der Stinkwood Pfad ist für die ganz jungen oder Untrainierten; Yellowwood- und Silvertree Pfade sind ideal für jene, die die Berghänge erkunden möchten. Ein Fynbos-Weg wurde 1993 für die Veranstaltungen zum 80jährigen Bestehen des Gartens eröffnet, wozu auch die größte Feldpflanzenausstellung der Welt zählte. Für die Sehbehinderten sind ein Braillepfad und ein Duftgarten angelegt.

Kunsthandwerk und Konzerte

Ein weiterer Anziehungspunkt ist das schattige 'Dell' (kleines Tal). Dort umrandet ein eingelassenes, vogelförmiges Badebecken einen Bergquell.Es wurde im frühen 19. Jahrhundert von einem Colonel Bird angelegt, und ist im Volksmund fälschlicherweise als Lady Anne Barnards Bad bekannt.

Eingeschlossen in den Veranstaltungskalender von Kirstenbosch sind regelmäßige Kunstmärkte, Blumenausstellungen, verschiedene Bildungsprogramme oder die 'Glühwürmchen-Parade' im November sowie die sich über vier Sommermonate hinstrekkenden Sonntagskonzerte bei Sonnenuntergang. Eine Gärtnerei ist das ganze Jahr über geöffnet. Zollbescheinigungen gibt es für Ankäufe, die außer Landes gehen.

Historische Vororte

Die südlichen Vororte der Kaphalbinsel sind durch eine Reihe landschaftlich schön gelegener Autobahnen verbunden. Es sind ehemalige Dörfer, die sich entlang der Bergkette hinziehen. Einige weisen Erinnerungen an einen der einst einflußreichsten Männer des Kap auf: Cecil John Rhodes.

D ie Straße folgt den Bergfalten über die Anhöhe des Devil's Peak und trifft dort auf die nördliche Grenze des herrlichen Groote Schuur Anwesen, einst der Besitz von Cecil Rhodes. Unterhalb liegt der riesige Komplex des Groote Schuur Hospital, in dem Christiaan Barnard die erste Herzverpflanzung der Welt ausgeführt hat.

Einige Kilometer weiter, an der Ecke der Rhodes Avenue, präsentiert sich stolz die Mostert Mill aus dem späten 18. Jahrhundert. Ursprünglich zum Kornmahlen gebaut, ist sie 1936 restauriert worden und jetzt ein nationales Denkmal.

Von den Hängen des Devi's Peak beherrscht das imposante Rhodes Denkmal den Rhodes Drive. Cecil Rhodes liebte es, hier zu wandern und zu reiten, und vielleicht folgen die vielen Pfade an den Höhenzüge, die hier ihren Anfang nehmen, den Routen, die er auf dem Pferderücken durchritten hatte. Das Denkmal, 1912, das heißt zehn Jahre nach

seinem Tode, erbaut, wurde von seinem guten Freund, dem Architekten Sir Herbert Baker, entworfen. Es ist ein beeindruckendes Monument und aus dem Granit des Tafelberggesteins gehauen. Acht Bronzelöwen bewachen die Stufen, die zu dem klassizistischen Tempel führen, der eine Bronzestatue von Rhodes beherbergt. Eine mächtige, überragende

GANZ OBEN: EINES DER *entzückend restaurierten viktorianischen Häuschen in Wynberg.*
OBEN: DER EFEUBEWACHSENE *Komplex der Universität von Kapstadt, Südafrikas ältester Bildungsstätte. Das Bergmassiv im Hintergrund ist Teil der herrlichen Tafelbergkette.*
LINKS: DIE IMPOSANTE *Reiterfigur von Watts, 'Physische Energie' genannt, blickt vom Rhodes Memorial auf den beliebten Vorort Rondebosch hinab.*

bronzene Reiterstatue von Watts, 'Physische Energie' genannt, steht vor dem Gebäude.

Die efeuumrankten Sandsteingebäude des oberen Universitätsgeländes der Kapstädter Universität werden von dem Rhodes Memorial überragt. Auf einem achtunggebietenden Anwesen gelegen, das Rhodes für diesen Zweck ausersehen hatte, sind sie ein Teil der ältesten Universität des Landes.

Einen Kilometer weiter östlich bewacht ein einsamer Posten den Eingang zu dem Groote Schuur Herrenhaus. Die Villa war das ehemalige Heim von Rhodes und dient heute als Residenz des südafrikanischen Staatsoberhauptes. Es enthält wertvolle Manuskripte, Gemälde, Gobelins und Kunstwerke, die Rhodes der Nation vermacht hat. Das Schlafzimmer hat man unverändert gelassen.

Östlich des Groote Schuur Anwesens liegt das Newlands 'Dorf', das den Ruf hat, eines der feuchtesten Vororte Kapstadts zu sein. Auch ein Stadion, in dem große nationale und

internationale Rugbywettspiele ausgetragen werden, ist dort beheimatet. Am Eingang dieses Rugbystadions, eingerahmt von schönen, alten Eichen, steht die alte 'Josephine Mühle', Kapstadts letzte verbliebene Wassermühle. Es ist ein Rugbymuseum, ein Schrein für den südafrikanischen Nationalsport und seine Helden, und es ist auch das Hauptquartier der Historischen Gesellschaft in Kapstadt.

Angrenzende Vororte, wie Mowbray und Rondebosch, die sich aus offenen Landbezirken entwickelt haben, sind die gegebene Örtlichkeit für ausgezeichnete Golfplätze. Kenilworth hingegen ist die Heimat der Pferderennbahn, wo 'The Met', das größte Rennen in Kapstadt, alljährlich im Januar stattfindet. Weiter östlich hat Wynberg, auch 'Little Chelsea' genannt, seine dörfliche Atmosphäre mit seinen meisterlich erhaltenen Staßenzügen und seinen restaurierten Gebäuden im viktorianischen Stil bewahrt.

GROOT CONSTANTIA

Das imposanteste und älteste Weingut am Kap, Groot Constantia, liegt nicht weiter als eine 20-Minuten-Fahrt vom Herzen Kapstadts entfernt. Das Land, auf dem es liegt, war 1685 dem Gouverneur Simon van der Stel gewährt worden. Er machte die 770 Hektar zu seinem Ruhesitz und wohnte dort 13 Jahre bis zu seinem Tode 1712. In dieser Zeit schuf er ein idyllisches Gut im Schatten des Constantiaberges mit vielen Weinbergen. Der tiefe, kühle Boden lieferte reichen Ertrag. Dieser, verbunden mit genau ausgeklügelten Methoden der Ernte, Kelterei und allgemeiner Reinlichkeit, erbrachte den sehr gefragten 'Gouverneurswein'. Dieser Wein wurde nach Europa exportiert, und die einzige Klage, die aus Batavia (Holland) kam, war die, daß es zu wenig davon gebe.

Nach seinem Tode wurde das ursprüngliche van der Stel Anwesen in drei unabhängige Weingüter aufgeteilt: Groot Constantia, Klein Constantia und Buitenverwachting. Heute hat jedes ein herrliches kapholländisches Herrenhaus und einen Weinkeller, der exklusive, weltbekannte Weine erzeugt.

Groot Constantia hatte nach 1712 noch eine ereignisreiche Geschichte. 1778 kaufte Hendrik Cloete das Gut und beauftragte den führenden Architekten am Kap, Louis Thibault, mit dem Entwurf eines schönen Kellers. Anton Anreith rundete das Herrenhaus ab, und die dabei entstandenen ausgelassen, bacchanalischen Reliefs wurden von der prüden Gesellschaft jener Zeit ob ihrer Freizügigkeit kritisiert.

Etwa 90 Jahre später fielen die Weinstöcke von Groot Constantia der tragischen Reblausepidemie zum Opfer, welche die Weingärten in der ganzen Welt dezimierte,

und die Cloete Familie war gezwungen, das Gut an die Kolonialregierung zu verkaufen. Für etwa 50 Jahre war Groot Constantia nun eine Ausbildungszentrum und eine Versuchsfarm der Regierung.

Ein schwerer Brand, ausgelöst durch ein glühendes Stück Kohle im Küchekamin, zerstörte 1925 fast das ganze Gebäude. Das Haus wurde von dem Architekten F.K. Kendall, einem Nachfolger Sir Herbert Bakers, neu aufgebaut, und die unschätzbaren Stilmöbel hauptsächlich durch Schenkungen und Stiftungen ersetzt, so daß es 1927 als öffentliches Museum wiedereröffnet werden konnte.

Naturschutzgebiet Kap der Guten Hoffnung

Die Annahme, daß Cape Point (die Kapspitze) Treffpunkt des Indischen und Atlantischen Ozeans ist, beruht auf einem Mythos. Laut Kartographen findet die Begegnung am öden Kap Agulhas, der südlichsten Spitze Afrikas, statt.

Das Wissen darum beeinträchtigt in keiner Weise den Eindruck eines der überwältigendsten Naturformationen. An der äußersten Kante der Kapspitze bietet ein Aussichtsplatz, der auf Südafrikas höchsten Felsenriffen über dem Meer liegt, einen unvergeßlichen Blick auf die turbulente See. Eine Trennlinie aus Schaum ist von hier aus deutlich sichtbar, wodurch die Theorie des Aufeinandertreffens der Ozeane erhärtet wird. In Wirklichkeit wird der Schaumstrich durch den notorischen Südostwind des Kaps hervorgerufen. Dieser braust gegen das Festland und peitscht die Gewässer auf. Die magische Anziehungskraft dieser Gewässer wird auch mit einem weiteren Mythos verknüpft: Dem des Fliegenden Holländers, der dazu verdammt ist, bis in alle Ewigkeit mit seinem Geisterschiff das Kap zu umsegeln.

Fülle der Natur

Der schroffe Felsvorsprung der Kapspitze ist die südliche Grenze des 7 750 Hektar großen Naturschutzgebietes Kap der Guten Hoffnung, einem Landdreieck, das durch die Schusterbucht an der westlichen Küste und die Smitswinkelbucht, einem Einschnitt in der False Bay, im Osten abgegrenzt wird. Es zieht sich über 40 Kilometer als zerklüftete Küste hin, und bei aufmerksamer Beobachtung stellt man fest, daß es ein Naturschutzgebiet von großer ökologischer Bedeutung ist.

Im Inland des Reservats offenbaren sich interessante topographische Erscheinungen.

Der Baumbewuchs ist spärlich, aber es gibt eine reiche Vielfalt an Blütengewächsen: Der einheimische Fynbos schließt über 1 114 verschiedene Arten ein, bei denen die Restio (Reet) Gattungen vorherrschen. Im September und Oktober sind die Frühlingsblumen ein Augenschmaus für den Besucher.

Reptilien wie Schlangen (einige sind giftig) und Schildkröten leben unter den Sträuchern, die auch der seltenen Froschart Platanna (*Xenopis gilli*) einen sicheren Unterschlupf bieten. Viele der größeren Tiere im Reservat (Antilope und Bergzebra) sind nicht so leicht zu erspähen, außer für einen geduldigen Beobachter, der bereit ist, die üblichen Routen zu verlassen. Es ist ohnehin nicht wirklich ein Antilopengebiet: Fynbos hat einen zu geringen Nährwert, um große Herden zu erhalten. Andere Säugetiere wie die neugierigen und kontaktfreudigen Chacma

GANZ OBEN: EIN BUNTSCHILLERNDER *Sonnenvogel kostet den Nektar der Fynbosvegetation im Naturschutzgebiet.*
OBEN: DIE KAPSPITZE *und das Naturreservat zählen zu den größten Touristenattraktionen der Region.*

Paviane, ziehen in dem Gebiet umher und werden oft dabei beobachtet, wie sie die Strände absuchen. Von großer Bedeutung sind die beinahe 250 Arten der Land- und Seevögel, die hier gezählt wurden, vom Strauß über Kormorane bis zu den winzigen Sonnenvögeln. Im nordwestlichen Küstengebiet, eine der wenigen Gegenden, die für Besucher nicht zugänglich sind, ist eine Niststätte für den schwarzen Austernfänger angelegt, um den Fortbestand dieser scheuen Vogelart zu sichern.

Kap der Stürme

Das Naturreservat Kap Der Guten Hoffnung ist ganzjährig geöffnet und hat ein großzügiges Gelände zum Fischen, Picknikken und Grillen. Sicher baden kann man in den Gezeitenschwimmbädern bei Buffels Bay und Bordjiesdrift, zwei wunderschönen Buchten auf der False Bay Seite. Wanderwege sind angelegt, Walbeobachtungsposten und Aussichtsplätze sind gut ausgeschildert. In einem der wenigen verbliebenen, alten Farmhäuschen, die aus Quadern des örtlichen

OBEN: STEILE FELSEN RAGEN *aus dem kalten und oft stürmischen Atlantik an der Spitze der Kaphalbinsel auf. Vor der Kapspitze ist 'Der Fliegende Holländer', das legendäre Geisterschiff, mitunter gesichtet worden, sogar von einem zukünftigen König von England.*

PAVIANE

Die Chacma Paviane, die im ganzen südlichen Afrika vorkommen, sind die größte Pavianart. Mit ihren sehr langen Schnauzen und dunklen, ausgeprägten Brauen haben sie einen ernsthaften und intelligenten Ausdruck. Obgleich sie von den Umweltschützern geschätzt werden, die sie als ein Teil des natürlichen Umfeldes betrachten, sowie von Befürwortern des Ökotourismus, nimmt die Anzahl der Chacmapaviane auf dem südlichen Teil der Halbinsel ab. Umweltschutzgruppen der Region betrachten das Füttern durch Menschen als die größte Bedrohung für ihr Überleben.

Das Fortschreiten der Bebauung hat einen gewaltigen Druck auf das Habitat der Paviane ausgelöst und deren Lebensraum auf eine Kernzone, nämlich auf die im Naturreservat gelegene Tafelberg-Gebirgskette, zusammenschrumpfen lassen. Leider werden sie von wohlmeinenden Besuchern des Reservates gefüttert – eine Unart, die strengstens verboten ist.

Fütterung von Hand verdirbt die natürlichen Freßgewohnheiten der Tiere. Einmal an menschlichen Kontakt gewöhnt und durch die leicht zu erhaltene Nahrung angelockt, wagen sich die Paviane manchmal in die Siedlungsgebiete, die an das Reservat grenzen, vor, um in Hinterhöfen und Küchen dreist nach Futter zu suchen. Viele werden erschossen. Die Glücklicheren unter den Affen werden von Umweltschutzbeamten aufgespürt und ins Reservat zurückgebracht.

Sandstein gebaut und mit Kalk verputzt sind, ist ein kleines Feldmuseum und Informationszentrum eingerichtet worden.

Man findet dort Denkmäler zu Ehren der frühen Seefahrer. Eines ist Bartholomäus Diaz gewidmet, der 1488 die erste verzeichnete Umseglung der Kapspitze unternommen hatte. Er gab der Spitze den Namen 'Cabo Tormentosa' (Kap der Stürme). Aber obgleich die hohen Wellen, die orkanartigen Winde und versteckte Riffe vor dem Kap der Stürme über die Jahrhunderte viele Menschenleben gefordert haben, kann diese stürmische Ecke oft auch ein mildes Gesicht zeigen.

Eine kühne Besucherin war so beindruckt, daß sie schrieb: "Der Ausblick über Meer und Land war fantastisch ... die bunten Feisenriffe, mit jeder Schattierung auf ihrem Anlitz, die schaumgetupfte See, das Land öde, aber herrlich... das Gefühl der Freiheit und Berauschtheit ..."

LINKS: AN DEN SEAFORTH *Strand bei Simon' Town schwappt das verlockende blaue Wasser der False Bay. Der Ort und sein Hafen sind seit nahezu zwei Jahrhunderten eng mit der Royal Navy als auch der südafrikanischen Marine verbunden.*
UNTEN: EINE KÖNIGLICHE *Galionsfigur blickt über die geruhsamen Gärten des Admirality House.*

Marinetraditionen

Eine Sirene ruft morgens die Hafenarbeiter, und Böllerschüsse donnern von

der tiefergelegenen Nordbatterie – sie erinnern täglich an die Rolle, die Simon's

Town als Flottenstützpunkt der südafrikanischen Marine spielt.

Simon's Town hat eine besondere Atmosphäre, eine salzige Mischung aus viktorianischem Küstendorf und geschäftigem Flottenstützpunkt. Nur 36 Kilometer südlich von Kapstadt, eingebettet zwischen zwei schützenden Hängen der Bergkette, stellt die Stadt eine kleine, eigene Welt dar.

Die Geschäfte der Stadt und der Marine laufen harmonisch nebeneinander ab. Jachten und Fischerbote laufen im Jachtclub und Stadtpier, die von den Hafenanlagen der Marine umgeben sind, ein und aus. Zwischen U-booten und Tankern liegen Fregatten im Hafen oder draußen in der Bucht vor Anker. Aus Sicherheitsgründen sind Schnappschüsse jedoch verboten: Keines der Gebäude, Schiffe oder Hafenanlagen der Flotte darf fotografiert werden. Betrüblicherweise schließt dies viele

guterhaltene, alte Gebäude ein, die die Hauptstraße säumen und als Büroräume und Unterkünfte der Marine dienen. Touristen zieht es an den Strand, doch man sollte die Geschichte der Stadt nicht außer Acht lassen.

Man hat einen nachhaltigen Eindruck über Sozial- und Marinegeschichte sowie die Architektur von Simon's Town, wenn man die 'historische Meile' vom Bahnhof bis zum östlichen Hafentor entlangschlendert. Etwa 40 Wahrzeichen, meist Gebäude, die aus der Mitte des 18. Jahrhundert datieren, säumen den Weg. Eines der bedeutendsten ist Admirality House, Hauptquartier der britischen und südafrikanischen Marineführung seit 1809; es steht auf dem ersten, 1743 vergebenen Stück Land in Simon's Town.

Ein anderes beachtenswertes Haus ist The Residency in Court Road, dessen unpassende Anbauten und Veränderungen man erst stoppte, als es vom Simon's Town Museum übernommen wurde. Es war 1777 ursprünglich als Winterresidenz für den Gouverneur der Vereinigten Ostindischen Kompanie am Kap, Simon van der Stel, gedacht.

Die geschützte Bucht ist 1687 das erste Mal von van der Stel begutachtet und als sicherer Winterankerplatz für Schiffe der holländischen Flotte erklärt worden. Seiner Gewohnheit entsprechend, Örtlichkeiten seinen Namen zu geben, hatte er sie Simons Bucht genannt. Jedoch erst 1743, als ein Lagerraum mit den nötigen Gerätschaften zur Wartung und Versorgung der

Schiffe eingerichtet worden war, wurde Simon's Town die dritte offizielle Niederlassung am Kap. Der Lagerraum ist eines der ältesten Gebäude in der Stadt. Eines der

eigenartigsten Wahrzeichen ist wohl Bay View House, um 1803 errichtet. Das Haus wurde von einer Reihe Kapitäne aus Simon's Town bewohnt, aber es war auch einmal

ABLE SEAMAN JUST NUISANCE

Eine lebensgroße Bronzestatue von Simon's Towns größter Berühmtheit, Able Seaman Just Nuisance (Vollmatrose Bloß Blödsinn), nimmt einen Ehrenplatz auf dem Jubilee Square ein.

Sie steht auf einem Felsen in der typischen Haltung einer dänischen Dogge, entspannt, aber wachsam, die Ohren gespitzt, die Augen über die Bucht gerichtet. Seine Seemannsmütze, von deren Tragepflicht er jedoch auf Geheiß der Admiralität freigestellt war, liegt zwischen seinen Vorderbeinen.

In den 50 Jahren nach seinem Tode wurde das Leben dieser großen, schwarzen Töle – der einzige Hund, der je von der Royal Navy angeworben wurde – in Fernsehsendungen und unzähligen Artikeln und Büchern dokumentiert.

Als seine Eigentümer, Mr. und Mrs. Benjamin Chaney, 1939 nach Simon's Town versetzt wurden, fühlte sich der zweijährige Just Nuisance bei der Marine

so heimisch wie – ein Köter im Wasser! Während sein Bruder Bats freiwilligen Dienst als Wachhund bei dem Royal Navy Hospital versah, fuhr Just Nuisance in den Vorortzügen mit. Er bestand darauf, die Matrosen auf ihren Fahrten nach Kapstadt zu begleiten und verließ nicht eher den Hauptbahnhof, als bis der letzte Seemann mit Schlagseite wieder sicher im Zug war.

Die südafrikanische Eisenbahnbehörde war empört darüber und warf ihn regelmäßig vom Zug, und nach einem monatelangen Streit wurde er offiziell in der königlichen Marine angeworben: Am 25. August 1939 wurde er Able Seaman Just Nuisance.

Von seiner Ankunft in Simon's Town bis zu seinem Tode im April 1944 reiste Just Nuisance tausende von Kilometern mit den Matrosen, die während der Kriegszeit in Simons Town stationiert waren. In mehr als einer Hinsicht war diese Dänische Dogge eine herausragende Hundegestalt.

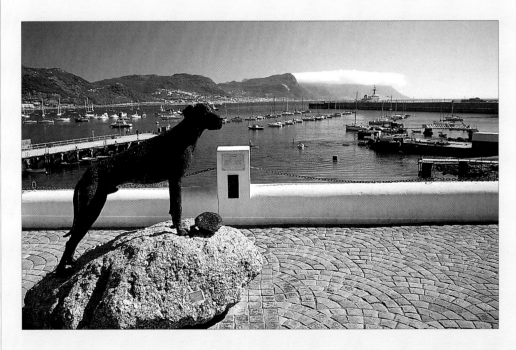

GANZ OBEN: PANORAMA VON *der Bucht und dem Hafen. Simon's Town ist ein Mekka für Segler und Wassersportenthusiasten sowie für Sonnenanbeter, die von dem weißen Sand angelockt werden.*
OBEN: DAS MUSEUM *von Simon's Town ist in der zweihundertjährigen Residency (Residenz) untergebracht.*

eine Post. Dies ist eine Erklärung dafür, daß Wände im ersten Stock mit Briefmarken tapeziert sind, jede einzeln angeklebt und überlackiert – zum Erhalt für die Nachwelt.

Dieser kleine Ort, mit seiner malerischen Atmosphäre und einem Klima wie an der Riviera, hat den gleichen Touristenzustrom wie das restliche Kap, er hat eine Kneipe, die die südlichste 'Tränke' der Halbinsel ist.

Stellenbosch – Das Herz des Weinlandes

Als Simon van der Stel im späten 17. Jahrhundert die Bürger dazu anhielt, im

Tal des Eerste Rivier Weinstöcke anzupflanzen, legte er den Grundstock für eine

Branche, die Stellenbosch und ganz Südafrika weltbekannt machte.

Als van der Stel 1679 seine Kommandatur am Kap antrat, sah er Notmaßnahmen als unumgänglich an, um die ums Überleben kämpfende Ansiedlung in der Tafelbucht zu retten. Das Klima wirkte sich verheerend auf die Anpflanzungen im Kompaniegarten aus, und Lebensmittel waren ständig knapp; die Zahl entmutigter Siedler, die heimkehrten, wuchs. Der Hauptgrund, weshalb van der Stel den Bürgern Farmen im Tal des Eerste Rivier gewährte, war die Verbesserung der Viehhaltung und des Weizenertrags; die Weinstöcke waren eher ein nachträglicher Gedanke.

Mehr als 300 Jahre später liegt Stellenbosch nun im Herzen einer Region, die beeindruckende 280 individuelle Weinsorten erzeugt. Der Bezirk hat eine Anzahl Mikroklimazonen und kontrastierende Wachstumsbedingungen: Granitböden an den Berghängen und Sandböden in den niederen Gebieten. Er ist daher ideal sowohl für die Erzeugung von roten als auch weißen Weinen der allerbesten Traubensorten.

Die Stadt selbst ist eine der am schönsten erhaltenen Ortschaften im Lande, mit herrlichen Beispielen kapholländischer Architektur. Das alte Dorfzentrum enthält 60 Gebäude, die unter Denkmalschutz stehen. Vier davon sind sorgfältig restaurierte Wohnhäuser mit kühlen Räumen, die nach Lavendel und Leinsamen duften; sie sind nach den verschiedenen Phasen der Wohnkultur möbliert worden, um die Entwicklung des Ortes zu reflektieren, und gemeinsam ergeben sie das bezaubernde Altdorfmuseum.

Das Stellenryk Weinmuseum ist eine weitere Station, die auf keiner Besichtigungstour fehlen sollte, während der Van Ryn Branntweinkeller in Vlottenburg und das Oude

OBEN: DIE DORP STREET in Stellenbosch, umsäumt von Eichen und prächtig renovierten Häusern, ist eine der schönsten Straßen des Landes.
RECHTS: EINES DER eleganteren Landhäuser am Kap ist Libertas. Es ist in Privatbesitz und bekannt für sein elegantes Mobilar und die Wandgemälde. Die Medaillons stellen die vier Jahreszeiten dar.

BERÜHMTE GIEBEL

Der Kapgiebel präsentiert sich in außergewöhnlicher Vielschichtigkeit, Kreativität und handwerklichem Geschick. Das früheste noch erhaltene Vorbild, mit seiner einfachen, geschwungenen Form, datiert aus dem Jahr 1756 und ist in Joostenburg, in der Nähe von Stellenbosch, zu finden.

Spätere Kapgiebel wurden immer ausgeprägter und verzierter, mit Schnörkeln, Trennstücken, Voluten und mächtigen Knoten. Schlichte Zierleisten an den Ecken entwickeln sich zu üppigen Voluten; dreieckige und halbrunde Erker treten in Erscheinung, und Urnen verzieren die Oberkante der Pilaster. All dieses Zierwerk ruft eine ständiges Licht- und Schattenspiel auf der Giebelfassade hervor – es wurde als Statussymbol gewertet, das sowohl das Ansehen als auch das Vermögen des Eigentümers widerspiegelt.

Im späten 18. Jahrhundert wurde die holländische Renaissance von dem italienischen Renaissancestil mit seinen deutlich barocken Elementen abgelöst. Der beständige 'Halsgiebel', wofür der Giebel auf Groot Constantia (circa 1793) ein ausgezeichnetes Beispiel ist, entwickelte sich in dieser Zeit. Ein ähnlicher Giebel rahmt den Eingang zur 'dakkamer' (Dachkammer) des lutherischen Pfarrhauses in Kapstadt ein. Im Inland am Kap zeugen entzückende, regionale Variationen von der Nachbildung der Stadtmode durch ungelernte Arbeiter. Ein Beispiel ist der 'holbol' oder Prinz-Alfred-Giebel, der in der Karoo verbeitet ist. Er hat konvex-konkave Umrisse, wird von runden oder spitzen Erkern gekrönt, und hat manchmal horizontale Schichten, die die Giebelfassade in eine obere und eine untere Sektionen aufteilen.

---

viele Straßen in Stellenbosch säumen, dienen als bequeme Fahrradständer für die etwa 13 000 Studenten der örtlichen Universität.

Das Universitätsgelände hat sich auf alle Bereiche des Dorflebens ausgedehnt, und viele alte Häuserfassaden tragen neben den Bronzeplaketten des Denkmalsschutzes auch Anschläge für Studentenunterkünfte.

Alte, etablierte Weingüter

Innerhalb eines 12-Kilometer-Radius um die Stadt gibt es 18 Weingüter und fünf große Genossenschaften, alle der Öffentlichkeit zugängig. Hier wurde 1971 Südafrikas erste Weinstraße angelegt. Seitdem wurden viele der schönen, alten kapholländischen Herrenhäuser auf historischen Weingütern restauriert und zur kommerziellen Nutzung umgestaltet, womit ihr Erhalt für nachfolgende Generationen gesichert ist. Einige wurden von wohlhabenden, internationalen Käufern erstanden. Eines davon ist zum Beispiel Neethlingshof, das 1692 zum ersten Mal bewirtschaftet wurde. Die Weingärten wurden mit edlen Reben neu bepflanzt, und das Haus wurde in ein Restaurant umgewandelt.

Zwölf Jahre nach seiner Ankunft am Kap und zur Anerkennung seiner Leistungen für jene instabile Kolonie wurde Simon van der Stel in den Gouverneursrang erhoben. Könnte er nur Stellenbosch heute sehen!

UNTEN: DIE GEMÜTLICHE *Gastfreibeit einer Stadt auf dem Lande genießt man in den Straßencafes von Stellenbosch. Besonders charmant ist das historische D'Oude Werf, ein Gasthof , der seit 1710 existiert.*

Meester Branntweinmuseum in der Old Strand Road wegen ihrer Kollektionen von Branntweindestillen, Flaschen und Gläsern interessant sind. Oude Libertas, ein Freilufttheater und Weinzentrum ist ein beliebter Versammlungsort, der sowohl eine abwechslungsreiche Sommersaison mit Ballett, Theaterinszenierungen und Musik als auch das ganze Jahr über Weinproben und anbietet.

Alte Eichen

Durch die formale Gestaltung der Stadt, nämlich großzügige und offene Plätze sowie bedächtige, eichenbesschattete Alleen, fällt die geordnete Entwicklung sofort positiv ins Auge. Viele der europäischen Eichen wurden ursprünglich im 17. Jahrhundert auf Anweisungen Simon van der Stels oder seines Sohnes Willem angepflanzten; die wunderbare Allee dieser Bäume in der Dorp Straße ist landesweit eine der besterhaltensten.

Es erscheint daher angemessen, daß die älteste europäische Eiche dieses Landes auf Vergelegen steht, dem ehemaligen Anwesen von Willem Adriaan van der Stel. Nachfolgende Eigentümer des Besitzes haben außergewöhnliche Anstrengungen unternommen, um den kränkelnden Baum zu erhalten: Die umfangreichen Stämme der Eichen, die

Das Weinland am Kap

In den letzten Jahrzehnten hat sich die südafrikanische Weinindustrie gewaltig

ausgebreitet und viele Erneuerungen erlebt. Aufstrebende Weinrouten, in der

Art der französichen Routes du Vin und der deutschen Weinstraße, haben das

Interesse der Öffentlichkeit für diesen großen, natürlichen Schatz geweckt.

Das Weinland am Kap wird nicht nur von Auswärtigen gut besucht. Die Kapstädter selbst sind regelmäßige und begeisterte Besucher, und das Eintreffen eines Nichtansässigen ist Grund genug, wieder einmal zu einer oder mehreren der nahegelegenen Weinstraßen loszuziehen. Das große Vergnügen, Wein auf einem berühmten Gut oder einer abgelegenen Genossenschaft zu kaufen, vorzugsweise, nachdem man ein paar Jahrgänge gekostet hat, wird noch vergrößert durch den obligatorischen Stop für ein Mittagessen unter den Eichen eines der herrlichen Anwesen oder in einem der weinumrankten Landlokalitäten.

Es gibt fünf Weinanbaugebiete in der Kapprovinz, und sie umfassen 10 Bezirke und ein sehr weites Areal. Weingärten gedeihen gut in den kühlen Küstengebieten des südwestlichen Kaps sowie in der sengenden, trockenen Hitze der Kleinen Karoo, gedeihen entlang der Westküste und im Swartland, in Piketberg im Sandveld und an den Ufern des Olifant River. Das älteste Weinanbaugebiet des Landes, Constantia, ist jedoch nur 20 Minuten Fahrzeit vom Zentrum Kapstadts entfernt.

Durch die meisten Weinanbaugebiete ziehen sich malerische Wege, und ausgezeichnete Unterkünfte stehen in allen Bezirken zur Verfügung, wo komfortable und hübsche Pensionen mit renovierten Herrenhäusern wetteifern, in denen eine hervorragende Küche an der Tagesordnung ist.

Wie zu erwarten, liefern die stark unterschiedlichen klimatischen Bedingungen und Bodenbeschaffenheiten, unter denen die südafrikanischen Trauben heranreifen, eine breite Skala von Weinen. Die Regionen von

GANZ OBEN: WEINBERGE *erstrecken sich bis zu den Ausläufern der Drakensteinkette in den fruchtbaren weinanbaugebieten von Paarl und Franschhoek.*
OBEN: DIE BERÜHMTEN *Weine von Nederburg lagern in schön geschnitzten Holzfässern.*

Stellenbosch, Paarl und Constantia, sind die abwechslungsreichsten und erzeugen eine erstaunliche Auswahl an Jahrgängen: Es gibt schwere, süße Weine, frische, trockene Weißweine, auch leibliche Roséweine und die besten Rotweine des Landes. Die Güter um Stellenbosch sind besonders bekannt dafür, namhafte Weine zu erzeugen, die ihrem Namen jede Ehre machen. Die Stadt beherbergt das Hauptbüro der Stellenbosch Farmers Winery, der größten Winzergenossenschaft im Lande, die eine Vielzahl beliebter Marken führt.

Die Perle

Das nahegelegene Paarl, eine unbestreitbar malerische Stadt, von drei riesigen Granitkuppen überragt, gilt jedoch als das Hauptzentrum der südafrikanischen Weinbranche. Die KWV hat dort den größten Weinkellerkomplex der Welt. Sowohl Branntwein als auch Süß- und Tafelwein reift in den riesigen Fässern dieser Genossenschaft. Eine jährliche Weinauktion, erstmals 1975 auf dem Nederburg Gut abgehalten, ist der wichtigste Termin auf dem südafrikanischen Weinkalender. Das Ansehen der Region wurde durch die Weine der Chardonnay, Sauvignon Blanc und Cabernet Sauvignon Trauben noch erhöht. Sie gewannen und gewinnen viele internationale Auszeichnungen.

Nord und Süd

Etwas nördlich von Paarl liegt das anmutige Tal von Tulbagh, wo die Tagestemperaturen im Sommer 40 ˚C erreichen. Um das fruchtige

OBEN: WEINSTÖCKE *in herbstlichen Kupfertönen bedecken die fruchtbaren Niederungen des Hex River Tal im Kaphinterland.*

DIE FRANZÖSISCHE VERBINDUNG

Auf der Flucht vor religiöser Verfolgung und Bürgerkrieg in ihrem eigenen Land, trafen zwischen 1688 und 1690 ungefähr 200 französische Hugenotten am Kap ein. Simon van der Stel, der damalige Gouverneur, siedelte sie in den Tälern von Groot Drakenstein und Franschhoek an.

Einige der Einwanderer verstanden sich auf Weinherstellung, und sie verfeinerten die Weinkultur der Freibürger. Innerhalb weniger Generationen waren die Hugenotten sozial und kulturell in ihre neue Heimat integriert. Von ihrer französischen Abstammung ist kaum mehr als die Kunst der Weinzubereitung und die Namen der Weingüter geblieben – L'Ormarin, La Motte, La Provence und andere. Heute wird das Hugenottenmuseum in Franschhoek, das in jener Gegend liegt, die als Quartier Français bekannt ist, von Hugenotten aus nah und fern besucht, die ihre Abstammung zurückverfolgen möchten.

Französische Weibautraditionen werden voller Stolz von der Vignerons de Francaise beibehalten, eine hiesige Vereinigung der 14 Weinhersteller, die solche berühmten Weingüter wie Boschendal und Plaisir de Merle einschließen.

Aroma und den Geschmack der Trauben, die in diesem Bezirk wachsen, zu bewahren, sind die findigen Winzer auf dem örtlichen Twee Jongegezellen Weingut dazu übergegangen, in der Nachtkühle bei Lampenlicht zu ernten. Das Städtchen Tulbagh, vollendet wieder aufgebaut, nachdem es 1969 von einem verheerenden Erdbeben erschüttert wurde, enthält die größte Konzentration an Häuser unter Denkmalschutz – strohgedeckte kapholländische Giebelhäuser, umgeben von vollendet gepflegten Gärten, säumen gediegen die bezaubernde Church Street.

Südlich von Paarl, bei Hermanus, liegen die südlichsten Weingärten Afrikas. Ihre Trauben profitieren von der frischen Seebrise und liefern einen edlen Pinot Noir und andere elegante Rotweine der Burgunderart.

Ost und West

Östlich von Paarl, um Worcester gelegen, ist das Breede Rivier Gebiet, das für seinen hervorragenden Branntwein und seine Colombar Tafelweine bekannt wurden. Regen ist knapp in diesem Inlandgebiet, und es regnet immer weniger je weiter man nach Osten in die Kleine Karoo vordringt. Diese heiße, trockene Region ist dabei, ihre Portweinen mit denen Portugals zu vergleichen zu können.

Hermanus: Die Walfährte

Man erwartet diesen Anblick nicht an dieser sonnigen Küste Afrikas, wo die

Ferienhäuser bis an den Strand hinunterreichen. Gleich hinter den Brechern

des Ozeans hat man aus unmittelbarer Nähe einen Blick auf die Wale.

Es ist erstaunlich, wieviele Fährten nach Hermanus führen. Dieses Küstenstädtchen, in der Nähe der südlichsten Spitze Afrikas, lockt Besucher aus der ganzen Welt an; Besucher, die immer wiederkehren, um seine Vorzüge zu genießen. Und zu den regelmäßigsten Besuchern zählen die mächtigen Wale, die eine weite Anreise aus dem fernen, vereisten Süden hinter sich haben. Es kann schon im Mai oder Juni sein, daß der Walrufer seine Trompete aus getrocknetem Seetang ertönen läßt, um dem Ort zu verkünden, daß die Wale zurückgekehrt sind.

An seinem Anschlagbrett sind die besten Aussichtspunkte vermerkt und Tageszeiten vorgeschlagen, und bald bevölkern Besucher und Einheimische die Felsen, die auf die Walker Bay hinausschauen. Das erste, was sie von diesen großen Besuchern zu sehen bekommen, sind oft die Sprühfontänen des

OBEN: DIE FELSIGE *Küste der Walker Bay.*
UNTEN: DER STÄDTISCHE *Walrufer macht mit einer Anschlagtafel und seinem Horn aus Seetang auf Walsichtungen aufmerksam.*
UNTEN LINKS: DER *alte Hafen war früher ein geschäftiger Ort und ist heute ein 'lebendes Museum' für Besucher des Städtchens.*

Austatmens, bis zu fünf Metern hoch, die ein Wal ausbläst, wenn er an die Oberfläche kommt. Vielleicht ist es aber auch das träge Winken einer Schwanzflosse, majestätisch in seiner Größe und Grazie. Es ist der 'Southern Right Wale' (südlicher Glattwal), den man an seiner massigen, schwarzen Gestalt erkennt. Er ist mit mit weißen Rankenfüssen auf dem Rücken und an der Unterseite übersät. Ein einzelner Wal kann bis zu 100 Tonnen wiegen und 18 m lang sein, aber durch die See getragen, bewegt er sich elegant und mit anmutiger Gelassenheit. Entlang der gesamten südlichsten Spitze des Kontinents

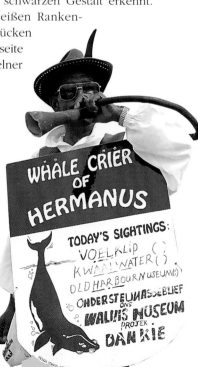

Kalben und zur Aufzucht der Jungen. Manchmal kommen auch Buckelwale, gekennzeichnet durch die Rückenfinne, die der südliche Glattwal nicht hat, sowie ihre langen, spitz zulaufenden Flossen, die gewöhnlich unten weißlich sind. Der Buckelwal ist kleiner als der Glattwal, schwarz oder grau und mit einer helleren Unterseite.

Beide Arten sind als gefährdet eingestuft und durch internationale Abkommen geschützt. Südafrikanische Gesetzgebung verleiht ihnen zusätzlichen Schutz: Sich auf weniger als 300 Meter einem Wal zu nähern, verstößt gegen das Gesetz, und wenn einer neben dem Boot auftauchen sollte, obliegt es den Insassen, sich zu entfernen. Die Ortsansässigen haben sich hinter den Umweltschutz gestellt und lautstark gegen alle Ansätze protestiert, die für Besucher Walschaufahrten anbieten wollen.

All dies ist weit entfernt von der Zeit, als die Boote nicht zur Walbeobachtung, sondern auf Waljagd ausliefen. Die alten Walfangstationen im nahegelegnen Bettys Bay und bei Donkergat verrosten. Obgleich die Jagd auf Wale aufgehört hat, haben sie weiterhin beträchtlichen, kommerziellen Wert: Ihr Vorkommen ermöglicht Hermanus eine Wintersaison für Touristen, die sich fast bis zu den Sommerferien ausdehnt.

Andere Attraktionen der Stadt sind die schön gelegenen Sandstrände, niedrigen Felsenriffe und eine Bergkette an der Küste, bedeckt mit einer Vegetation von immenser Vielfalt. Der Stolz von Hermanus ist das Fernkloof Naturschutzgebiet. Von etwa 60 auf 840 Meter ansteigend, hat es einen Reichtum an Flora und schließt 50 Erikenarten ein, sowie Baumgruppen des alten, indigen Waldes in den kühlen, feuchten Schluchten. Mindestens 40 Kilometer Fußwege führen den Besucher an alles heran.

Während der Ära der Passagierdampfer, die in den Siebzigern endete, ging eine Anzahl reicher Reisender von Bord, die nach Hermanus kamen. Diese Besucher waren als 'die Schwalben' bekannt, die über die Breitengrade hinweg dem Sommer nachzogen. Selbst heutzutage kann man bei einem Bummel durch das Stadtzentrum in der Südfrankreich-Atmosphäre der Hochsaison durchaus einige berühmte Gesichter sehen. Außerhalb der Saison ist Hermanus sehr ruhig, die meisten Häuser sind Ferienhäuser.

---

sind Wale zu sehen, hauptsächlich von De Kelders im Osten bis Saldanha an der Westküste. Aber es ist die Walker Bay, die sich dadurch auszeichnet, daß sie eine der 13 besten Walsichtungsstellen der Welt ist. Und sie ist eine der ganz wenigen auf der südlichen Halbkugel. Bei Hermanus kommen die südlichen Glattwale nah an die Küste heran: Paarweise und in kleinen Familiengruppen, zur Brunft und Paarung, zum

WALGEFLÜSTER

Die riesigen Säugetiere des Meeres, die Wale, sind die größten Lebewesen, die je existiert haben – und mit die friedlichsten. Weibliche Glattwale gebären nach einjähriger Trächtigkeit ein einzelnes Kälbchen, das 6 bis 12 Monate gesäugt wird.

Das übermütige Gebärdenspiel der Wale baut sich aus verschiedenen Gesten auf, die die Grundlage einer Walsprache bilden.

• *Luftsprung:* Mit einer Halbwendung aus dem Wasser springen und zurückklatschen; ein Zeichen des Spielens und der Kommunikation.

• *Klatschen:* Die Schwanzflosse mit einem klatschenden Geräusch auf die Wasseroberfläche schlagen.

• *Spähwedeln:* Vertikal auf dem Schwanz 'stehen', mit dem Leib bis zur Schwanzflosse außerhalb des Wassers ermöglicht dem Wal einen vollen Überblick über seine Umgebung.

• *Blasen:* Ausatmen durch die Spritzöffnungen, wenn sie an die Oberfläche kommen. Höckerwale und südliche Glattwale blasen in einem V-förmigen Strahl.

• *Grunzen:* Ist ein Walgebrüll, das bis zu zwei Kilometer weit gehört werden kann.

STRUIK PUBLISHERS (PTY) LTD

(Eine Geschäftsabteilung von The Struik Publishing Group (Pty) Ltd)
80 McKenzie Street, Cape Town 8001,
South Africa

Reg. No.: 54/00695/07
Erstausgabe 1994

Übersetzung ins Deutsche: Friedel Herrmann
Gesamtleitung: Simon Atkinson
Deutsche Überarbeitung: Bettina Kaufmann
Kartographie: Loretta Chegwidden
Entwurf: Alix Gracie
DTP Leitung: Suzanne Fortescue, Struik DTP
Reproduktion: Hirt & Carter, Cape Town
Druck und Bindung: Tien Wah Press (Pte) Ltd, Singapore

ISBN 1-86825-657-X

FOTOLEGENDE

ADEY, SHAEN: Seiten 19 oben, 26 oben, 43 unten links, 68 rechts, 69 mitte rechts, 82 mitte rechts, 85, 91 oben links [ABPL], 96 rechts, 97 mitte rechts, 98 links, 99 mitte links, 126 unten rechts, 130, 131 mitte links, 132 oben, 135 unten, 147 oben rechts, 153 oben · **ANDERS, JAHRNER:** Seite 25 unten [International Press Agency] · **BALFOUR, DARYL:** Seiten 15 unten, 173 unten mitte · **BANNISTER, ANDREW:** Seiten 27 oben [ABPL], 37 oben [ABPL], 37 unten rechts [ABPL], 38 rechts [ABPL] · **BANNISTER, ANTHONY:** Seiten 31 unten [ABPL], 113 unten [ABPL], 122 rechts [ABPL] · **BRISCOE, DON:** Seiten 108 rechts, 109 oben rechts, 109 unten rechts · **BUTCHART, DUNCAN:** Seiten 23 [African Images], 47 ganz links [African Images] · **CUBITT, GERALD:** Seiten 4/5, 31 oben, 46 unten rechts, 55 unten links, 80 links, 165 unten, 166 unten rechts · **DE BEERS:** Seiten 134 links, 135 oben · **DE LA HARPE, ROGER:** Seiten 11 unten, 12 unten, 13 links [NPB], 13 rechts, 53 rechts, 58 links, 70 links, 70 rechts, 71 unten [ABPL], 73 unten links, 75 links [NPB], 76 links [ABPL], 78 oben, 79 unten links [ABPL], 79 mitte rechts [ABPL], 80 links, 81 oben, 81 unten [ABPL], 82 oben links [ABPL], 82 oben rechts [ABPL], 83 unten, 86 links, 86 rechts, 87 links, 88 rechts, 90 oben [ABPL], 91 oben rechts, 94 rechts, 95 oben links, 95 unten links, 97 mitte links [NPB], 97 unten rechts [NPB], 99 oben rechts, 100 unten links, 100 oben links [NPB], 106 rechts, 109 mitte links, 123 unten, 143 unten links, 149 unten · **DENNIS, NIGEL:** Seiten 10 unten, 11 oben, 17, 18 oben, 19 unten, 20 unten rechts, 20 oben rechts, 40 unten, 49 mitte rechts, 51, 54 links, 54 rechts, 55 mitte rechts, 56 rechts, 57 ganz, 58 rechts, 59 oben links, 59 unten, 63 mitte, 71 oben, 98 rechts, 99 mitte rechts, 116 unten rechts [ABPL], 125 unten [ABPL], 136 oben [ABPL], 138 rechts, 139 oben, 139 unten · **DIDCOTT, CHARLES:** Seite 137 mitte links [Courtesy of Felix Unite] · **DREYER, GERHARD:** Seiten 10 oben, 118 oben, 118 unten, 120 oben, 121 oben, 126 oben rechts, 127 links, 140 unten links, 143 oben rechts · **DU TOIT, RICHARD:** Seite 52 unten rechts [ABPL] · **FRANKENTAL, AARON:** Seite 37 unten links [ABPL] · **GRIFFIN, NEIL:** Seite 39 unten links · **HAIGH, JOHN:** Seite 24 unten · **HAY, LESLEY:** Seite 60 links [ABPL] · **HES, LEX:** Seiten 95 unten rechts, 123 oben · **HOFFMAN, LEONARD:** Seiten 6 rechts [SIL], 47 mitte rechts [SIL], 101 unten rechts [SIL] · **JOHNSON, ANTHONY:** Seiten 33 oben, 163 unten rechts · **KNIRR, WALTER:** Seiten 8, 9, 14, 36, 40 oben, 41 unten, 42 unten, 43 oben, 43 mitte, 45 oben, 45 unten, 46 unten links, 49 mitte links, 60 rechts, 61 ganz, 61 unten links, 62 rechts, 64 links, 64 rechts, 65 oben, 65 unten, 67, 68 links, 72, 73 oben links, 73 oben rechts, 74 links, 74 rechts, 76 rechts, 78 unten, 79 oben links, 92 links, 93 rechts [Photo Access], 122 links, 124 links, 136 unten, 137 unten rechts, 145, 146, 154 rechts, 157 unten, 158 unten links, 160 unten rechts, 166 oben links · **MATTHEWS, JAY:** Seiten 172 unten links [Landmarks] · **LAING, ANNE:** Seite 29 oben · **LOMBARD, DARRYL:** Seite 105 oben · **MORRIS, JEAN:** Seite 77 unten rechts · **MURRAY, JACKIE:** Seiten 33 unten, 69 unten links · **PATERSON - JONES, COLIN:** Seiten 12 oben, 16 unten, 116 oben rechts, 119 unten, 121 unten, 140 unten rechts, 141 unten, 160 oben links, 161 oben, 161 unten · **PATZER, MAREK:** Seite 26 unten links · **PICKFORD, PETER:** Seiten 101 oben links [SIL], 131 unten links [SIL] · **PILLAY, GONISUL:** Seite 89 unten · **POLLOCK, ROB:** Seite 107 unten rechts [East London Museum] · **POTGIETER, HERMAN:** Seiten 39 unten rechts [ABPL], 46 oben, 47 unten rechts, 48 links, 48 rechts, 49 oben links, 92 rechts [ABPL], 103 [ABPL], 104 [ABPL], 106 links [ABPL], 107 oben rechts [ABPL], 111 unten rechts [ABPL], 112 links, 115 [ABPL], 116 links [ABPL], 120 unten [ABPL], 124 rechts [ABPL] · **PROUST, ALAIN:** cover, end papers, Seiten 1, 2/3 , 21 links, 21 rechts, 27 unten, 32 unten, 52 mitte rechts, 140/141 mitte, 142, 148 oben, 151 rechts, 152, 156 oben, 158/159 unten, 162 unten links, 162/3 mitte, 168 rechts, 170 oben, 170 unten, 171 unten links, 172/3 oben mitte · **RIBTON, PETER:** Seite 24 oben · **RICHARDSON, PHILLIP:** Seiten 134 rechts [ABPL], 157 oben rechts [ABPL] · **ROVOS RAIL:** Seite 53 links · **SOUTH AFRICAN LIBRARY:** Seite 22 · **SOUTH AFRICAN TOURISM BOARD:** Seiten 93 links · **STANTON, LORNA:** Seiten 55 oben rechts, 56 links, 57 unten rechts, 59 oben rechts, 62 links, 63 unten, 108 links, 112 rechts, 138 links, 141 rechts · **STEELE, DAVID:** Seite 35 [Photo Access] · **STEYN, PETER:** Seite 96 links · **SYCHOLT, AUGUST:** Seiten 16 oben, 69 oben rechts, 75 oben rechts, 77 oben links · **SZYMANOWSKI, JANEK:** Seiten 41 oben, 111 links, 113 oben, 150 rechts, 151 links, 154 links, 162 oben rechts, 168 links · **TENNANT, MARK:** Seite 100 rechts [African Images] · **THIEL, ERHARDT:** Seiten 32 oben [SIL], 143 oben links [SIL], 147 unten rechts [SIL], 148 unten [SIL], 153 mitte rechts [SIL], 153 unten links [SIL], 155 rechts [SIL], 159 unten mitte [SIL], 167 mitte rechts [SIL], 169 oben, 169 unten, 172 rechts · **TOUCHLINE MEDIA:** Seiten 28 oben links, 28 oben rechts, 83 mitte rechts · **TROCCHI, LISA:** Seiten 38 links [ABPL], 39 oben [ABPL] · **URQUHART, COLIN:** Seiten 105 unten links, 105 unten rechts, 107 oben links · **VAN AARDT, MARK:** Seiten 6 links, 42 oben, 44 rechts, 49 unten links, 117 oben, 119 oben, 147 oben links, 150 links, 164 unten, 167 unten links · **VELASCO, PAUL:** Seite 7 [Southlight] · **VON HÖRSTEN, HEIN:** Seiten 4 links, 15 oben, 20 unten links [ABPL], 44 oben links, 110 [ABPL], 117 unten [ABPL], 129, 132 unten [ABPL], 133 unten rechts, 164 oben, 171 oben rechts · **VON HÖRSTEN, LANZ:** Seiten 18 unten, 30, 52 unten links, 57 mitte links, 94 links, 125 oben, 149 mitte, 155 links, 156/157 unten, 159 oben rechts, 160 unten, 167 oben rechts · **VON LENNER, CHRIS:** Seiten 28 unten rechts [ABPL], 29 unten [ABPL], 88 links [ABPL], 89 oben [ABPL], 90 unten [ABPL], 91 unten links [ABPL] · **WAGNER, PATRICK:** Seiten 127 rechts [Photo Access], 133 oben links [Photo Access], 133 unten links [Photo Access] · **YOUNG, KEITH:** Seiten 61 unten rechts, 87 rechts, 111 mitte, 126 oben links, 131 oben rechts, 159 mitte links, 165 oben.